本书为全国教育科学"十二五"规划国家社科基金青年课题"中国行业特色院校发展研究"结题成果(课题批准号：CFA110125)

中国行业特色院校
发展研究

李文冰 等著

中国社会科学出版社

图书在版编目(CIP)数据

中国行业特色院校发展研究/李文冰等著.—北京:中国社会科学出版社,
2015.12

ISBN 978 - 7 - 5161 - 7256 - 8

Ⅰ.①中…　Ⅱ.①李…　Ⅲ.①高等学校—发展—研究—中国
Ⅳ.①G649.2

中国版本图书馆 CIP 数据核字(2015)第 291005 号

出 版 人	赵剑英
责任编辑	田　文
特约编辑	陈　琳
责任校对	张爱华
责任印制	王　超

出　　版	中国社会科学出版社
社　　址	北京鼓楼西大街甲 158 号
邮　　编	100720
网　　址	http://www.csspw.cn
发 行 部	010 - 84083685
门 市 部	010 - 84029450
经　　销	新华书店及其他书店

印　　刷	北京君升印刷有限公司
装　　订	廊坊市广阳区广增装订厂
版　　次	2015 年 12 月第 1 版
印　　次	2015 年 12 月第 1 次印刷

开　　本	710 × 1000　1/16
印　　张	18
插　　页	2
字　　数	305 千字
定　　价	65.00 元

前　言

研究概述

由我承担的全国教育科学规划国家社科基金青年课题"中国行业特色院校发展研究"于 2011 年 8 月立项（课题编号：CFA110125），课题组成员有陈永斌、赵渊、陈兵、裘文意、冯建超。

本课题研究的行业特色院校主要指那些源于行业管理，在世纪之交高教管理体制改革中划入教育部管理和省区市为主管理（特别是后者）的原行业部门所属高等学校。

我国的行业特色院校集中建立于 20 世纪 50 年代的院系调整时期。1992 年到 2000 年，国家通过多年改革，按照"共建、调整、合作、合并"等多种方式，将原国家部委管理的 400 余所高等院校进行了管理体制调整，部分划转教育部直接管理，多数改为中央和地方共建、以地方管理为主，原行业高校纷纷告别部门办学。高校管理体制改革对优化高等教育布局与资源配置、提升我国高等教育整体实力具有重要意义。但同时也应看到，行业院校与原主管部门脱钩后，学校获得行业的支撑弱化、支持减少，失去了原行业主管部门的经费投入渠道和办学上的有力指导；一些行业院校努力淡化原有的行业色彩，盲目向综合性大学转型，逐渐失去了自身的办学优势和特色，在行业重大科研活动中的参与度和贡献率不断下降，行业话语权进一步缺失；一些行业院校在长期以来行业办学培养行业人才的模式被打破以后，未能及时形成与经济社会发展相适应的新的人才培养与供需体系，人才培养规格与层次出现落差与断层。"中国行业特色院校发展研究"集中考察在当前科学技术发展日新月异、产业结构与经济结构调整不断深入、高等教育改革继续推进、社会政治经济文化全面进步的大背景下，行业特色院校如何准确定位，保持并发挥办学优势和特色，改革和创新学科建设、师资队伍建设、人才培养、社会服务以及校园文化建设等内涵建设，提升核心竞争力，从而为实现新时期行业特色院校的可持续发展和推动社会政治经济文化的全面进步服务。

课题组主要采用文献法、调查和访谈法、内容分析法、案例研究法、比较研究法开展研究。根据进度安排，本课题研究大致经历了三个阶段：

第一个阶段：2011年8月至2011年12月，为课题立项、开题、收集文献资料时期。课题于2011年9月开题，撰写了开题报告，确定了总体框架和基本内容、研究方法、组织分工和进度安排。到2011年底，课题组梳理各类书籍、论文、文献资料和访谈笔录2000余份，初步完成课题研究的文献资料收集和调研工作，为课题研究的顺利进行打好基础。

第二个阶段：2012年1月至2013年1月，是课题研究展开时期。这一时期，在前期积累的基础上，课题组根据进度安排，坚持边调查边研究，边研究边调查，通过文献法、实地调研法、数据分析法以及参加相关学术会议等，完成了进一步收集并深入分析国内外行业特色院校相关资料、行业特色院校个案调查、阶段性研究成果撰写等工作，系统梳理相关书籍、历史文献等资料50余万字；分别以区域和行业类别为划分，选取有代表性的行业特色院校，通过实地走访，开展行业特色院校个案调查，获取这些行业特色院校在办学定位、学科专业设置、人才培养模式、发展方式、发展现状的第一手资料。以区域为划分，课题组选取华东、华中、华北、西南、东北五大区域，走访了浙江、上海、湖南、湖北、北京、重庆、黑龙江等多个省市的原行业性院校；以行业类别为划分，课题组重点选取了工科类、农科类、传媒类、艺术类行业特色院校，走访了中国地质大学、成都理工学院、重庆科技学院、华中农业大学、南京农业大学、中国传媒大学、北京电影学院、上海戏剧学院、浙江的五所行业特色院校等众多高校，访谈了这些学校的校领导和教务、人事、科研和二级学院等相关部门的领导和教师；扩展学术视野，参加和参与承办两次相关的学术研讨会，2012年4月，课题组成员参加了中国高教学会主办、宁波诺丁汉大学承办的"区域现代化与高等教育发展"中英学术研讨会。2012年11月，参与承办了浙江省社会科学界首届学术年会"协同创新机制与文化产业发展"分论坛；承担了"行业特色院校立地服务研究与实践"论坛；充分利用国家教育部统计数据资源，根据相关指标形成行业特色院校二次数据，为研究提供力证；召开了课题中期检查会，根据前期研究成果和专家组意见，对本课题研究方案进行了充实、调整和完善，进一步明晰了三个研究方向、十二个专题章节的研究思路。三个方向为：一是中国行业特色院校发展一般理论研究，包括行业特色院校地位和作用、行业特色院校办学定位、行业特色院校办学特色、行业特色院校核心竞争力研究等；二是选取案例开展行业特色院校内涵建设研究，包括行业特色院校学科、师资队伍、人才培养、社会服务、校园文化建设等；三是行业特色院校的国际比较研究，包括德国应用科技大学的发展与经验、美国社区学院的发展与经验、英国多科技术学院的发展与经验等，三个方向均形成了一批阶段性研究成果。

　　第三个阶段，2013 年 2 月至 2014 年 11 月，为撰写课题报告及结题时期。这一阶段，课题组集中精力着手课题报告的撰写工作。经过努力，课题研究取得丰硕成果。课题组成员在《教育研究》等权威和核心期刊上发表学术论文多篇，并在此基础上完成了课题研究的主报告《中国行业特色院校发展研究报告》。

文献综述

　　2002 年以来，学术界从多方面对我国行业特色院校发展问题进行了持续研究。笔者选择了"行业特色院校、行业特色高校、行业院校、行业高校、行业性大学、行业高水平大学"等主题检索条件，以 CNKI 为数据库搜索论文数据，得到了包括硕博论文在内的分析样本 406 篇①；学者们从行业特色院校作为当代中国高校一个重要群体的概念入手，通过梳理行业特色院校在新时期面临的发展问题，不断深入探讨行业特色院校的科学定位、发展战略、办学特色、学科发展、专业建设等理论和实践问题，显示了对行业特色院校发展的认识从开始时的朦胧、粗浅到逐渐清晰、深入的发展历程。无论是从繁荣社会主义文化、发展高等教育和满足社会多样化需求还是从行业特色院校自身生存和发展考虑，学者们日益丰富性和系统

---

　　① 笔者以 CNKI 为数据库，选择了"行业特色院校、行业特色高校、行业院校、行业高校、行业性大学、行业高水平大学"等 6 个主题检索条件搜索论文数据，起始时间不限，截至 2014 年7 月 31 日，去重后得到了包括硕博论文在内的分析样本 406 篇。

化的研究都具有十分重要的理论和实践意义。

　　新世纪中国行业特色院校发展具有三重背景：一是文化体制改革的深入催生了行业特色院校发展的时代使命感，同时为行业特色院校发展提供了体制驱动力。当今时代，文化越来越成为民族凝聚力和创造力的重要源泉，越来越成为综合国力竞争的重要因素。加强社会主义文化软实力建设，是关系中华民族前途和命运的重大问题。聚焦于社会主义文化建设，推动社会主义文化大发展大繁荣，党的十六大、十七大、十八大提出的文化体制改革的目标、任务和方向越来越明晰。"大学之道，在明明德，在新民，在止于至善"，高校是文化的辐射源，文化传承与创新作为高等教育的第四大职能已成为国人的共识。行业特色院校是高等教育的一个重要类型，在社会主义文化建设中担当不可替代的重要作用，文化体制改革的深入则为行业特色院校提供了自主创新和服务社会的机会，为行业特色院校与产业、行业的融合发展与协同创新创造了体制和机制动力。二是高等教育大众化发展为行业特色院校发展提供了机遇。1999年起，我国高等教育从精英教育步入大众化教育阶段，根据全国教育事业发展统计公报，1998年，全国普通高等学校仅1022所；到2013年，全国普通高等学校达2491所。由此，中国高等教育迎来重要的历史变革和调整期，一个包括多种层次、多种类型的高等学校和多种多样人才培养规格和模式的高等教育体系正在形成。行业特色院校是大众化的重要实践形式和不可或缺的组成部分。如果说，行业特色院校的兴起适应了工业化初期新中国对工业专门人才的迫切需要的话，那么，在新的历史时期，以专业性高等教育为己任的行业特色院校的发展则是建设人力资源强国的战略性要求，是优化我国高等教育结构、缓解我国高等教育供给不足矛盾的迫切需要。事实上，在高等教育大众化浪潮的推动下，与原行业管辖时相比，行业特色院校办学层次、办学规模、办学空间都已得到极大提升，行业特色院校已成为高等教育发展的重要生力军。三是我国现代化进程推进所导致的国民素质的整体升级和高等教育消费的多样化激发了对个性鲜明的行业性高等教育的潜在需求。

　　从分析样本看，中国行业特色院校发展研究遵循着教育科学研究的一般范式，采用了传统教育学研究的价值取向、基本理念及方式和方法。本文从分析样本中对部分主题词频进行梳理发现，办学定位、发展战略、学科建设、人才培养等成为高频词，这在一定程度上映射出学者们的研究兴趣和关注点。

通过词频和内容综合分析可以发现我国行业特色院校发展研究的三个路径特点：一是学者们主要沿着教育学脉络探讨中国行业特色院校发展的一般问题，鲜有从多学科的视角如文化学、社会学、历史学等不同角度揭示行业特色院校发展问题；二是学者们从厘清行业特色院校的概念、描述发展中存在的问题入手，不断探讨包括办学定位、发展战略、学科建设、人才培养、社会服务、校园文化、学生就业等在内的基本理论问题，从而确立起行业特色院校发展研究的理论观点和学理体系；三是学者们试图采用量化研究和实证研究的方法，对石油、煤炭等工科类行业特色院校进行了重点关注。

纵观中国行业特色院校发展研究的进程，可以看出呈现出三个方面的发展态势：

一是从拓荒式的自发研究到系统性的自觉研究。中国行业特色院校发展研究始于行业特色院校隶属体制划转时。最早见诸学术期刊的是《建立高校与行业部门联系新机制探讨》[①]，该文提出了原行业主管部门高校在管理体制划转后面临的发展问题，率先构建了矛盾和问题给出的研究空间，在行业特色院校研究领域具有拓荒和启蒙的意义。但这一研究尚未对行业特色院校进行概念和内涵的界定；在研究内容上，仅仅提出了行业特色院校与行业联系新机制单一问题，缺乏系统性、全面性；从影响看，也并未引起学术界的呼应和共鸣。从 2002 年到 2004 年，学者们自发的、零散的研究断断续续，散见于《中国高等教育》等杂志。但随着各类行业特色院校发展研讨会的召开、研究专栏的开辟和研究课题的立项，中国行业特色院校发展理论研究逐渐走向自觉和系统。2004 年 7 月，教育部举办部分原行业重点高校科技研讨会，研讨主题为"发挥行业特色高校的重要作用，为行业技术进步做出更大贡献"，明确提出了"行业特色高校"概念；2005 年，《中国高校科技与产业化》杂志第 5 期开辟"聚焦行业特色高校"专栏，选登了教育部副部长赵沁平、北京林业大学校长尹伟伦、中国石油大学（北京）副校长柳贡慧、中国工程院院士时铭显等领导、专家的一组文章；2007 年起，在教育部支持下，北京邮电大学等高校发起设立高

---

① 肖秀平、陈国良：《建立高校与行业部门联系新机制探讨》，《教育发展研究》2002 年第 11 期。

水平行业特色型大学发展论坛，通常由全国 28 所行业特色大学与通信、电力行业协会及部分大型企业的相关领导出席论坛，至今已举办七届；2010 年，中国高等教育学会和南京信息工程大学共同主办"高校特色发展中外校长论坛"；同年，教育部组织行业特色型大学发展考察团赴欧洲考察；2011 年，"中国行业特色院校发展研究"作为国家社科基金教育学项目立项。自此，中国行业特色院校发展研究从边缘走到主流，全面进入到有组织的系统研究阶段；研究内容也从前期关注行业特色院校概念、内涵、特征等基本范畴，扩展到行业特色院校作为高校重要类群的办学定位、发展战略、发展路径等高等教育发展的学理思维和学科建设层面，研究的学术框架已经建构起来。

　　二是以问题为导向，从提出问题的研究到解决问题的研究。问题导向是中国行业特色院校发展研究的重要特征，这一特征贯穿研究始终。如肖秀平、陈国良指出，高校管理体制改革虽在改变旧的管理体制所造成的学校隶属关系单一、条块分割、专业设置低水平重复，以及规模效益差、资源浪费等方面的问题上取得了显著成效，但也付出了一定代价，如割裂高校与行业联系、使高校失去重要经费资源等[①]。高文兵指出，在体制转轨后，行业院校面临行业支撑弱化、支持减少；与原行业部门沟通渠道和沟通机制弱化；来自行业部门的政策、项目和经费支持减少；院校对行业的服务意识弱化和服务主动性降低等新问题[②]。但通过梳理和分析，我们可以看到，前期的研究关注的问题相对比较单一，较多地聚焦于行业特色院校在体制划转后行业特色弱化问题，且在提出问题后，对如何解决问题往往宏观而模糊；随着研究的不断深入，学者们不再局限于问题的提出，而转向问题导向的方法论建设，即以发现问题作为切口，专注于对行业特色院校发展的方向与目标、方式与途径、制度与文化、外部环境与国际化战略等问题的思考和解答，形成了一批高质量的研究成果。仅 2011 年，相关研究成果就达 111 篇。尽管表述上存在个体差异，但可以看出，学者们在行业特色院校发展战略与策略、发展路径与方法等方面已形成基本共识。包括：行业特色院校必须坚持特色发展战略，坚持行业特色学科优先

---

　　① 肖秀平、陈国良：《建立高校与行业部门联系新机制探讨》，《教育发展研究》2002 年第 11 期。

　　② 高文兵：《新时期行业特色高校发展战略思考》，《中国高等教育》2007 年第 3 期。

发展原则，着力构建互为支撑的学科生态群和专业链；行业特色院校必须创新人才培养模式，培养适应行业发展需求的普适性应用人才、卓越技术人才和引领行业发展的拔尖创新人才三个人才梯次；行业特色院校必须全面开展产学研合作，以服务求支持、以贡献促合作、以实力赢地位等。

三是从行业特色院校发展的理论研究到行业特色院校发展的教育实践。从研究的价值取向看，学者们以最终促进行业特色院校的发展为研究旨归，不流于概念化、形式化和标签化，从而使学术研究呈现学思行融合、学术研究与教育实践统一的发展趋势。行业特色院校协同创新研究即成为代表性的案例。为践行行业特色院校协同发展的教育主张，2011年4月，教育部所属西安电子科技大学、华东理工大学、中国矿业大学、中国地质大学（武汉）、中国石油大学（华东）、东华大学、河海大学、江南大学、南京农业大学、东北林业大学、合肥工业大学、西南交通大学、长安大学等13所行业特色大学签署协议，联合成立"高水平行业特色大学优质资源共享联盟"。根据协议，这13所院校将实现精品课程网络资源共享，本科生互派访学交流，课程互选和学分互认，研究生推荐免试和互换互送，并将组建跨校学术团队和跨校、跨学科科研平台，实现重大科技项目合作。另外，联盟内高校的实验室和研究室也将互相开放，图书文献资源开放共享。以问题解决为导向并通过教育实践开展研究，从而使行业特色院校发展研究体现出教育学术研究应有的内在旨趣。

近年来中国行业特色院校发展研究，与我国高等教育管理体制改革进程基本保持一致，学术研究推动了行业特色院校的建设与发展，丰富了高等教育的理论宝库。但对比高等教育研究的其他领域如高等教育体制与结构、政策与法规、教育管理、德育等汗牛充栋的传统研究，只不过是沧海一粟；与几乎同期开展的高等教育区域化发展研究、高等职业技术教育研究、民办高等教育研究相比，也显落后。其研究虽然呈现出从经验描述到理论体系构建的发展性，但仍存在诸多不足，主要有：

在研究范围上，学者们的视线主要集中在部分划转教育部直属管理的行业高校上，而对行业特色院校的大多数——划转地方管理为主的行业特色院校，研究不多。划转教育部管理的行业特色院校多为"211"、"985"高校，这些学校具有显著的行业办学特色与突出的学科优势，一批重点学科已成为国家科技创新和高层次人才培养的重要基地，体制划转后虽也面临与新主管部门的融合问题、与原行业的关系问题及自身发展问题等，但拥有教育部直属管理的"近水楼台"和政策优势。管理体制划转以来，教育部高度关注这类大学的发展。2008 年，时任教育部副部长的陈希把这类高校定义为"高水平行业特色型大学"，从而成为规定性称谓。迄今为止，行业特色院校具有官方背景的有组织的学术活动都在"高水平行业特色型大学"中举行，如高水平特色型大学发展论坛等。而划转地方管理、实行省部共建的行业特色院校，办学基础、办学实力相对薄弱；划转地方后因各地重视程度、指导和支持力度不一，在发展模式上面临盲目综合化、与其他院校趋同化发展等更多值得重视和研究的新问题。但从样本分析，对这些院校的关注不及"高水平行业特色型大学"。

在研究内容上，研究者们从最初对行业特色院校进行概念辨析、问题描述，到现在围绕办学定位、发展战略、发展环境与生态、学科发展、专业建设、课程教学、科学研究、教育质量、师资培养、战略管理、产学研合作、人才培养、国际化、校园文化等不同主题，涵盖了高校发展的方方面面[①]。但主要集中在对办学定位、发展战略、办学特色的一般性描述上，试图用普遍的思维去化解不同行业特色院校的发展问题和行业特色院校发展的所有问题，缺少不同主题的深入研究；主要关注石油、煤炭等为数不多的行业类别院校，缺少对其他行业特色院校的个性研究。

在研究方法上，研究者已尝试用案例研究法、实证研究法、比较研究法、文献研究法等多种方法开展研究，但仍表现出理论视野的局限性。一个值得注意的现象是：从事中国行业特色院校发展研究的人员，鲜有来自教育心理学、教育经济学、社会学、政治学、哲学等多学科交叉背景的学者，也鲜有来自教育学领域的专门理论研究者，而主要来自教育界的领导和教育管理工作者。这既使中国行业特色院校发展研究很难跳出固有学术规范，缺乏与其他学科进行对话和交流，又使研究表现出经验梳理有余而学理架构不足的特点。研究的规范性和创新性也有待加强，学术生产的重复性劳动也一定程度地存在。

研究架构

中国行业特色院校以鲜明的办学特色满足了人民群众日益增长的对高

---

① 李爱民：《行业特色型高校研究现状评述》，《中国高校科技》2012 年第 10 期。

等教育多样化的需求，在促进经济社会发展方面发挥着不可替代的作用，从而使自身成为中国高等教育体系的重要组成部分。以往的积累性研究彰显了行业特色院校的地位和作用，本课题的研究力求同时在三方面取得突破：在宏观理论架构上，依托教育学不同研究范式，借助国内外人文社会科学的多种研究方法，从实践出发，以实践带动理论，不断抽绎出行业特色院校发展的科学概念、核心要素、发展规律，从而建构出行业特色院校发展的科学理论体系；在中观研究层面，重视不同行业、不同区域、不同发展层次研究，特别是当前研究成果相对较少的划转地方管理为主的行业特色院校研究、文化艺术传媒类等小众类行业特色院校研究等；在微观研究层面，重视个性研究、个案研究和不同主题研究，包括行业院校学科建设研究、师资队伍建设研究、人才培养模式研究、产学研合作研究、国际化比较研究等等。因课题组主要成员所在单位浙江传媒学院是一所特色鲜明的行业院校，利用"近水楼台"的优势，课题组以浙江传媒学院为案例进行了多层面多角度的研究。

根据总体设计，本研究共分为三大部分。第一章到第四章主要讲基本理论。第五章到第九章主要讲内涵发展。第十章到第十二章讲国际比较。作为课题组负责人，本人执笔撰写了第一章、第二章、第三章、第六章、第七章、第八章；课题组成员赵渊撰写了第四章、第五章；陈永斌撰写了第九章；冯建超撰写了第十章、第十一章、第十二章。

第一部分系统阐述了中国行业特色院校发展的一般理论问题。第一章论述了行业特色院校在中国高等教育体系中的地位和作用。在这一章里，通过回顾世界高等教育的发展轨迹、我国高等教育体系的演进和我国行业特色院校发展的历史，指出行业特色院校划转前是中国高等教育体系的重要组成部分，划转后同样是我国新时期高等教育多样化的重要实践形式和不可或缺的组成部分，从而阐明了本研究的意义。第二章讨论了新时期中国行业特色院校的办学定位。课题组把中国高等教育办学性质按学术性高等教育、专业性高等教育、职业性高等教育进行分类，提出中国行业特色院校的绝大多数，属专业性高等教育的行列，分别从办学类型定位、学历教育定位、服务面向定位等逐一展开论述。第三章是行业特色院校发展的战略研究。指出行业特色院校必须从自身比较优势出发，选择特色发展战略，包括架构学科和科学研究特色、专业设置和人才培养特色、产学研合作和社会服务特色，并建设特色师资进行保障。第四章是行业特色院校核心竞争力研究，构建了包含人才培养质量提升能力、学术创新能力、产业融合及贡献能力、文化传承及浸润力、管理模式及治理结构优化能力等要素在内的行业特色院校核心竞争力模型。

第二部分着重开展行业特色院校内涵发展研究。从第五章到第九章，分别从学科建设、师资队伍建设、人才培养、社会服务、校园文化建设五个方面，对不同主题展开深入研究。在总体论述的基础上，第二部分或专辟章节、或融入其中选取了具体案例进行具体分析。案例的选择考虑了行业的典型性、区域的代表性、研究的方便性等因素，主要研究划转地方管理为主的行业特色院校，特别是浙江省属地的五所行业特色院校，兼顾划转教育部直属的高水平行业特色型大学。案例中既有在行业特色院校中所占比例较高的工科院校、农业院校，又有虽属小众但在新时期行业性发展中具有特殊意义的文化类、传媒类院校；既有研究团队所在的区域经济发达的浙江省高校，又有华中、西南等地的行业特色院校；既有个体案例，又有群体案例。

第三部分是国际比较。从第十章到第十二章，分别介绍了德国应用科技大学、美国社区学院、英国多科技术学院的办学经验，为我国行业特色院校发展提供借鉴。

最后还有一个附录。是两份调查访谈卷：一份是中国行业特色院校发展研究调查访谈卷；一份是中国行业特色院校教学管理机制调查访谈卷。调查访谈卷在访问有关高校人员时同时使用，为本研究提供了重要的佐证材料。

本研究三个部分形成一定的内在逻辑，但需说明的是，各章的内容并不是全部线性的铺陈，各个章节既以前面章节的研究为基础，又相对独立自成体系，从而较好地完成了"中国行业特色院校发展研究"这个总课题。

鸣　谢

特别感谢浙江省教育科学规划办公室主任盛阳荣先生、笔者在浙江大学做访问学者时的导师李杰教授、笔者的博士生导师武汉大学的强月新教授，他们在课题研究进程中给了很多具体的指导。还要感谢中国高等教育学会学术部副主任、《中国高教研究》编辑部副主任范笑仙博士，她允许课题组查阅了部分中国高教学会与本研究相关的研究成果，邀请课题组成员参加了"区域现代化与高等教育发展中英学术研讨会"等重要学术会议，使我们得到很多启发。

感谢众多的行业特色院校为课题提供的无私帮助。特别感谢浙江属地的中国美术学院、浙江理工大学、杭州电子科技大学、中国计量学院以及课题组成员所在的浙江传媒学院，这些学校的领导、部门为课题组进行案例研究提供了宝贵的资料，并允许我们使用他们总结的经验和成果。

感谢课题组全体成员的辛勤工作。他们或专程或利用出差的空隙，调查和走访了北京、河北、山西、辽宁、黑龙江、上海、江苏、浙江、湖北、湖南、重庆等多个区域的行业特色院校，查阅了大量资料，对不同类型、不同国家和地区的行业特色院校进行了深入研究，特别是对浙江省属地的行业特色院校进行了解剖麻雀式的研究，使本课题最终得以顺利完成。

感谢嘉兴市南湖区的邓昕女士，她利用业余时间为课题组的研究成果作了细心的二校，她提出的很多建议使我大受裨益。感谢浙江传媒学院的吴霞老师，她帮助完成了课题研究的相关行政事务性工作。

李文冰

目　录

第一部分　基本理论

第三部分　国际比较

第一部分　基本理论

第一章　行业特色院校在中国高等教育体系中的地位和作用研究

行业特色院校是中国高等教育体系的重要组成部分。新的时期，行业特色院校的发展是建设人力资源强国的战略性要求，是优化我国高等教育结构、缓解我国高等教育供给不足矛盾的迫切需要，也是满足个体选择性、实现人的自由发展的现实需要。

第一节　中国高等教育体系

高等教育体系指的是一个国家的高等教育按照一定的秩序和内部联系组成的整体，是一个国家高等教育的有机构成，包含高等教育的层次结构、类型结构、布局结构等。高等教育是折射经济社会发展的一面镜子。一国高等教育体系的演进，既是该国高等教育发展的缩影，又是时代车轮滚滚向前的真实写照。

一　世界高等教育的发展轨迹

高等教育的鼻祖是中世纪的大学。后随社会变迁而历经发展，主要是英国、德国、美国的大学的不断转型，终成现当代涵盖人才培养、科学研究、社会服务、文化传承等多种职能的高等教育，从而也形成了多元化的高等教育体系。

中世纪一般指公元 476 年西罗马帝国灭亡至公元 1453 年的历史。"中世纪是从粗野的原始状态发展而来的。它把古代文明、古代哲学、政治和法律一扫而光，以便一切都从头做起。它从没落了的古代世界承受下来的唯一事物就是基督教和一些残破不全而且失掉文明的城市。"[①] 在封建神学

---

① 《马克思恩格斯全集》第 7 卷，人民出版社 1959 年版，第 400 页。

的层层包裹下，学术文化衰落到惊人的地步。一直到 11 世纪左右，西欧文化才开始冲破死气沉沉的局面，中世纪的大学也随着新兴市民阶层的崛起破土而出。12 世纪，意大利的波伦亚大学、巴黎大学、牛津大学成立；13 世纪，剑桥大学成立；14 世纪，捷克的布拉格大学、德国的海德堡大学相继成立。13—14 世纪新成立的大学，据统计，法国有 16 所，意大利为 18 所，西班牙和葡萄牙有 15 所。到 15 世纪末，西欧各国的大学共有近80 所①。中世纪的大学，从组织形式看，相当于教师或学生的行会组织，与现代大学完善的结构体系相比，不能望其项背；从学科专业看，中世纪大学几乎处在教会的绝对控制之下，神学是大学的主要学科，此外，还有医学、法律、艺术等；从职能看，主要是单一地培养满足教会和世俗需要的各类专门人才，如政府官员、王室顾问、法官、牧师、医生、家庭教师等，为此，各个高等教育机构的课程设计都体现了鲜明的职业性和实用性特征。虽然也有一些非功利性的学术研究，即便如巴黎大学那样为捍卫学术自由曾经历了艰巨的斗争，但"只是在有限的意义上可以说它是为学习本身的概念而存在"②。

　　科学研究作为大学的主要职能，发祥于近代的德国。最早倡导科学研究的大学是哈勒大学和哥廷根大学。哈勒大学创办于 1694 年，理性主义哲学家托马西乌斯（Christian Thomasius）、虔敬派神学家弗兰克（A. H. Francke）、启蒙哲学大师沃尔弗（Christian von Wolff）三人卓有成效的工作使哈勒大学成为进行创造性科学研究的最早基地。哥廷根大学创办于 1737 年，这所大学创立之初就以倡导自由的学术讨论和科学研究而闻名，更重要的，"哥廷根大学不同于别校的优点，是该校使真正的科学研究受到大力的鼓励和支持，其中最主要的是它有经济充裕的设备和富丽的图书馆，还有专门从事自然科学和医学研究的研究所。"③ 到了 18 世纪末 19 世纪初，启蒙运动和法国大革命的滚滚洪流冲击着远离时代的古老德国，在新人文主义的指导下，高等教育作为重振德国雄风的重要精神力量得到高度重视，1810 年，新人文主义代表人物威廉·洪堡（Wilhelm von Humboldt）出任普鲁士内务部教育厅厅长，创办了举世闻名的柏林大学。

---

① 刘明翰主编：《世界史 中世纪史》，人民出版社 1986 年版，第 119 页。
② ［美］波顿·克拉克：《高等教育新论》，王承绪译，浙江教育出版社 1988 年版，第 26页。
③ ［德］弗·鲍尔生：《德国教育史》，滕大春等译，人民教育出版社 1986 年版，第 82 页。

柏林大学的办学理念一是学术自由；二是教学与研究的统一。洪堡反对传统大学将传授知识作为主要职能的做法，主张大学的主要任务是追求真理，科学研究是第一位的，大学制度的基本思想是教学自由、学习自由和科学研究。办学宗旨的革命性变革使柏林大学获得了极大的成功。一方面，柏林大学作为培养优秀学术人才的摇篮，对德国政治和经济社会发展，对德意志民族的振兴做出了巨大贡献；另一方面，它所开创的新的学术自由和科学研究精神，对大学的职能产生了深远的影响，成为世界各国大学未来发展的方向。之后，牛津大学和剑桥大学开始改制，建立了许多现代科学实验室，科学研究之风盛行于大学①。

　　大学社会服务的职能发端于美国。1862 年，美国通过《莫里尔赠地法》，建起了赠地学院，这是由政府赠地给州议员，并将土地出售所得建立基金，再由该基金资助和维持的专门学院。这种学院的主要职能是推广工农业知识，培养工农业实用性人才，直接为当地社会生产和工农业发展服务。1904 年，威斯康星大学提出了"威斯康星计划"，把帮助州政府在全州各个领域开展技术推广和函授教育作为大学的使命，威斯康星大学从而成为"任何人可以学习任何东西的地方"。美国大学服务社会职能的出现，标志着大学从传统的束缚下解脱出来，开启了大学与社会各个领域全面合作的先河②。20 世纪特别是二战以后，随着世界经济、政治、文化的发展，高等教育得到空前发展，大学与社会的联系也日益紧密。1951 年，斯坦福大学创立了"斯坦福工业园区"，即现在的"硅谷"。此举使斯坦福大学一跃成为世界一流大学，其他大学纷纷效仿，大学的功能日益丰富和多元。

　　欧美国家高等教育的发展史，映照的是西方世界文化层面的社会化过程，高等教育既为这些国家从封建主义走向现代化提供了深厚的精神文化土壤，其自身也在主动适应社会和时代的要求中从边缘逐渐走向社会生活的中心③。进入 21 世纪以来，以信息技术为主要标志的科学技术发展日新月异，信息化、数字化正推动着人们生产和生活方式新一轮革命性的变革。应着时代的召唤，世界高等教育也在民族和国家的高度关注和实践

---

① 贺国庆：《近代德国大学科学研究职能的发展和影响》，《河北大学学报》1996 年第 4 期。
② 徐继宁：《中世纪大学与现代大学的职能比较》，《高教发展与评估》2009 年第 1 期。
③ 覃红霞：《从边缘走向中心：世界高等教育发展的历史回眸与反思》，《内蒙古师范大学学报》（教育科学版）2004 年第 7 期。

中，在个体和社会多层次、多方位的需求中，形成了高度分化、高度整合的多样化开放式体系，迎来了新一轮的发展和繁荣。

二　我国高等教育体系的演进

中国大学是伴随着中国近代社会现代化的探索而产生的，滥觞至今已逾百年。中国现代化进程是在落后西方一个世纪并在殖民主义的外力强制下开始的。1840年，西方国家凭借坚船利炮敲开了中国封闭的大门，中国相当稳定的传统社会结构从此被打破，社会变革就在这样一个背景下展开了。在近代中国人探索国家出路的历程中，学习西方首先是学习技术，"师夷长技以制夷"，近代中国高等教育由此拉开了序幕。最早的官办大学是1895年创办的天津"北洋西学学堂"。学堂设头等学堂和二等学堂，二等学堂类似今之大学预科或高中，头等学堂即为大学。头等学堂设数、理、化、英语、绘图、矿物、地质、法律、理财等基本课程和工程、电学、矿务学、机器学、律例学等专门课程。1896年，"北洋西学学堂"更名为"北洋大学堂"。这一时期创办的还有两所高等学府，即1896年创办的"南洋公学"和1898年创办的"京师大学堂"。"京师大学堂"即北京大学的前身，当时不仅是中国的最高学府，同时也兼任了国家最高教育管理机构的职能[①]。1905年，科举制正式退出历史舞台，中国近代大学学堂得以进一步发展。

洋务运动、维新变法先后以失败告终，辛亥革命的胜利果实也被封建军阀所窃取，但中国传统社会的主流价值体系已遭受严重危机，传统封建政治的合法性模式不仅在形式上被摧毁，封建专制主义的内核最终也被一场文化变革和思想解放运动所冲垮。1919年爆发的伟大的"五四运动"开创了中国文化的新纪元。"五四"首倡理性思维，打出了"科学"和"民主"两面旗帜，使中国人眼里的混沌世界开始变成有序世界。北京大学正是"新文化运动"的中心与"五四运动"的策源地。这一时期的北京大学由蔡元培执掌，蔡元培校长"循思想自由原则、取兼容并包之义"，对北京大学进行了思想解放和学术繁荣，北京大学从此日新月异。这一时期另两所名校开办：1919年南开大学创办；1928年原清政府留美预备学

---

① 凌安谷、司国安、冯蓉：《中国高等教育溯源——论北洋西学学堂、南洋公学和京师大学堂的创建》，《西安交通大学学报》（社会科学版）2003年第2期。

校"清华学堂"（1912 年更名为清华学校）更名为"国立清华大学"。这些学校名师荟萃，师资充实，人才济济，秉承"学术自由"、"兼容并包"、"自强不息、厚德载物"、"爱国、奉献"等办学理念，三所著名的高等学府为国家民族培养了一大批出类拔萃的马克思主义者、科学人才和革命志士。经过长期的发展，随着大批留学人才的回归，西方科学和教育思想的引入，在许多杰出的教育家和精英人士的努力下，到抗战前夕，中国共建有 108 所各类高校，谱写了中国教育史上的光辉篇章。

　　新中国成立后至改革开放前这一历史时期，积贫积弱的现状使新中国优先考虑的是为国家培养有利于社会主义改造和工业建设的急需专门人才。1952 年，国家按照苏联的大学模式对我国大学教育体系进行院系调整，从而建立起高度集中统一的、以明确的培养目标、严密的教学计划和既定计划规范下的教学活动为主要内容的专门人才培养体系。这一时期共有高等院校 182 所，从层次和类型看，其中综合性大学 14 所，工业院校 28 所，师范院校 31 所，农林院校 29 所，医学院校 29 所，财经院校 6 所，政法院校 4 所，语言院校 8 所（除北京外国语学院外，皆为俄文专科学校），艺术院校 15 所，体育院校 4 所，少数民族院校 3 所以及北京气象专科学校 1 所①。专才的培养目标有效满足了社会主义建设各个行业发展对专业人才的需求，极大缓解和保证了社会主义建设的需要。但这种苏式体制"技术"味道太浓，人为切断了此前高等教育现代化的发展之路；分散了学术力量和教师队伍；打散了我国高等教育原有的教育体系和几十年高等教育现代化的积累。"文化大革命"时期，"教育革命"的错误思想和实践更使中国高等教育蒙受了严重的损失②。

　　改革开放使中国大学迎来了发展的春天。30 多年来，我国高等教育在体制转型、制度构建、功能定位、人才培养模式改革等方面进行了全新的探索，高等教育人才培养、科学研究、社会服务的职能得到全面开发，并实现了由精英教育向大众教育的跨越式转变。根据教育部 2009 年教育统计数据，全国共有普通高等学校 2305 所，其中本科院校（含独立学院）1090 所，专科（高职）院校 1215 所。以隶属分类，其中中央部委属 111

---

　　①　李涛：《关于建国初期高等学校院系调整的综合述评》，《北京航空航天大学学报》（社科版）2004 年第 4 期。

　　②　张雪蓉：《建国 60 年中国高等教育历史变迁述评》，《现代大学教育》2010 年第 2 期。

所，地方部门属 1538 所，民办 656 所；以功能分类，综合大学 547 所，理工院校 821 所，农业院校 81 所，林业院校 18 所，医药院校 163 所，师范院校 189 所，语文院校 48 所，财经院校 242 所，政法院校 69 所，体育院校 30 所，艺术院校 79 所，民族院校 18 所；以规模分类，在校生超过 2 万人的 158 所，1 万至 2 万之间的 615 所，5000 至 1 万人的 839 所，5000 人以下的 693 所①。到 2013 年，全国普通高等学校增至 2491 所②。从学科设置看，这些高校可分为四种基本模式：全科型、综合学科型、多科型、单科型。不同学校的学科设置特征、培养学生层次、教师水平和学校科研学术水平又使普通高校形成了不同的类型。2000 年，教育部院校设置处戴井冈等将普通高校分为具有研究型特点的大学、教学型高校和高等职业技术教育类学校三类；2001 年，清华大学何晋秋、方惠坚等将普通高校分为研究型大学、教学科研型大学、教学型大学或学院、社区学院或二年制大学四类；2004 年，兰州大学甘晖等人将普通高校分为研究型大学、教学科研型大学、教学型大学、高职高专院校四类③。至此，我国建立起了面向现代化、面向世界、面向未来的多种层次、多种形式、开放的高等教育体系。

三　比较与借鉴

回溯中国高等教育的产生，可以得出这样一个结论：中国高等教育不是中国社会内部和中国古代教育自然延伸和逻辑演进的结果，而是近代内忧外患的中国为变法图强在西学东渐的过程中，在东西方两种异质文化不断碰撞与融合的过程中产生和发展起来的。有学者因此援引阿尔特巴赫（P. G. Altbach）的教育依附理论，认为中国高等教育百年来的发展主要是依附式发展，这一观点甚至发展为中国比较高等教育领域的一个重要流派。事实上，中国高等教育虽然不乏对异域高等教育的参照和模仿，但从没有固定的、完整的模式，反之经常转换，而每一次转换都深深地打上了时代的烙印。从洋务运动到维新运动时期，中国教育的改革和发展被赋予

---

① 有关数据根据中华人民共和国教育部网 2009 年教育统计数据统计（http://www. moe. edu. cn/publicfiles/business/htmlfiles/moe/s4960/index. html）。

② 数据来源：2013 年全国教育事业发展统计公报［1］（http://www. moe. gov. cn/publicfiles/business/htmlfiles/moe/moe_ 633/201407/171144. html）。

③ 马陆亭：《我国高等学校分类的结构设计》，《北京大学教育评论》2005 年第 2 期。

"教育救国"的历史使命，西方尤其是日本现代化的教育体系和模式成为这一时期高等教育学习的榜样。尽管在学制、课程设置等方面几乎移植了西方模式，但在教育理念上，仍十分强调儒教传统，强调中西会通，中体西用，并非全盘照抄和依附发展。20世纪20年代至新中国成立前夕，在蔡元培等人的努力下，中国高等教育克服了洋务运动时期的急功近利和实用主义，在融合美国和欧洲各国特点的进程中走向现代化。新中国成立初期中国高等教育经历了不加选择地吸收、搬抄苏联模式阶段，但这是为了适应当时计划经济和集权管理体制的需要。1958年中苏关系破裂后，中国高等教育不仅截然背离了苏联模式，而且也背离了任何已知的教育模式。尽管1958年之后的改革和"文化大革命"时期的教育革命是失败的，但并不错在自主性改革而在将教育看成政治的工具①。正如潘懋元教授所指出的："近代中国高等教育走过的道路，总体上看，是一个学习与借鉴西方并有所创新的过程。""近代中国对西方的学习，是为了探索一种适合自己发展的模式，是一个主体意识逐渐增强的过程。这种探索，是在不断尝试错误、积累经验中形成的，最终的结果所形成的既不是日本式的、也不是德国式的或者美国式的'中国教育'，而是具有典型民族特征，符合中国文化土壤与实际需要的'中国特色'的教育制度与理论。"②

新世纪以来，我国已经建立起富有活力和适应社会主义市场经济需要的比较完备的高等教育体系，为国家经济社会发展提供了强有力的人才和智力支撑。但也存在着诸多亟待解决的矛盾和问题，如结构与布局如何进一步优化、规模与质量如何协调发展等问题。高等教育的总体发展水平与国家发展战略和经济社会发展的新需要相比，与人民群众对高等教育的多样化需求相比，还存在较大差距。当今时代，文化越来越成为民族凝聚力和创造力的重要源泉，越来越成为综合国力竞争的重要因素。中国文明是世界上最古老的文明之一，如何发掘中国传统文化的活力和生命力，提高国家文化软实力，也给高等教育提出了新的课题。为此，中国高等教育要获得全面协调可持续发展，首先要扎根于本国的价值观和民族土壤，努力发掘本民族的传统文化宝藏，发挥中国传统文化在高等教育现代化中的积

---

① 白玫：《依附理论视角下中国高等教育的历史与未来》，《高教探索》2010年第3期。

② 潘懋元、陈兴德：《依附、借鉴、创新？——中国高等教育学科建设之路》，《北京大学教育评论》2005年第1期。

极作用；探索适合本国经济社会发展的高等教育体制和机制，坚持规模、质量、结构、效益协调发展，全面提高人才培养质量，增强自主创新和社会服务能力，走适合自己的道路。

然而，中国高等教育发展中同样不应忽视的，是始终需要睁着一双看世界的眼，向其他国家学习和借鉴。学术无疆界。"18 世纪末到 19 世纪初的德国高等教育体制及办学理念影响了当时的一些国家，尤其是美国通过借鉴德国经验建立起了一批研究型大学……而形成了目前世界上最发达的高等教育系统。在探索我国的高等教育发展道路时，美国的经验是值得深思的。实际上，不同文化和不同国家之间相互学习和借鉴高等教育模式、理论和研究方法，是高等教育发展的通例。借鉴不仅存在于后来者对先行者之间，不是单向的，而是双向的甚至是多向的。"① 在高等教育国际化的背景下，我们既要坚持独立自主发展，又要充分利用国际优质教育资源，学习与借鉴国外先进的高等教育经验，包括先进教学理念、教学制度、教学模式、教学内容和方法，在批判传承和学习借鉴中创造中国高等教育的未来。

第二节　中国行业特色院校发展的历史回顾

行业特色院校主要指那些源于行业管理，在世纪之交高教管理体制改革中划入省区市以及教育部等为主管理的原行业部门所属高等学校。我国的行业特色院校集中建立于 20 世纪 50 年代的院系调整时期，主要有农、林、水、地、矿、油、交通、邮电、传媒等高校。世纪之交，国家对原部委属高等院校管理体制进行调整，多数改为中央和地方共建、以地方管理为主的管理方式。高校管理体制改革对优化高等教育布局与资源配置以适应高等教育大众化发展的需要具有重要意义，行业特色高校在新的历史条件下也面临着新的挑战和发展机遇。

一　20 世纪 50 年代院系大调整和行业特色院校的兴起

新中国成立初期，为了培养大批的专业人才特别是工业专门人才适应国民经济建设和走工业化发展道路的需要，国家参照苏联模式对高校院系

---

① 白玫：《依附理论视角下中国高等教育的历史与未来》，《高教探索》2010 年第 3 期。

进行了大规模的调整，大批行业高校应运而生。

1950 年 6 月，第一次全国高等教育工作会议召开，讨论改造高等教育的方针和新中国高等教育的建设方向。根据会议精神，1952 年，根据"以培养工业建设干部和师资为重点，发展专门学院和专科学校，整顿和加强综合性大学"的总方针，以华北、东北、华东为重点，对全国 75% 的高校进行了调整。至 1952 年大调整之前，全国原有 211 所高等学校。调整后，有综合大学及普通大学 21 所，工业院校 43 所，高等师范院校 33 所，农林院校 28 所，医药卫生院校 32 所，财经院校 13 所，政法学院 3 所，连同其他艺术、语文、体育和少数民族高等学校共为 201 所①；1953 年，以中南区为重点，华北、东北、华东进行了专业调整，西北、西南两区进行了局部的院系专业调整，主要是加强和增设工业高校并适当增设师范院校。经过 1953 年的调整，全国高等学校已由 201 所减为 182 所。1955 年至 1957年，着眼于区域布局，国家将沿海地区一部分高校或系科内迁，同时以某些内迁专业为基础，又新建或扩建了一批内地高校。至此，我国 20 世纪50 年代高校院系调整工作基本结束②。

50 年代院系大调整的结果，从院校性质和隶属体制看，就是大批行业特色院校的兴起。主要有农、林、水、地、矿、油、交通、邮电、艺术、传媒等高校，主管行业部门涉及原重工业部、工业与信息化部、化学工业部、农业部、铁道部、交通部、水利部、文化部、卫生部、财政部、司法部等绝大多数中央部委，以及原广电部、体委等国务院直属机构和中国石油天然气集团公司、电力公司等央企。这些院校共同的特点有三：一是由所属的行业部委管理，行政领导由行业部委任命，财政也由所属的部委来拨放；二是学科专业比较单一但特色鲜明，主要围绕行业需求设置，行业部委对学科建设、学术发展方向进行指导和扶持；三是人才培养和科学研究直接服务于行业，服务的渠道在政策保证下畅通无阻。

关于 50 年代院系大调整，目前教育界和学术界非议颇多，主要是认为带有浓厚工具主义色彩的调整使文理分拆、理工分家，一大批综合性院校由于工、农、医、法、师范等被抽取而面目全非，特别是一批历史悠久

---

① 《建国初期全国高等学校院系调整文献选载（1951—1953 年）》，《党的文献》2002 年第 6期。

② 王云峰、吴晓蓉：《反思我国 20 世纪 50 年代高校院系调整》，《长春工业大学学报》（高教研究版）2009 年 3 月。

的著名综合性大学由于伤筋动骨的改造而削弱了原有的科研实力、学术价值和国际竞争力，而且也造成了高等教育条块分割，多头办学的局面。但从历史的角度看，50 年代院系调整是当时社会发展的使然，而且也不乏积极意义。这次大调整改善了高校的区域布局，奠定了我国高等教育的基本格局，专门院校的独立设置满足了国家经济建设对行业人才的迫切需求，有力地推动了经济发展和社会进步。

二　20 世纪 90 年代院校大调整与行业特色院校隶属体制的改变

改革开放以来，中国社会主义建设取得了举世瞩目的成就，经济社会的发展带来了高等教育的大发展，过去条块分割的管理体制弊端日益明显，"专才教育"的人才培养模式逐渐不能适应现代科技在高度分化基础上高度综合的趋势，不能适应社会主义市场经济对人才的复合型要求，中华民族实现伟大复兴的宏伟目标也对高等教育赋予了更高的使命。为适应国际国内环境的变化，20 世纪 90 年代，我国高等教育在"共建、调整、合作、合并"方针的指导下开展了新一轮大规模的院系调整，形成了中央和省两级管理、以省为主的新的高校管理体制，一批行业特色院校划转教育部和地方管理，行业特色院校面临新的挑战，也面临新的发展机遇。

1992 年 5 月，扬州师范学院、江苏农学院、扬州工学院、扬州医学院、江苏水利工程专科学校、江苏商业专科学校等 6 所高校合并组建扬州大学，奏响了 20 世纪 90 年代院校调整的序曲。1993 年起，"综合化"、"合并"成为院校调整的主题词：江西大学与江西工业大学合并成立南昌大学；四川大学和成都科技大学合并组建四川联合大学（1998 年更名为四川大学）；青岛医学院、山东纺织工学院、青岛师范学院并入青岛大学；上海工业大学、上海科技大学、上海科技高等专科学校并入上海大学；集美航海学院、厦门水产学院、福建体育学院、集美财经高等专科学校、集美师范高等专科学校合并成立集美大学；哈尔滨科学技术大学、哈尔滨电工学院、哈尔滨工业高等专科学校合并成立哈尔滨理工大学，等等。据统计，到 1997 年底，全国已有 184 所高校合并为 73 所，另外还有 228 所高校开展了多种形式的校际合作办学①。1998 年，浙江大学、杭州大学、浙江农业大学、浙江医科大学合并组建新的浙江大学；2000 年，吉林大学、

---

① 周川：《新一轮院系调整的特征与问题》，《高等教育研究》1998 年第 2 期。

吉林工业大学、白求恩医科大学、长春科技大学、长春邮电学院合并组建新的吉林大学（2004 年解放军军需大学并入），这一轮高校合并风达到了高潮。

1999 年起，我国高校大规模扩招，高等教育从精英教育步入大众化教育阶段。为满足人民群众日益增长的高等教育多样化需求，同时也为高等教育的区域形态分布更趋合理，1999 年，国务院发布《国务院关于进一步调整国务院部门（单位）所属学校管理体制和布局结构的决定》（国发〔1999〕26 号），除教育部以及外交部、国防科工委、公安部、安全部、海关总署、民航总局、体育总局、侨办、中科院、地震局等少数关系国家发展全局的部门和单位继续管理其所属学校外，国务院其他部门和单位原则上不再直接管理学校；2000 年，国务院办公厅转发教育部等部门《关于调整国务院部门（单位）所属学校管理体制和布局结构的实施意见》（国办发〔2000〕11 号），全面实施行业院校大调整，涉及原行业部门所属普通高等学校 161 所，其中划转教育部管理 22 所，由教育部负责调整 34 所，实行中央与地方共建、以地方管理为主，并由地方统筹进行必要的布局结构调整的 97 所，继续由原主管部门（单位）管理 3 所，另有 5 所普通高等学校停止招生，待现有在校学生毕业后即行撤销原学校建制，改为原主管部门（单位）的非学历培训机构。划转教育部管理和实行中央与地方共建、以地方管理为主的院校见表 1.1、表 1.2①：

表 1.1　　　独立建制划转教育部管理的普通高等学校（22 所）

石油大学	上海财经大学	北京邮电大学	中国矿业大学
中国农业大学	河海大学	北京林业大学	南京农业大学
北京广播学院	中国药科大学	中央财经大学	中国地质大学
中国政法大学	华中农业大学	中央音乐学院	电子科技大学
中央美术学院	西南交通大学	中央戏剧学院	西南财经大学
东北林业大学	西安电子科技大学		

---

① 资料来源：中华人民共和国中央人民政府网（http：//www.gov.cn/gongbao/content/2000/content_ 60667. htm）。

表1.2 中央与地方共建、以地方管理为主的普通高校名单（共97所）

序号	学校名称	原主管单位（部门）	层次
北京市（9所，本科8所，专科1所）			
1	中国音乐学院	文化部	本科
2	中国戏曲学院	文化部	本科
3	北京舞蹈学院	文化部	本科
4	北京电影学院	广电总局	本科
5	北京第二外国语学院	旅游局	本科
6	北京信息工程学院	信息产业部	本科
7	北京印刷学院	新闻出版署	本科
8	北京石油化工学院	石油化工集团公司	本科
9	北京工业职业技术学院	煤炭局	专科
天津市（1所，本科1所）			
10	天津职业技术师范学院	劳动保障部	本科
河北省（4所，本科2所，专科2所）			
11	石家庄经济学院	国土资源部	本科
12	石家庄铁道学院	铁道部	本科
13	保定金融高等专科学校	人民银行	专科
14	承德石油高等专科学校	石油天然气集团公司	专科
山西省（2所，本科1所，专科1所）			
15	山西财经大学（原山西财经学院）	供销总社	本科
16	太原电力高等专科学校	电力公司	专科
辽宁省（9所，本科8所，专科1所）			
17	沈阳药科大学	药品监管局	本科
18	东北财经大学	财政部	本科
19	沈阳农业大学	农业部	本科
20	中国医科大学	卫生部	本科
21	沈阳建筑工程学院	建设部	本科
22	大连水产学院	农业部	本科
23	大连铁道学院	铁道部	本科
24	抚顺石油学院	石油化工集团公司	本科
25	沈阳电力高等专科学校	电力公司	专科
吉林省（4所，本科2所，专科2所）			

序号	学校名称	原主管单位（部门）	层次
26	东北电力学院	电力公司	本科
27	长春税务学院	税务总局	本科
28	长春水利电力高等专科学校	电力公司	专科
29	长春金融高等专科学校	人民银行	专科
黑龙江省（2 所，本科 1 所，专科 1 所）			
30	大庆石油学院	石油天然气集团公司	本科
31	哈尔滨金融高等专科学校	人民银行	专科
上海市（10 所，本科 6 所，专科 4 所）			
32	上海水产大学	农业部	本科
33	上海电力学院	电力公司	本科
34	上海海运学院	交通部	本科
35	华东政法学院	司法部	本科
36	上海音乐学院	文化部	本科
37	上海戏剧学院	文化部	本科
38	上海旅游高等专科学校	旅游局	专科
39	上海医疗器械高等专科学校	药品监管局	专科
40	上海出版印刷高等专科学校	新闻出版署	专科
41	上海金融高等专科学校	人民银行	专科
江苏省（11 所，本科 9 所，专科 2 所）			
42	南京林业大学	林业局	本科
43	南京建筑工程学院	建设部	本科
44	苏州城市建设环境保护学院	建设部	本科
45	南通医学院	交通部	本科
46	南京审计学院	审计署	本科
47	苏州铁道师范学院	铁道部	本科
48	南京邮电学院	信息产业部	本科
49	南京气象学院	气象局	本科
50	江苏石油化工学院	石油化工集团公司	本科
51	南京电力高等专科学校	电力公司	专科
52	南京金融高等专科学校	人民银行	专科
浙江省（4 所，本科 3 所，专科 1 所）			

续表

序号	学校名称	原主管单位（部门）	层次
53	中国计量学院	质量技监局	本科
54	中国美术学院	文化部	本科
55	杭州电子工业学院	信息产业部	本科
56	浙江广播电视高等专科学校	广电总局	专科
安徽省（1所，本科1所）			
57	安徽财贸学院	供销总社	本科
江西省（3所，本科2所，专科1所）			
58	江西财经大学	财政部	本科
59	华东交通大学	铁道部	本科
60	南昌水利水电高等专科学校	水利部	专科
山东省（3所，本科1所，专科2所）			
61	山东财政学院	财政部	本科
62	山东电力高等专科学校	电力公司	专科
63	济南交通高等专科学校	交通部	专科
河南省（3所，本科1所，专科2所）			
64	华北水利水电学院	水利部	本科
65	郑州电力高等专科学校	电力公司	专科
66	黄河水利职业技术学院	水利部	专科
湖北省（2所，本科1所，专科1所）			
67	江汉石油学院	石油天然气集团公司	本科
68	武汉金融高等专科学校	人民银行	专科
湖南省（5所，本科4所，专科1所）			
69	长沙电力学院	电力公司	本科
70	中南林学院	林业局	本科
71	长沙交通学院	交通部	本科
72	株洲工学院	包装总公司	本科
73	长沙民政职业技术学院	民政部	专科
广东省（4所，本科3所，专科1所）			
74	中山医科大学	卫生部	本科
75	广州中医药大学	中医药局	本科
76	华南农业大学	农业部	本科

序号	学校名称	原主管单位（部门）	层次
77	广州金融高等专科学校	人民银行	专科
广西壮族自治区（1所，本科1所）			
78	桂林电子工业学院	信息产业部	本科
海南省（1所，本科1所）			
79	华南热带农业大学	农业部	本科
重庆市（5所，本科4所，专科1所）			
80	西南农业大学	农业部	本科
81	西南政法大学	司法部	本科
82	重庆交通学院	交通部	本科
83	重庆邮电学院	信息产业部	本科
84	重庆电力高等专科学校	电力公司	专科
四川省（4所，本科4所）			
85	华西医科大学	卫生部	本科
86	成都理工学院	国土资源部	本科
87	成都气象学院	气象局	本科
88	西南石油学院	石油天然气集团公司	本科
云南省（1所，本科1所）			
89	西南林学院	林业局	本科
陕西省（5所，本科4所，专科1所）			
90	西安石油学院	石油天然气集团公司	本科
91	西安统计学院	统计局	本科
92	西北政法学院	司法部	本科
93	西安邮电学院	信息产业部	本科
94	西安电力高等专科学校	电力公司	专科
甘肃省（1所，本科1所）			
95	兰州铁道学院	铁道部	本科
新疆生产建设兵团（2所，本科2所）			
96	石河子大学	农业部	本科
97	塔里木农垦大学	农业部	本科

这样，从1992年到2000年，经过8年的努力，全国共有31个省市

（自治区）、60多个国务院部门（单位）参与了改革，涉及高等学校900余所。有556所高等学校（普通高校387所、成人高校169所）经合并调整为232所（普通高校212所、成人高校20所），净减324所；有509所高校进行了管理体制的调整（普通高校296所），其中中央部门所属高等学校转由地方管理或以地方管理为主共360所（其中普通高校205所）①。

新一轮的院校调整较好地解决了过去管理体制中存在的条块分割、学校设置低水平重复、教育资源浪费等弊病，行业特色院校的下放则为高等教育结合地区经济的发展开拓了更广阔的空间。

三　50年来行业特色院校的办学模式和主要特点

行业特色院校伴随行业而生，紧跟行业发展而发展。从20世纪50年代兴起到世纪之交体制调整，行业特色院校坚持鲜明的行业办学模式，在满足行业人才需求，促进行业科技进步，推动行业整体发展方面发挥了积极作用，为我国工业化发展和社会进步做出了应有的贡献。

行业特色院校的办学模式可以概括为：以行业为依托，围绕行业需求，针对行业特点，为特定行业培养高素质人才。行业性体现在管理体制、学科设置、服务面向、人才培养模式等方面，从而形成了鲜明的特点。

在管理体制上，实行行业主管部门计划封闭管理模式，形成了与行业和行业主管部门联系紧密、与其他高校和教育行政部门沟通渠道不多并存的特点。20世纪50年代的院校调整构成了中央直属高校、行业部委属高校和地方（大行政区）属高校三大块格局，高等教育是国民经济计划的有机组成部分，各类高校分工明确，互不竞争，各自为各行业培养应用急需人才，这使得行业特色院校建立了与行业和行业主管部门之间的良好的沟通机制，同时也忽略了与其他高校和教育行政部门的联系。

在学科设置上，实行单科制，形成了学科专业特色鲜明、学科专业面狭窄并存的特点。行业特色院校在长期发展过程中，建成了具有鲜明行业特色的应用性学科，围绕行业应用性学科形成了比较齐全的专业布局，这些行业应用性学科专业优势明显，其发展水平是其他综合性院校所难以比

---

① 马陆亭：《我国高等教育管理体制改革30年——历程、经验与思考》，《中国高教研究》2008年第11期。

拟的；但同时学科门类过于单一，没有构成包括基础研究、应用基础研究到应用研究的完整体系。20 世纪 90 年代改制以后，大多数行业特色院校已从单科性大学向多科性大学迈进，如工科类行业特色院校设置文科专业，中国石油大学、中国海洋大学、中国地质大学等一批作为"985 工程"和"211 工程"建设的行业性大学都发展起较完整的文科体系；一些文科类行业特色院校设置经管类专业，如浙江传媒学院从原来以文学、艺术学为主发展为文、工、管、艺多科发展的院校。但就总体而言，行业特色院校的多科性是靠非行业性学科来完成的，这些学科发展历史不长，发展基础薄弱，导致学科发展水平不高，学科综合实力不强，重点学科数量少。以农林部属院校为例，从 2007 年国家公布的重点学科来看，全国共 7 所农林高校拥有 13 个一级学科国家重点学科，占总数（286 个）的 4.55%，比北京大学的一级学科国家重点学科总数还少 5 个[1]。

在人才培养模式上，重视人才培养的实践性和行业适用性，形成了人才动手能力强、复合创新能力相对不足并存的特点。行业特色院校人才培养模式往往带着浓厚的工具主义色彩，容易形成三重三轻：在课程设置上，重专业教育轻通识教育；在教学体系上，重实践教学轻理论教学；在教学内容和教学方法上，重能力培养轻知识养成。这使所培养的人才进入行业后很快成为急需的技术骨干，但在重大创新性公关上很难取得突破。

在服务面向上，直接面向行业服务，形成了服务行业能力较强、服务区域经济能力相对较弱并存的特点。行业特色院校办学面向定位于特定的行业，如农林高校办学面向定位是为我国农林业培养和输送人才，为农林业现代化发展服务；邮电类行业高校主要为邮电通信行业培养人才，为国家信息化发展服务；文化艺术高校办学面向定位是为我国包括音乐、美术、戏剧戏曲、电视电影等在内的文化艺术领域培养和输送人才，为繁荣新中国文化艺术服务。这使院校在服务社会时较多从行业企业发展的维度考虑，而较少考虑如何融入地方经济社会发展大局、如何为地方经济社会发展贡献力量，与地方政府联系不多，也较少承担地方的重大科研和服务项目，立足区域、服务地方相对不足。

---

① 沈振锋：《我国农业大学办学模式研究》，华中科技大学博士学位论文，2010 年。

第三节　行业特色院校是中国高等教育
体系的重要组成部分

人类社会是变动不居的发展过程，百余年来，中国高等教育已几经发展，几经变迁。新世纪以来，随着高等教育大众化进程的加速，我国已初步建成特色的高等教育体系，多样化是这一体系的基本特征。行业特色院校以鲜明的办学特色满足了人民群众日益增长的对高等教育多样化的需求，从而在促进经济社会发展方面发挥着不可替代的作用；行业特色院校办学规模的扩大也使自身成为高等教育大众化的半壁江山，从而成为中国高等教育体系的重要组成部分。

一　中国高等教育体系的多样化特征

根据美国当代著名教育社会学家马丁·特罗（Martin Trow）的研究，如果以高等教育毛入学率为指标，当高等教育毛入学率达到15%时，高等教育就进入了大众化阶段。20世纪90年代初，我国高等教育毛入学率在5%左右徘徊，人才培养的速度和规模越来越难以适应各项事业发展对人才的需求，高等教育的供求矛盾越来越突出。为此，国家适时做出了加快高等教育发展、扩大高校招生规模的重大决策。1999年6月16日，原国家计划发展委员会和教育部联合发出紧急通知，决定1999年中国高等教育在年初扩招23万人的基础上，再扩大招生33.7万人，这样普通高等院校招生总人数达到153万。随着扩招政策的实施，1999年，我国高等教育毛入学率达到10.5%，之后逐年攀升，2002年，我国高等教育毛入学率达到15%，开始步入大众化的门槛。

从精英阶段走向大众化阶段，中国高等教育迎来一个重要的历史变革和调整期，一个包括多种层次、多种类型的高等学校和多种多样人才培养规格和模式特色的高等教育体系正在形成。具体而言，中国高等教育体系的多样化特征主要体现在以下几个方面：

一是办学层次的多样化。办学层次不再局限于象牙塔式的学术性高等教育，出现了学术性高等教育、专业性高等教育、职业性高等教育并举的局面。在传统观念下，人们往往认为学术性高等教育地位高，社会价值高；非学术性高等教育地位低，社会价值低。从哲学的意义上说，价值的终极本源是人类自身，存在于人类意识中，并通过人类创造性、能动性的对象化，通过一定的社会关系表现于外部世界。高等教育的价值是一个历史变化的范畴，其价值观念和价值评价深存于社会经济关系之中。在社会经济关系日益多样化的当今时代，经济与社会发展所需要的人才是多层次、多类型的，既需要一大批拔尖创新人才，又需要数以千万计的专门应用人才和数以亿万计的高素质劳动者。高等教育只要符合社会需要就有价值，没有孰高孰低、孰轻孰重之分，多样化的不同层次的大学在办学地位上不再呈"金字塔"型而呈水平状。

二是培养目标的多样化。不同类型不同层次的大学培养目标各不相同。学术性高等教育以探索自然、个体、人类社会的生存和发展规律为主要目标，以求知、求真为己任，把科研放在首要地位；在人才培养和学术标准上追求卓越，主要培养学术人才，即主要从事基础理论或应用基础理论研究，以及与此相关的研究的科学工作者，侧重于研究生教育。专业性高等教育是高等教育大众化阶段的主体，主要培养适应经济社会发展需要的高层次复合型人才，复合型指的是既具有一定的从事学术研究的基础知识积累和基本的科研能力，又具有从事社会化实际工作的能力和水平。专业性高等教育侧重于本科生教育和专业硕士教育，以教学科研型定位的专业性高等教育根据学科发展水平和社会实际需要可适当发展研究生教育，包括博士研究生教育；职业性高等教育以培养学生的职业技能为主要目标，主要为社会培养实用人才。所谓实用人才，是指从事非学术性研究工作的有技术专长的一般技术员、技术工人和普通劳动者，诸如服装设计与裁剪师、烹饪师、美容师、保健师、摄影师、园艺师、栽培师、导游等。

三是教学模式的多样化。进入大众化教育之前，受计划经济包得过多、统得过死的体制影响，我国高等教育主体性弱，依赖性强，不同类型、不同层次的大学不管自身水平、实力如何，一律仿照综合性院校的本科模式开展教学，按照精英教育标准制订教学计划，组织教学过程，强调课程的系统知识传授，忽视实践环节，甚至连专科层次的院校也不例外，成为本科的"浓缩"①。随着改革开放的不断深入和大众化教育阶段的到来，各级各类高等院校开始意识到，要在激烈的高等教育竞争中立于不败之地，其法宝不是与老牌综合性院校盲目攀比，而在于办出特色。高校对

---

① 王义遒：《多样化：我国高等教育大众化的关键》，《北京大学教育评论》2003年第4期。

课程体系、教学方式、人才培养模式的探索由此掀起了热潮，灵活的模块化课程、弹性学制在各类高校出现，课程讲授、实验实习、社会实践相结合的教学方式被更多的专业性本科院校采纳。

四是评价标准的多样化。传统人才观认为，只有科学家、政治家、精英人物才是人才；而新人才观认为，具有一定的知识和技能，能进行创造性劳动并能为社会做出贡献的人，都属于人才的范畴。社会需要各种各样的人才，多样化的人才构成了丰富多彩的世界。随着新人才观的确立，社会对高校人才培养质量的评价不再机械地使用单一标准，人才质量标准开始多样化。对传统研究型大学的人才质量要求为：基础理论厚实，专业口径宽，文理渗透，科研能力、综合能力强；对应用性大学的人才质量要求为：专业技能扎实，社会认可，市场满意度高。有学者根据不同学校的不同培养目标提出了四种人才质量观：学术型人才质量观、应用型人才质量观、满足个人需要的人才质量观和整体性质量观[1]。与外部评价标准的多样化相适应，我国教育主管部门不再把学术性和投入水平作为高等教育质量高低的唯一标志，高校内部质量评估体系和质量指标体系正在重新建立。

五是管理体制与机制的多样化。主要体现为办学主体和资金来源的多样化，出现了"一主多元"的办学体制。以国家办学为主，发展出了公有公办、民有民办、民有公助、公立高校整体转制、公立高校部分转制、公民联办、合作办学与国外（境外）团体办学等多种形式[2]。

二　行业特色院校在中国高等教育体系中的地位和作用

在我国特色高等教育体系中，行业特色院校是高等教育多样化的重要实践形式和不可或缺的组成部分，在办学层次上属于专业性高等教育的范畴。如果说，行业特色院校的兴起适应了工业化初期新中国对工业专门人才的迫切需要的话，那么，在新的历史时期，行业特色院校的发展则是建设人力资源强国的战略性要求，是优化我国高等教育结构、缓解我国高等教育供给不足矛盾的迫切需要，也是满足个体选择性、实现人的自由发展

---

① 刘智运：《多样化：21世纪初叶中国高等教育的基本走向》，《高等教育研究》2003年第2期。

② 魏小琳：《我国高等教育多样化发展的价值和路径研究》，湖南师范大学博士学位论文，2008年。

的现实需要。

　　行业特色院校的发展是我国建设人力资源强国的战略性要求。当今和未来的世界竞争，归根结底是科技实力的竞争、人才的竞争。人才和人的能力建设，在综合国力竞争中越来越具有决定性的意义。人才竞争不仅取决于人才的质量，而且取决于人才的数量，开发人力资源，培养和造就大批高素质人才，已成为关系世界各国发展的重大问题。1999 年扩招以来，我国高等教育规模增长幅度显著，从原来不到 700 万人，增加到现在的 2979 万人①，先后超过俄罗斯、印度和美国，成为世界第一。但我们应该清醒地认识到，这是就总规模而言的，以毛入学率计，尽管已从原来的不到 10% 增加到现在的 24.2%②，已经步入大众化行列，但与世界发达国家相比仍有较大的差距。据统计，早在 1996 年，全世界高等教育毛入学率就已达到 16.7%，其中发达区域高等教育毛入学率高达 50.5%③。我国高等教育起点低，在建设高等教育强国的过程中，若想尽快赶上发达国家的步伐，不仅需要若干所高水平的综合性研究型大学，也需要一批行业特色鲜明、办学质量高的多科性大学。事实上，扩招以来，我国行业特色院校已成为高等教育发展的主力军，为国家培育了一大批各行各业特别是高技术产业、现代服务业当中的创新型人才，正因如此才使我国在参与国际竞争中能够在人才资源方面显现出比较明显的优势。《国家中长期教育改革和发展规划纲要》（2010—2020 年）提出，到 2020 年，高等教育总规模将增加到 3550 万人，毛入学率达到 40%，具有高等教育文化程度的国民数达到 19500 万人。要实现这个宏伟目标，行业特色院校肩负着重要的使命和责任。

　　行业特色院校的发展是优化我国高等教育结构，缓解人民群众日益增长的高等教育需求与我国高等教育供给不足之间矛盾的需要。一方面，经济社会发展所需要的人才是多类别、多层次的，行业特色院校正是以人才培养的多规格、多样化满足大众化时代社会对人才要求的多样性和多层次需求。另一方面，学术性高等教育资源相对于日益扩大的民众对高等教育的需求来说是十分有限的，不可能每一个学生都能进入精英学校，如果没

---

① 数据来自《国家中长期教育改革和发展规划纲要》（2010—2020 年）。
② 数据来自《国家中长期教育改革和发展规划纲要》（2010—2020 年）。
③ UNESCO Statistical Yearbook, 1998, part 2, p. 11.

有大量的行业性高等院校，就难以满足广大学生的入学要求。在我国高等教育体系中，只有各种类型和层次的高校合理分工，准确定位，才能形成精英高等教育与大众高等教育相互促进、相得益彰的良好局面。

　　行业特色院校的发展是满足高等教育个体选择性、实现人的自由发展的现实需要。改革开放以来，中国社会经济和政治的现代化带来了社会生产和生活方式的深刻变迁，与传统社会墨守成规、安于现状、崇尚一元的价值观念相异，人们的思想观念不断开放，个体独立性、平等性、参与性等现代化的人格不断形成，受教育者追求民主、追求个性的趋势不断加强，人们根据个人的才能、兴趣和爱好选择高等教育的倾向显著增强。不同的行业特色院校正是以多样的专门性、专业性满足了不同个体自我发展的需要。

第二章　行业特色院校办学定位研究

办学定位，是一所大学在特定的历史阶段确立的办学思想、办学方向、发展目标等教育理念的总和。办学定位关系到学校在高等教育系统中的正确坐标和有利位置，是确保学校特色发展的前提和保证。行业特色院校要立足学校自己的历史积淀、办学优势和办学特色，充分考虑所处的特定时代环境，从满足国家经济社会发展的战略需求和促进学校可持续发展出发进行科学定位。

第一节　行业特色院校的时代机遇与发展瓶颈

行业特色院校体制划转后，迎来我国实施创新驱动发展战略和建立创新驱动体系的发展盛世，中国高等教育的蓬勃发展、新型工业化的发展、文化产业的大发展都为行业特色院校的发展提供了千载难逢的机遇。但行业特色院校在体制划转后也不可避免地存在一些共性的发展问题，这些问题的存在，有体制原因造成的，但更多的是行业特色院校自身尚未度过体制划转后的"适应期"，未理顺发展思路、办学定位造成的。面对机遇和挑战，新时期行业特色院校发展需要根据高等教育系统的分类，确立清晰的办学定位，准确做出战略选择。

一　行业特色院校发展的时代机遇

当前我国正面临经济和社会发展转型期，区域产业结构调整与优化力度不断加强，高等院校改革发展走向以"质量建设、内涵发展"的轨道，在这样的大背景下，行业特色院校发展面临难得的发展机遇。

首先，中国当代社会转型对教育提出的职责和需求为行业特色院校的发展提供了契机。

社会转型，指的是传统社会向现代化范型社会的转变过程。在我国社会学学者的论述中，对社会转型主要有三层理解：一是指体制转型，即从计划经济体制向市场经济体制的转变；二是指社会结构变动，包括结构转换、机制转轨、利益调整和观念转变；三是指社会样态变迁，即社会从传统社会向现代社会、从农业社会向工业社会、从封闭性社会向开放性社会的社会变迁和发展。

当代中国社会转型一般是指我国实行改革开放以来至今的社会发展过程，这是一个动态的、持续的、漫长的、全方位的社会整体变迁和进化过程。有学者把中国当代社会转型划分为三个阶段①：20 世纪 70 年代末至 80 年代末旧体制解体、新体制酝酿阶段；20 世纪 90 年代初至 90 年代末新旧体制交替转轨阶段；21 世纪以来实施新科学发展观、构建社会主义和谐社会的阶段。进入第三个发展阶段以来，社会生产力获得巨大解放，从 2002 年至 2011 年 10 年间，中国经济增长率平均保持 10% 左右的高增长②。信息技术、生物技术、新材料技术、新能源技术、空间技术、海洋技术、航天技术蓬勃发展，社会正在加速现代化进程。

中国社会转型期经济的高速发展空前广泛地渗透到人类社会的各个领域，带来了社会生产和生活方式的深层变迁，带来了人们思想观念、文化行为、价值判断尺度等方面的深刻变化，也为高等教育的发展特别是中国行业特色院校的发展提供了新的契机。这一契机来自两方面：一是加快建设创新型国家的目标使对行业性高级专门人才的需求仍将长期保持旺盛的态势。当前，我国正处于走新型工业化道路的关键发展时期，创新驱动发展关键是科技，基础是教育，核心是人才，行业特色院校仍然是我国经济社会发展的重要支撑。二是社会转型既大大激发了人民群众接受高等教育的需求，也为教育的发展提供了多种选择的可能，教育的多样化和特色化成为必然的趋势③。复杂的社会和分化的经济市场显示出了种类繁多的需求，这些需求是单一种类的高等教育机构所难以满足的，而且，综合性研

---

① 严强：《社会转型历程与政策范式演变》，《南京社会科学》2007 年第 5 期。

② 根据中华人民共和国国家统计局全国年度统计公报，从 2002 年至 2011 年，中国经济增长率依次为 8%、9.1%、9.5%、9.9%、10.7%、11.4%、9.0%、8.7%、10.3%、9.2%（http://www.stats.gov.cn/tjgb/）。

③ ［荷兰］弗兰斯·F. 范富格特：《国际高等教育政策比较研究》，王承绪等译，浙江教育出版社 2001 年版。

究型大学精英教育的目标决定了其在高等教育的结构比例不可能很大，以应用类学科为主的专业性行业性高等教育正是多样化和特色化教育中的主角。

其次，中国区域产业结构调整与优化对高素质应用型人才的需求为行业特色院校的发展提供了契机。

经济社会的转型发展必然伴随着结构质态的演进。从国际视野看，产业结构的优化升级指的是产业结构由劳动密集型向资本密集型再向知识和技术密集型、由数量型向质量型、由资源消耗型向资源节约型、由高碳经济型向低碳经济型、由低级经济结构向高级经济结构的转型升级，"再工业化"、"低碳经济"、"创意产业"成为经济发展的新趋势；从国家层面看，区域产业结构的调整与优化，既包括国家战略上对各个地区之间的产业协调和布局调整，也包括地方区域经济的优化。新的历史时期，中国将大力推进产业结构调整和区域协调发展，积极培育和发展战略性新兴产业，推动传统产业优化升级，加快服务业特别是现代服务业发展。

区域产业结构优化升级，急需大量具有创新创意能力的高新科技人才提供智力支持。在这方面，新加坡经济社会发展与高等教育的互动为我们提供了可资借鉴的模式。面对全球竞争，新加坡自 20 世纪 90 年代以来一直致力于提升产业结构，从以制造业、金融业为中心转为以高科技制造、信息业、生化药物、咨询传播与传媒业为中心；经过 20 年发展，2010 年，新加坡全球经济竞争力排名年第一名，连续十年前三名①。与经济社会发展相适应，20 世纪 80—90 年代，政府推行"教育必须配合经济发展"的方针，大力发展科技教育，加速培养专业技术人才；近 10 年，把为新加坡作为知识密集、技术密集经济提供人才作为教育发展和教育产业化的目标，新加坡大学也在与经济互动发展的过程中日渐成为科学研究和人才培养的制高点并走向世界。

当前，我国高新技术人才的储量远远不能满足社会经济发展的需要。以新兴产业文化创意产业为例，据统计，我国广告创意人才的缺口达到74%，网络游戏人才的缺口达60万人②。这为行业特色院校新时期的发展提供了难得的机会。值得指出的是，区域产业结构调整与优化对行业应用

---

① 数据来自瑞士洛桑国际管理与发展研究院（IMD）发表的《2010 年世界竞争力报告》。

② 唐传成：《高校文化创意产业人才培养模式研究》，《学理论》2010 年第 20 期。

人才的需求不是对传统人才的恢复性需求，而是转型升级后的新选择。在行业特色院校发展的第一个阶段——20 世纪 50 年代兴起到 90 年代高等教育扩张前，我国高等教育一直处于计划经济时代，教育的功能和目标严格框架在国家劳动力规划框架内。新中国建设工业社会急需行业特色院校培养大批又红又专的应用技术性人才，尽管部分行业院校通过几十年的办学积淀已经成为底蕴深厚的学术性高等教育和研究型大学，但大多数行业特色院校的教育理念是实用性和内容导向，教育定位主要在专业化、技术化、工具化上，强调的是短、平、快。新的时期，产业结构优化升级、产业价值链由低端向高端的延伸和转移以及向知识经济的转轨要求思想的灵活性和创造性，相比于对高新技术应用能力的强调，行业企业更看重人才创新创意能力、研发设计和品牌营销能力。这就需要中国行业特色院校为培养有创意创新精神和跨领域综合能力的、兼容人文与科技精神的、有时代意识的、高素质应用型人才进行科学准确定位。

最后，中国高等教育向以"质量建设、内涵发展"的转轨为行业特色院校的发展提供了契机。

1999 年扩招以来，我国高等教育规模经历了 10 余年的快速增长期。在校生从不到 700 万人增至 2009 年的 2979 万人，总规模居世界第一；毛入学率从不到 10% 增至 24.2%，2020 年将达到 40%，中国高等教育已进入国际公认的"大众化"阶段。根据《国家中长期教育改革和发展规划纲要（2010—2020 年）》（简称《纲要》）的定位，今后我国高等教育规模扩张已经不是重点，提高质量、内涵发展才是高等教育发展的核心任务。提升质量、内涵发展意味着中国高等教育将由以规模、土地、经费等外部动力和资源模式，向以质量、结构、效益等内部动力和资源模式转型①。《纲要》提出了实现高等教育转轨的途径：

一是切实提高人才培养质量。特别强调高等教育职能中人才培养的中心地位，提出要着力培养高素质专门人才和拔尖创新人才。在人才培养模式上，提出创立高校与科研院所、行业、企业联合培养人才的新机制。

二是优化结构。包括优化学科专业、类型、层次结构，重点扩大应用型、复合型、技能型人才培养规模。

---

① 谢仁业：《中国高等教育内涵发展：价值、问题及趋势》，《教育发展研究》2006 年第 7 期。

三是促进高校办出特色。建立高校分类体系，实行分类管理。主要是建立综合性、多科性、单科性分类重点建设的高等教育体系，发挥政策指导和资源配置的作用，引导高校合理定位，形成各自的办学理念和风格，在不同层次、不同领域办出特色，争创一流。

高等教育的转轨为属地化管理后行业特色院校的新一轮发展指明了方向。2012 年 5 月，高等学校创新能力提升计划（简称"2011 计划"）启动实施，根据"2011 计划"面向科学前沿、面向文化传承创新、面向行业产业和面向区域发展四种类型，行业特色院校应根据自身历史沿革、行业学科特色和区位特征，以建立学科专业创新体系为重点，发挥行业优势，并根据地方需要，在新一轮高等教育发展中赢得应有的位置。

二　新时期行业特色院校的发展难题和困境

行业特色院校由中央部委转为属地化或教育部管理的隶属体制改革，是国家整合教育资源的战略举措。但随着高等教育进入大众化阶段，行业特色院校办学仍然面临内外双重困境：就外部压力而言，由于高校分类管理体制和院校公平竞争机制尚未真正确立，行业特色院校面临高等教育同质化竞争的困境；就内部而言，由于转制后行业特色院校自身缺乏准确定位，加上行业特色院校特别是划转地方管理的行业特色院校地方主管部门未能催生与原行业主管部门新的共建机制，导致面临行业特色弱化、人才培养错位和发展方向偏移的困境。

（一）分类不明、体制不顺、激励不力导致的外部同质化竞争困境

在高等教育进入多样化、大众化发展阶段，对高校按照一定的标准进行分类，使其各安其位，朝着各自的发展方向特色发展，是高等教育管理中亟待研究和解决的课题，也是世界性的难题。国际上具有广泛影响的分类法有美国卡内基分类法、国际教育标准分类法等。我国学者参照国际通用的分类法，提出了众多关于高等教育类型划分的论述，如把大学分成研究型、研究教学型、教学研究型以及教学型大学，或按层次进行分类等等。但从分类主体看，主要停留在学者研究层面，既缺少成熟的行业协会、社会组织和市场主体的推动，又缺少政府主管部门的引导和协调；从分类标准看，以学位高低或科研规模大小为主，同时呈现标准多元的样貌。从体制机制看，我国对高校的分类管理体制与评估激励机制建设明显滞后于高等教育需求多样化、高等教育大众化的发展步伐，针对高校的评

估标准单一化倾向仍较为严重，主要体现为科研规模、论文专著数量、论文索引情况和影响因子、博士点与硕士点建设，仍然是高校评分、排名、绩效考核、资源分配以及财政拨款的主要依据。正如潘懋元教授所指出，高校定位的主要依据应当是高等学校培养人才的职能——培养学术性研究人才、专业性科技人才、实用性职业技术人才；社会分工，则是高校类型划分、定位的最终依据。如果只以学位高低或科研规模大小划分高校层次高低，必将鼓励所有高等学校以最终成为学术性研究型大学为发展目标①。由于缺乏分类指导和明确定位，中国高等教育已经出现了同质化竞争的困境。

主要表现在：

一是办学目标上的趋同化。众多高校在"办什么样的大学"上缺乏清晰的理念，在办学类型、办学层次、服务面向等方面没能准确定位，不仅老牌本科院校求大求全，就连新建本科院校也不顾主客观条件盲目复制老牌本科院校的发展路径，出现了争上万人大学、争上硕士点博士点、众多高校齐往学术性研究型大学的行列里挤的目标趋同局面。行业特色院校也难免其俗，以结成"高水平行业特色大学优质资源共享联盟"的 13 所高校为例，其中明确以"高水平研究型大学"作为办学目标的高校就有西安电子科技大学、华东理工大学、中国石油大学（华东）、西南交通大学 4 所②。

二是办学目标趋同化所导致的学科门类和专业设置的同质竞争。不仅传统学科专业在各高校普遍开设，以原行业院校为主开设面向行业服务的学科专业也遍地开花。专业点设置门槛低，增长过快，且布局不合理。以传媒类高等教育为例，除中国传媒大学、浙江传媒学院等行业院校外，2009 年，全国开设新闻传播类专业点 800 余个，播音主持类专业点 300 余个，开设电视编导类本科专业的院校达上百家。开设这些专业的高校既有北京大学、浙江大学这样的综合性名牌大学，也有地方性多科性院校，甚至有众多的理工类、师范类、财经类、政法类、农业类、体育类院校。2012 年 9 月，教育部重新修订了《普通高等学校本科专业设置管理规定》，逐渐下放高校专业设置和调整审批权，92% 的本科专业设置权直接

---

① 潘懋元、吴玫：《高等学校分类与定位问题》，《复旦教育论坛》2003 年第 1 卷第 3 期。
② 见相关高校网站学校简介。

交给高校，由其自行决定，高校享有了更大的专业设置与调整的自主权。有了自主权后，一些行业特色院校不顾发展基础和实际需求，急于开设新专业，其中黑龙江科技大学申报在 2015 年新设立 56 个本科专业①，学科专业的盲目开设、重复建设、同质竞争使行业院校面临巨大挑战。

三是发展模式的趋同化。发展模式包括高校内部管理体制、人才机制、学科专业建设模式、人才培养模式诸方面。由于缺乏分类评估体系等原因，许多高校发展模式雷同，如在人才培养模式上，一律追求泛化的"厚基础、宽口径"，缺乏针对性和特色。发展模式的趋同导致了高校间同类教学资源的争夺，相比之下，行业特色院校因不具备综合性大学的综合实力在引智和集聚其他优质教学资源方面代价要大得多。

（二）行业特色弱化、发展方向偏移、人才培养错位导致的内部运行不畅困境

行业特色院校凭借与行业的天然联系，在行业类学科设置、产学研合作等方面有着非行业院校难以比拟的优势。长期以来，这些高校在为行业培养人才和提供科技支撑的同时获得了自身的长足发展，多数院校由原来的单科性学院发展成为行业相关学科齐备的多科性高等学校。进入新世纪以来，我国社会经济的高速发展引发了对各行各业人才的持续高涨的需求，人才的规格要求也发生较大的变化。行业对专业人才需求呈现这样几个趋势：人才需求从低级向高级发展；人才需求从行业传统领域向行业新兴领域发展；人才需求从单一技术型向技术、服务与经营管理复合型发展；人才需求从理论型向实践型发展。简而言之，行业急需的是具有良好职业素养的应用型、复合型和创新型高级专门人才。

但行业院校在隶属体制转轨后没能及时跟上行业发展的步伐。一方面，在体制转轨后，原行业主管部门对行业特色院校的办学指导、政策支持和经费投入明显减少甚至终止，行业院校开始面临行业支撑弱化、与原行业部门沟通渠道和沟通机制受阻等新问题。主管部门的变更和职能的改变使行业特色院校不再像以前一样畅通地介入行业重大工程和科技攻关活动，对行业的服务意识和服务主动性进一步降低。另一方面，行业院校原有的体制性弊端如封闭办学、学科氛围单一、专业面窄等诸多矛盾和问题开始凸显，特别是人才培养定位和人才培养模式与行业需求脱节，培养模

---

① 赵婀娜：《审批权下放 高校为吸引生源盲目开设专业》，《人民日报》2014 年 10 月 15 日。

式单一，学生知识能力结构单一，缺乏多学科支撑使行业特色院校毕业生在行业极为看重的创意、策划、管理、创新能力和发展后劲上仍显不足，难以适应在国际化、信息化背景下行业对人才多样化、复合型、创新型的需求。有些行业特色院校在管理体制改革前片面重视人才培养的实践性，学生基础不实；体制转轨后在学生实践能力培养上又有所弱化，导致培养的人才在理论基础与综合实践两方面都有待于加强。

行业特色的弱化加速了发展方向的偏移和人才培养的错位。部分行业特色院校在转入地方管理后，急于与地方接轨，对原学科专业进行了不科学的调整或盲目向综合性大学转型，自身的办学优势和特色进一步丧失，在人才应用能力培养上逐渐不能满足行业的专业要求。人才培养错位的结果是行业急需人才却难以到行业特色院校找到适用人才，而行业特色院校大学生贴着行业标签却难就业。

第二节　新时期行业特色院校的科学定位

所谓高校定位，是指高校根据自身条件、职能、国家和社会需要以及学生需求，按照扬长避短的原则，参照高校类型和层次的划分标准，经过纵横向比较和分析，在清醒认识自己的基础、优势和不足的基础上，明确自身在整个高等教育系统及同行中的位置，准确把握自身角色，并确定服务面向、发展目标及任务而进行的一系列的前瞻性战略思考和规划活动①。行业特色院校必须及时思考自身定位问题，明确办学指导思想，制定切实可行的发展规划和目标，走出同质化困境，满足社会多样化需求，从而求得科学发展。

一　新时期中国高等教育分类

对行业特色院校进行科学定位，首先要建立起高校分类系统，即"高等教育怎样分类"以及"各种类型是什么"。国际上关于高等院校分类研究最具影响力的是本章第一部分提及的美国卡内基分类法。卡内基高等教育机构分类是卡内基教学促进基金会（The Carnegie Foundation for Advancement of Teaching）为满足政策分析的需要而建的，分类的重要目标之一是

---

① 陈厚丰：《浅论高校分类与定位的若干理论问题》，《中国高教研究》2003 年第 11 期。

为了唤起人们对美国高等教育机构差异性的注意，并让人们意识到这些差异性存在的重要性，提醒人们应该"保留甚至增加高等教育机构在类型和培养项目上的差异来抵制同质化"①。卡内基分类法自 1973 年公开出版以来，经历了 1976 年、1987 年、1994 年、2000 年多次修订，2005 年 11 月，该机构公布了更新的分类法，按本科教育分类、研究生教育分类、学生结构分类、本科生特征分类、规模与设置分类、基础分类 6 个平行的分类系统以及一个可选分类即社会服务分类从多维角度归类和评价不同的高校，改变过去将学术研究作为高校分类主要标准的单一分类做法，淡化以分类为层级衡量标准的色彩。在中国高等教育大众化发展的新阶段，多元的社会经济结构、文化形态、价值观念同样需要我们调整过去分类即给高校分层分级的思维模式，建构起全日制普通高等教育结构的新框架。参照联合国教科文组织国际教育标准分类法关于第三级教育分类，结合中国高等教育机构的实际，潘懋元教授把中国大学体系分为三个类型：综合性研究型大学、多科性或单科性的大学或学院、多科性或单科性的职业技术型院校（高职高专）②。这是一个包括学术性、专业性、职业性三个基本类别的、各自发展目标清晰、比例协调的架构体系，从而实现了分类系统由原来的"垂直的金字塔结构"向"平行的并列式结构"或称"扁平式结构"的转化。

我们用表 2.1 来表现这一"扁平式结构"：

表 2.1　　　　　　　　　　新时期中国高等教育的扁平式分类

办学性质	学术性高等教育			专业性高等教育					职业性高等教育
大学类型	研究型大学			教学科研型大学			教学型大学		高职高专
人才培养	博士	硕士	学士	博士	硕士	学士	硕士	学士	三年及以下

学术性高等教育，办学类型定位于研究型大学，根据卡内基教学促进基金会的定义，研究型大学指"给研究以优先权，开展高层次研究生教育

并以拥有可观的研究经费来体现其核心素质和竞争力的大学"①，研究型大学有深厚的办学积淀，以创新性的知识传播、生产和应用为中心，以产出高水平的科研成果和培养高层次精英人才为目标，其人才培养包括本科（学士学位）、硕士研究生（硕士学位）、博士研究生（博士学位），研究型大学在校研究生比例应达到50%及以上。世界各国研究型大学的共同特征是："在本科教学基础上致力于培养和造就富有创新意识和能力的高级人才，通过教学相长，激发科研灵感和研究欲望，产生新的科研动力；科学研究处于学校的中心地位，成为发展基础理论和探索高科技前沿的重要基地，是研究国家、地区和人类重大问题的智囊团"②，如英国牛津、剑桥、帝国理工三所"金三角"大学给自身的定位就是以学术树立声望，主要目标就是培养顶尖学生和开展顶级研究；美国对研究型大学的要求有特定的指标：至少在15个学科领域授予50个以上博士学位或每年至少在3个学科领域授予10个以上博士学位或每年博士学位授予总数在20个以上。学术性高等教育承担着引领社会发展的功能与使命，在社会经济发展、科教进步、文化繁荣、国家安全中发挥重要作用，但在高等教育多样化发展时期，其占的比重并不大，在美国4385所高等教育机构中，研究型大学只有282所，仅占6.4%③。

专业性高等教育，以各行各业有关的应用学科（专业）为主，学习、研究专门知识，培养应用型高级专门人才，将高新科技转化为生产力。专业性高等教育办学类型又可分教学科研型大学和教学型大学两类。教学科研型大学有一定的办学历史，以高素质应用型人才培养为己任，同时重视学科建设和科学研究，学历教育涵盖博士、硕士和学士的完整层次，博士研究生可以是专业博士学位，也可以进入研究型的博士研究生，硕士研究生应有一定的规模。教学科研型大学不具有研究型大学的整体办学优势和全方位发展的实力，但在某些领域已形成明显的特色和优势，是区域、地方和行业科学研究与成果转化的重要基地；教学型大学指办学历史相对较

---

① 董秀华：《美国研究型大学综合实力评估的实践及启示》，《中国高等教育评估》2002年第3期。

② 徐祖广：《研究型大学在建设国家创新体系中的地位和作用》，《清华大学教育研究》1999年第2期。

③ 刘玲、柏昌利：《美国2005版卡内基"基本分类"的内容解读与方法启示》，《复旦教育论坛》2007年第5期。

短，主要履行人才培养和教育教学研究职能的大学，学历教育以本科教育为主体，少数办学水平较高、特色鲜明、在人才培养方面具有不可替代性的学士学位授予单位，可以招收少量的硕士生，且硕士招生应以服务国家特殊需求的专业硕士为主。我国从 2012 年 7 月起，已开展"服务国家特殊需求人才培养项目"——学士学位授予单位开展培养硕士专业学位研究生试点工作，到 2017 年 7 月为一个周期，这一建设任务应以教学型大学为主承担。专业性高等教育是高等教育多样化发展的中坚力量。在美国，各类硕士学位授予机构 690 所，文科和理科型、多样化领域型及各类学士学位授予机构共 735 所，机械、工程、医学、商业、管理、法律、艺术、师范等特别中心的机构 806 所，这三类院校不以研究作为办学的主要或唯一目标，更注重高层次应用性人才培养与社会服务，三者相加在全部机构中所占的比例达到 51%[①]。

职业性高等教育，以职业技术教育为办学指向，以培养技术型和高技能型人才为办学目标，在我国指的是学制三年的高职高专。高职高专教育是我国高等教育中的一种重要类型，职业性是其基本属性。但需指出的是，高职高专是高等职业教育，有别于中等职业教育的一般技能型人才培养。例如"高职会计专业培养能从事会计核算工作为主，并能进行适当财务管理和财务分析的技术型会计专门人才，而非仅能从事会计核算工作的一般技能型会计人才；数控技术专业应当培养维护技术人员而非熟练加工的操作人员。"[②] 在美国，也有与这一层次相当的学院，即主要培养社会需求的技能人才、授予副学士学位的社区学院、初级与技术学院和职业学院，数量最多，有 1811 所，占 41.3%[③]。

在高等教育大众化、多样化发展时期，高等教育要回归它的本位，那就是让受教育者受益，通过教育充分发挥受教育者本身多样性的潜能，使之成为文明、成熟、可以自食其力和对社会有用的人才和合格公民。学术性高等教育、专业性高等教育、职业性高等教育虽泾渭分明、不宜逾越，但没有贵贱之别，只不过目标不同、定位不同。正如潘懋元教授所指出

---

① 刘玲、柏昌利：《美国 2005 版卡内基"基本分类"的内容解读与方法启示》，《复旦教育论坛》2007 年第 5 期。

② 丁金昌：《关于高职教育体现"高教性"的研究与实践》，《教育研究》2011 年第 6 期。

③ 刘玲、柏昌利：《美国 2005 版卡内基"基本分类"的内容解读与方法启示》，《复旦教育论坛》2007 年第 5 期。

的:"每一类型都有其相对应的人才培养任务,有其相对应的社会地位与社会价值,并无高低之分。每一类型都应有重点院校,都可以办出特色,成为国内(省内)知名、国际(国内)有影响的名校。"① 不同类型的人才应找到适合自己的高等教育,对于高校自身来说,则应找准自己的发展目标、办学定位,以求特色发展、科学发展。

二 新时期行业特色院校定位

中国行业特色院校的绝大多数,因其自身发展背景、发展历史的特定性,在表4.1中,属专业性高等教育的行列。以下我们就其办学类型定位、学历教育定位、服务面向定位等逐一展开论述。

(一)办学类型定位

除少数已向学术研究型大学迈进外,绝大多数行业特色院校办学类型同样可以分成两种:教学科研型大学和教学型大学。这两种类型的区分没有绝对清晰的标准和边界,主要应依据学校自身的发展历史、发展阶段、发展水平而定。教学型大学经过若干年的发展,只要条件成熟,也可向教学科研型转型。但在某一所具体的行业特色高校的特定发展时期,定位于哪种类型应是明确的、清晰的。

一般而言,在20世纪50年代行业特色院校兴起时创办,在高等教育体制改革以后由国务院某个部门或行业改为教育部直属,已形成显著行业办学特色与突出的学科优势,跻身"985工程"、"211工程"行列,教学与科研并重,研究生教育与本科生教育并举,其发展的水平在一定程度上体现了国家在本领域的产业水平和竞争力,已经为国家培养了大批拔尖创新人才的行业特色院校,办学类型即定位于高水平教学科研型大学。如2011年由中国矿业大学发起成立的"高水平行业特色大学优质资源共享联盟"阵营中的西安电子科技大学、华东理工大学、中国矿业大学、中国地质大学(武汉)、中国石油大学(华东)、东华大学、河海大学、江南大学、南京农业大学、东北林业大学、合肥工业大学、西安交通大学、长安大学等,都应定位于这一类型。2000年独立建制划转教育部管理的这类行业特色院校有22所。

---

① 潘懋元:《21世纪国家的核心竞争力——"教育—人才"的合理结构》,《中国高教研究》2005年第3期。

　　行业特色院校中的新建本科院校，则应定位于教学型大学。新建本科院校主要指 2000 年以来，随着我国高等教育的快速发展和高等教育体制改革的不断深入，由专科学校独立、或由两所以上不同层次的学校合并后经教育部批准升格的新本科院校。新建本科院校以地方性院校为主，但在行业特色院校中也存在这一类院校。在 2000 年实行中央与地方共建、以地方管理为主，并由地方统筹进行必要的布局结构调整的 97 所行业性普通高校中，有专科院校 25 所，在中国高等教育大发展的洪流中，这些院校接近一半仍维持原建制，很多发展为国家示范性高职院校；另一半或并入其他高水平大学成为该大学的一个学院，或借助与其他高水平大学联合办学求得发展，或升格为本科院校成为新的弄潮儿（见表 2.2）。

表 2.2　　　　　　　　　25 所专科行业特色院校发展情况

序号	原学校名称	现学校名称	备注
北京市（1 所）			
1	北京工业职业技术学院	北京工业职业技术学院	国家示范性高职院校
河北省（2 所）			
2	保定金融高等专科学校	河北金融学院	2007 年升本
3	承德石油高等专科学校	承德石油高等专科学校	国家示范性高职院校
山西省（1 所）			
4	太原电力高等专科学校	山西大学工程学院	2000 年 12 月与山西大学联合办学而名，拟改名为山西能源学院
辽宁省（1 所）			
5	沈阳电力高等专科学校	沈阳工程学院	2003 年 4 月与原辽宁商务职业学院合并组建
吉林省（2 所）			
6	长春水利电力高等专科学校	长春工程学院	2000 年 3 月与原长春建筑高等专科学校、长春工业高等专科学校合并组建
7	长春金融高等专科学校	长春金融高等专科学校	专科
黑龙江省（1 所）			
8	哈尔滨金融高等专科学校	哈尔滨金融学院	2010 年升本
上海市（4 所）			

续表

序号	原学校名称	现学校名称	备注
9	上海旅游高等专科学校	上海旅游高等专科学校	2003年8月与上海师范大学城市与旅游学院合并组建，国家示范性高职院校
10	上海医疗器械高等专科学校	上海医疗器械高等专科学校	专科
11	上海出版印刷高等专科学校	上海出版印刷高等专科学校	2003年7月划归上海理工大学管理并组建上海理工大学出版印刷学院（上海理工大学出版印刷学院、艺术设计学院基础上于2007年5月合并组建上海理工大学出版印刷与艺术设计学院），同时仍保留上海出版印刷高等专科学校建制对外招生
12	上海金融高等专科学校	上海金融学院	2003年升本
江苏省（2所）			
13	南京电力高等专科学校	南京工程学院	2000年6月，与南京机械高等专科学校合并组建
14	南京金融高等专科学校	南京审计学院	2002年并入南京审计学院
浙江省（1所）			
15	浙江广播电视高等专科学校	浙江传媒学院	2004年升本
江西省（1所）			
16	南昌水利水电高等专科学校	南昌工程学院	2004年升本
山东省（2所）			
17	山东电力高等专科学校	山东电力高等专科学校	专科
18	济南交通高等专科学校	山东交通学院	2002年升本
河南省（2所）			
19	郑州电力高等专科学校	郑州电力高等专科学校	专科
20	黄河水利职业技术学院	黄河水利职业技术学院	国家示范性高等职业院校
湖北省（1所）			
21	武汉金融高等专科学校	湖北经济学院	2002年与湖北商业高等专科学校、湖北省计划管理干部学院合并组建
湖南省（1所）			
22	长沙民政职业技术学院	长沙民政职业技术学院	国家示范性高等职业院校

续表

序号	原学校名称	现学校名称	备注
广东省（1 所）			
23	广州金融高等专科学校	广东金融学院	2004 年升本
重庆市（1 所）			
24	重庆电力高等专科学校	重庆电力高等专科学校	专科
陕西省（1 所）			
25	西安电力高等专科学校	西安电力高等专科学校	专科

新建本科的行业特色院校与老牌本科院校相比，本科办学历史短，且大多在一定区域内办学，办学实力、办学影响力相对较弱。在一定时期内，宜将办学定位为教学主导型，通过扎实实施本科教学工程，切实提高本科教育教学水准，尽快办成合格的本科院校。在抓好本科教学质量的基础上，兼顾开展行业实践性研究，同时创造条件尽快开展硕士专业学位研究生教育，通过过硬的本科教育和专业硕士教育，在高素质应用型人才培养上办出特色，办出水平。

在行业特色院校中，除教育部直属的高水平院校和新建本科院校外，还有一类中间院校，即新世纪初高等教育体制改革时已经本科办学且通过了教育部第一轮的本科评估，但在办学实力上又尚未跻身"985 工程"、"211 工程"行列的院校，这类学校有 70 余所。这些院校改为部委和地方共建、以地方管理为主。十余年以来，以行业特色学科为龙头，根据地方经济社会发展需要，不断发展交叉学科，从行业办学逐渐发展为地方办学的重要生力军，为经济社会文化发展作出了重要贡献，在地方的影响力日隆。这类学校应进一步发掘自身优势，加快由教学型向教学科研型转型，加强面向行业产业、服务行业产业的应用性科学研究和高端研究，积极参与行业产业创新体系建设，发挥在推动国家经济建设、行业产业发展中的人力支撑和智力支持作用，提升核心竞争力。

（二）人才培养定位

人才培养是大学最重要和最根本的任务。行业特色院校作为专业性高等教育，以本科教育为主，以高素质应用型人才为培养目标。人才培养定位为应用型、复合型、创新型，即培养具有一定的复合性知识结构和创新精神与创意能力的高素质应用型人才。应用型是人才培养的总体目标和基本定位；复合型、创新型是对应用型的说明、补充和细化。人才培养规格为：基础实、素质高、能力强、具个性。这有别于研究型大学，研究型大学以培养创新拔尖的领军人才为己任，复合型、研究型、创新型是人才培养的总体目标和基本定位，人才培养规格为厚基础、宽口径。

行业特色院校应用型人才培养定位意味着人才培养将直面市场，在人才培养模式上，要求形成既有别于重理论的综合性研究型大学，又有别于重技能的高职院校的差异性。为此，行业特色院校应不断创新人才培养模式，建立高素质应用型人才培养和评价机制，创设有利于高素质应用型人才成长的精神环境和保障体系。在制订人才培养方案时，特别要坚持四个原则：

一是在课程设置上，坚持通识教育与专业教育并重，更加注重专业教育原则。一方面，要设置一定数量的通识课程，保证本科教育的基础性、复合性和课程结构的合理规范，为增强学生终身学习能力和促进可持续发展打下坚实的基础；另一方面，要突出专业教育，可适当提前开设专业课程，使学生及早进入专业课程学习，形成专业基础课、专业主干课、专业拓展课课程链条，体现基础本科教育和行业应用性需求相统一的特点。

二是在教学体系上，坚持理论教学与实践教学并重，更加注重实践教学原则。要加强课程实习、专业实习、毕业实习、实验教学、社会实践和社会调查等各类实践教学环节，实践教学强化实战性，做到产与学结合、校内与校外结合、应用与创新结合。

三是在教学内容和教学方法上，坚持知识与能力培养并重，更加突出能力培养原则。要重视学生知识、能力、素质的协调发展，通过联手行业、产学合作，设立大学生创新创业基金，建立大学生创新中心、创新团队、创业孵化平台等，加强学生实践能力和创新能力培养，增强学生职业素养。

四是在人才培养规格上，坚持人才培养的统一性与多样性并重，更加注重多样性原则。在保证人才培养基本规格的前提下，积极推行分层分类教学，鼓励不同专业体现各自人才培养的优势和特色，培养具有"基本规格＋特色"的创新型专门人才。

（三）服务面向定位

社会服务是学界公认的现代大学的三大功能之一，从"威斯康星思想"确立了大学社会服务职能以来，已经有200多年历史。社会服务既是人才培养、科学研究两大职能的延伸，又作为一大职能具有独立的意义。但不同时期、不同类型的大学，社会服务侧重的领域和限度是不相同的。行业特色院校以应用型大学定位，其社会服务的功能在于以社会需求与学校内在发展的统一为前提，重在培养适应社会需求的应用性创新人才，重在依托带有鲜明行业特征的人才、设备、信息等资源，为社会、为行业提供高水平、多样化、综合化的服务。在服务面向上，应植根区域、面向全国、紧贴行业、服务社会。植根区域，指的是行业特色院校在一方土地上办学，要为地方、为区域的社会经济文化发展作出贡献，这是行业特色院校的根；面向全国，指行业特色院校一般都是全国性学校，面向全国招生，既植根区域又不能局限于区域；紧贴行业，指行业特色院校的服务领域主要在行业，行业特色院校应确立"学校的边界就是行业的边界"的思想；服务社会，指行业特色院校要以行业学科专业为龙头培养人才、开展科研、开展服务，但也要拓展方向，为社会经济发展作更大贡献。

第三章 行业特色院校特色发展
战略研究

行业特色院校在明确办学定位后，为了自身的可持续发展需要，就要制定发展战略。发展战略对一个学校的成长来说，从来都是决定性的，决定学校的前进方向，决定学校最后的目标。牛津大学校长麦克米伦曾经说过："大学的成功是一扇有着好几个锁的门，许多开锁的钥匙是由自己来铸造的，要走出这道门，当然需要资金这把钥匙，但是它也需要达成目标的发展战略这样的钥匙，制定出大学发展战略，我们就已经在通向成功的道路上前进了一大步。"2004 年 8 月，在北京举办的中外大学校长论坛上，剑桥大学的校长艾莉森·F. 理查德则指出："每一所大学都应有自己的特色，不是所有大学都应该变成一流大学。"行业特色院校新时期要实现又好又快发展，必须选择特色发展战略。

第一节 比较优势、办学特色与特色发展战略

一 比较优势

比较优势原来是经济学中的概念，李嘉图比较优势理论认为，如果一国生产一种产品的机会成本低于其他国家生产该种产品的机会成本，这个国家在该种产品上拥有比较优势。国际贸易的基础是世界各国产品比较优势的存在，各国应该根据自己的比较优势进行专业化生产并参与国际贸易，贸易双方均将在国际贸易中获得贸易优势。引申到高等教育领域，则指高校个体或某一特定的高校群体在某种专门的学科专业领域办学的机会成本低于其他高校在该领域办学的机会成本，从而形成办学上的比较优势。

经过长期的行业办学，行业特色院校已形成了比较优势。主要有：

先发优势。行业特色院校是行业专业办学的先行者，在行业部门管理时期，行业特色院校在行业专业办学和行业人才培养上占有垄断地位。新世纪中国高教管理体制转变后，尽管随着行业特色院校在行业性学科专业领域办学的成功，会有很多的非行业性院校蜂拥而至兴办行业性专业，但由于行业特色院校先期进入某一特定的行业学科专业领域，其开创之举、先发地位已为学校赢得了稳固而可持续的先发优势。先发优势通过三个途径得以积累。第一个途径是创造办学理念、制度管理、教育教学与人才培养体系、内在管理和运行方式的领先地位。作为先发者，与后来者相比，行业特色院校有更多的时间积累和掌握办学经验；第二个途径是抢在后来者之前占有办学的稀缺资源，比如与行业之间的合作资源、行业性设备和物资资源、获得行业政策、项目、资金的优先支持以及日积月累发展起来的院校品牌认可度等；第三个途径是培养早期的行业性受教育群体，这些受教育群体往往成为行业特色院校忠实的追随者、宣传者，通过传统的现代的传播方式和自身示范效应，帮助行业特色院校赢得良好的社会声誉。

行业人才优势。人才是一种特殊的资源，是人力资源的精华。行业特色院校由行业部委创办，与行业有着千丝万缕的联系，这使行业特色院校在具有行业背景高端人才的拥有上比其他院校更具优势。行业特色院校最初的师资相当一部分由国家从行业中选派，其培养的优秀人才大部分到行业工作，遍布全国同行业技术、管理、领导各个岗位，他们又反哺于行业特色院校。如东北石油大学（原大庆石油学院）的毕业生主要去向集中在中国石油天然气集团公司、中国石油化工集团公司和中国海洋石油总公司所属企业，大庆油田的主要领导和技术骨干的60%都是大庆石油学院的毕业生。这些优秀人才在为行业做出卓越贡献的同时，十分关注、支持母校的办学，在行业特色院校聘请下，很多行业领导、专家、技术骨干担纲学校授课任务和学生实习实践指导任务，为行业特色院校集聚了人才优势。

学科专业集群优势。相比于综合性院校，行业特色院校由于在学科大类完整性、丰富性上的不足等原因整体实力相对较弱，但行业特色院校在行业性学科专业办学上有其他院校所不可比拟的优势。行业特色院校根据行业产业链条上各个节点需要进行学科布点、设置专业，相关专业互相促进，互相补充，互为依托，形成与行业紧密联系的专业群。建成了本行业齐全的学科，形成了合理的专业布局。仍以东北石油大学为例，经过 50 余年的发展，该校已建设了围绕石油工业产业所需的从地球科学、石油工程、化学化工到机械科学与工程、土木建筑工程、电气信息工程、计算机与信息技术、经济管理、电子科学等门类齐全的行业性学科群；以学科建设为依托，建设了从地球物理学、地球化学、油气田地质、资源勘查，到钻井、采油、油藏、油气储运及化学工艺、机械、控制、石油工程管理等齐全的专业群，积淀了资源勘查工程、地球化学、石油工程、化学工程与工艺、过程装备与控制工程等 8 个国家特色专业和勘查技术与工程、储运工程、应用化学等一批省重点专业。各学科各专业互相支撑，共荣共生，从而在石油工程领域形成了其他非专业院校无法比拟的集群优势①。

二　办学特色

特色是一事物区别于其他事物的特殊性，是相对于参照物而存在的关系范畴。高等学校的办学特色是高等学校的代表符号，是办学实力、品牌、社会声誉的综合体现。关于办学特色，学界有多种界定。有学者从物质形态、组织形态、观念形态三方面进行界定，也有学者从思想、主体、模式、环境四个方面对大学办学特色的构成要素进行描述。综合各方观点，一般认为，办学特色是指一所大学在发展历程中形成的比较持久稳定的发展方式和被社会公认的、独特的、优良的办学特征。办学优势经过发展，可以成为办学特色，但并非所有的办学优势都能成为办学特色。办学特色应具备四个基本特征：

独占性。独占性即具有不可替代性和不可复制性，即所谓人无我有。独占性不是指学校某个教育要素的独占性，而是指学校整体风格的独特性，即整体上具有明显有别于其他院校的内质与个性。这种内质与个性体现在学科与专业、师资素质与水平、教学和研究方式、制度规范、校园文化等诸多方面。

优质性。不能说人无我有就是特色，人无我有也可能是缺点。只有当区别于他校的独特性经过长期的积累获得被广泛认同的优质性，且这种优质性其他院校短期内很难企及，才能成为特色。

---

① 资料来源：东北石油大学网站。

稳定性。办学特色的形成是一个长期发展、积累的过程，需要经过几代人甚至几十代人的不懈追求和努力，需要经受历史时空的洗礼和考验，一旦形成，即成为学校宝贵的无形资产和精神财富，并成为师生员工共同追求的价值理想，共同遵守的行为规范，具有相对的稳定性。

发展性。办学特色的稳定性是相对的，办学特色还具有发展性。这一特征意味着办学特色是充满活力的，是动态发展和与时俱进的，是只有起点而没有终点的。它既是从学校办学传统发展而来，又随着时代的变化不断丰富和发展。这就需要学校以科学发展观为指导，既重视办学经验的不断积累、充实、总结，更要着眼于学校的前景与规划，不断发展、完善、提升。

行业特色院校办学特色不是自发形成的，也不是一蹴而就的。从时空上来看，它是一个连续渐进的历史过程，是办学传统长期打造、积累、提升的结果；从形态来看，它是一个由量变到质变、由局部到全局、由低级到高级的过程。

三　特色发展战略

特色发展战略，指的是高校基于内部条件和外部环境分析，在进行科学定位的基础上，综合考量办学历史积淀、社会发展需求、发展机遇和自身具备的比较优势，不断形成特色、坚持特色、发展特色，从而变学校的比较优势为竞争优势，以特色彰显带动整体发展的发展战略。高校特色发展战略所回答的是"建设一所什么样的大学"以及"如何建设这样的大学"的问题。特色发展战略由独具品格的战略思想、战略目标、战略任务、战略举措和战略保障构成。

战略思想。战略思想指高校实施特色发展战略的基本观点和基本思路，是高校制定特色发展目标、发展任务、发展举措的基础。战略思想对一个学校的成长来说，从来都是决定性的，决定学校的前进方向，决定学校最后的目标，其对学校发展产生的是根本性的、全局性的影响。纵观国内外著名大学的发展史，其之所以取得成功无不得益于有一个高瞻远瞩、符合经济社会发展需求的战略思想。"教学与科学研究相统一"的战略思想，使洪堡大学成为当时高等学校的楷模并引领了高等教育的发展方向；致力于为地方经济社会发展服务的"威斯康星思想"使威斯康星大学成为一流大学；人才战略、强势学科发展战略、服务国家需要发展战略带动华威大学迅速成为英国大学中的后起之秀；普林斯顿大学坚持"小而精"的战略思想而取得令世界瞩目的成就。战略思想的形成取决于大学对自身办学实践和办学特色的科学总结，取决于对经济社会发展需求的正确判断，取决于大学校长审时度势、谋划全局的战略眼光。

战略目标。指高校在既定的战略思想引领下，在科学分析自身发展的基础条件、与同类院校相衡量的比较优势以及发展的外部环境的基础上，对学校未来发展水平进行目标设定和蓝图设计。一般而言，战略目标可分近期、中长期和远期目标，中长期目标最重要。以特色发展定位的高校中长期战略目标从低到高可分四个层次：特色学科在区域内或行业内具有明显优势，带动学校整体在区域内或行业内有一定影响；特色学科国内一流，带动学校整体国内知名、区域一流；特色学科群形成并有较强实力，带动学校整体国内领先或国内同类院校领先；特色学科群有很强实力和影响力，带动学校整体国内一流（领先）、国际知名。

战略任务。指高校在构建特色发展战略时，为达到中长期发展目标而设定的相匹配的规划任务。如普林斯顿大学为办成"小而精"的一流大学，规划的任务就是两件事：开展非常严格的本科生教育，开展非常学术化的研究生教育。长期以来，在几任校长的推动下，这所大学集中精力和资源，把这两件事做到了极致。

战略举措。高校特色发展战略举措的选择，要注重战略思想、办学理念的先导作用，要注重战略目标、战略任务的引领作用，要能够将战略思想、战略目标、战略任务内化为特色的校风、学风、师资水平、学科专业、制度规范、教育教学方式，并在办学实践中进行长期积累和历史养成。要致力于建立特色学科，发展特色专业，建设特色师资，开展特色科研，培养特色人才。

战略保障。高校特色发展战略的保障条件，包括办学经费保障、设备资产保障、人才保障、制度保障、服务保障等，通过保障条件的重点配置、重点倾斜，确保特色发展战略的实现。

相比于高水平综合性大学，行业特色院校历史起点的行业单一性决定其必须选择特色发展战略，以实现有限资源的效益最大化。行业特色院校在新时期的特色发展战略，就是指行业特色院校要牢固树立特色发展思想和理念，在原有行业性优势基础上，不断增强自身实力，彰显办学特色；就是指行业特色院校要紧密依托学校传统特色领域取得发展，凝练传统学科方向进行创新，紧紧抓住行业这条主线，确立战略目标和战略任务，突出战略重点和战略关键，有所为有所不为；就是指行业特色院校要以取得比较优势、局部优势为先机，进行战略布局，以比较优势赢得差异化发展，以局部赢得全局，最终实现办学水平的整体提升。

第二节　行业特色院校特色发展战略的分析维度与制定原则

一　三大维度

对行业特色院校而言，不管是划转地方管理为主管理还是划转教育部管理，在实施特色发展战略时，有三个维度是必须考虑的：

一是高等教育发展的维度。多样化是高等教育大众化的主要特点之一，这一特点使当代中国高等教育呈现出多重性质、多样化的价值观和多样化的质量观，这意味着行业特色院校无须固守传统综合型研究型大学的发展模式，同样能获得成功。另外，在高等教育大众化阶段，尽管学术性高等教育仍然存在，在绝对规模上也有所增长，但高等教育需求主要是专业性的，这意味着以专业性应用性定位的行业特色院校迎来了发展的黄金时代。为此，行业特色院校如能扬长避短，做强特色，在行业专业领域独树一帜，在发展上就能乘势而上，这就要求行业特色院校必须有大局意识、整体意识、比较意识，及时确立多科性应用型发展定位，不盲目走综合性研究型大学发展道路。

二是地方经济发展的维度。经济发展与高等教育发展互为正相关，一方面，高等教育已日益走进经济社会发展的中心，高等教育的经济功能随着知识经济的发展更加凸显；另一方面，经济的繁荣对高等教育的需求大大加快了高等教育自身的发展，很多原来名不见经传的大学在服务经济的过程中脱颖而出。早在 20 世纪初，威斯康星的办学理念和实践已经为高等教育通过服务地方经济获得自身发展提供了成功的范例。中国行业特色院校多由原行业部委根据行业布局在本行业发展中心区域，这些区域一般经济发展相对较快，这使行业特色院校成为依托区域经济和行业发展的"近水楼台"。当前，中国经济正面临新一轮的转型与调整，行业特色院校应紧紧围绕区域经济转型升级的需要，通过人才培养、知识生产、技术推广和提供地方经济所需、企业所求的教育服务，提高对地方经济增长的贡献率，以贡献求支持，以服务求发展。

三是行业企业发展的维度。体制改革前，行业特色院校由行业直接管理，与行业契合，为行业服务。行业主管部门直接指导和扶持行业特色院校的学科建设、学术研究、科技创新和人才培养；改革后，行业特色院校虽然在行政上与行业主管部门脱离了关联，但其优势学科和特色专业仍然是行业人才培养和科技支撑的主阵地，服务行业仍是行业特色院校必须坚持的定位。尹伟伦教授等专家聚焦行业特色院校，建议从国家层面落实和完善"两部共建"（"省部共建"）政策体系，从制度建设、政策保证两方面敦促建立行业特色院校与行业部门联系的新机制①。作为院校自身，则应努力建立新的途径、方式和渠道，加强与行业（包括与行业主导企业）的沟通和联系；建立开放、双向、互惠、共赢的合作模式；更重要的是，行业特色院校要牢牢把握行业、企业发展脉搏，始终紧跟行业、企业发展步伐，了解行业、企业发展对人才和知识的需求，坚持办学特色，发挥办学优势，输送优秀人才，开展科技创新，贡献行业产业。

二 三个原则

基于上述三个维度，行业特色院校实施特色发展战略应遵循三个基本原则：

差异化发展原则。随着高等教育的大众化，行业特色院校既要抓住机遇，扩大规模，乘势而上，又要凝练办学特点，把握好发展的节奏，处理好规模与质量、服务大众与发展特色的关系，实现差异化发展。差异化发展是迈克尔·波特（Michael E. Porter）提出的企业基本竞争战略之一，指企业在产品提供以及服务等方面形成有别于竞争对手的个性或特色。通过更好地满足消费者的需求，以获取稳定的市场或扩大市场份额，提升企业竞争优势的企业经营战略。应用到办学上，就是将学校提供的教育服务差异化。行业特色院校在行业性学科专业建设上相比其他院校抢占了差异化发展的先机，不同行业院校在传统办学时期因行业本身存在的差异性已经获得了一定的教育细分市场。新时期行业特色院校的差异化发展，不是单一以行业为区分的差异化发展，而是涵盖了异质

---

① 尹伟伦：《建立原行业部属高校与行业主管部门联系新机制》，《中国高校科技与产业化》2005 年第 5 期。

发展、优质发展、特色发展的差异化发展，其定位体现在办学类型与办学层次、办学功能与服务面向、学科门类与专业设置、人才规格与培养模式诸方面。

非均衡发展原则。非均衡发展是经济社会的一大发展战略，指立足于资源的差异性以及配置的不均匀性。通过将有限的资源首先投向效益较高的区域和产业，以获得区域经济的高速增长，并带动其他区域、其他产业的发展战略。非均衡发展从社会经济领域延伸到高等教育领域，是指高校内部有重点、有选择地发展，其基本思路是选择有限目标、集中有限资源、形成局部优势、带动整体提升。行业特色院校相比于基础厚实的综合性大学，资源相对有限，在办学资源的配置和利用上尤其要注重非均衡性。具体而言，就是要在学科建设上，瞄准和锁定重点目标，先发展若干个有带动性的行业性学科，在人才集聚、学科平台构建、学术研究等方面重点投入、重点支持，通过这几个学科的实力提升和集群发展带动其他学科的发展，最终形成优势明显、特色鲜明、多学科交叉融合、协调发展的格局。

立足行业与植根地方相统一的原则。立足行业、服务条线与植根地方、服务区块是新时期行业特色院校发展需要把握和统筹的两个重要方面。行业企业是行业特色院校发展之源，依托之本；地方经济发展需要高校提供强有力的智力支持，行业特色院校只有为归属地经济社会发展做出重要贡献才能谋求自身更大的发展。植根地方、服务区域经济社会发展与立足行业、服务行业企业需求并不矛盾，关键在于找好两者的契合点。为此，行业特色院校在发展中既要有争取国家全行业政策支持、形成全行业美誉度的长远考虑，又要从所处地方区域优势就近着眼，紧密结合地方经济建设和产业发展规划，密切关注与地方经济生活息息相关的领域，立足于解决实际问题。在招生布局上，行业特色院校要处理好满足地方高等教育需求和面向全国整个行业服务的关系，在尽可能满足地方性需求的同时，对生源结构进行全国性布局；在学科建设上，行业特色院校既要坚持行业特色学科优先发展原则，进一步找到重点，整合力量把主干学科做精做强，又要审时度势，立足当代主流学科、区域主流产业不断拓宽学科建设思路，大力发展新兴交叉学科，建成优势明显特色鲜明的多科性高校；在办学条件创造上，既要积极争取地方政府的办学支持，又要集聚自身设备资源、人才资源和科研优势，积极探索与行业主管部门及全国本行业合作的新途径，在新时期打出行业院校的响亮品牌，从而成为服务区域经济社会的生力军和服务行业企业发展的主力军。

第三节　行业特色院校特色发展战略的
内涵架构与核心保障

行业特色院校特色发展战略，其内涵是通过学科架构和科学研究的特色、专业设置和人才培养的特色、产学合作和社会服务的特色来体现的，其核心是通过特色的师资队伍建设来保障的。

一　学科架构和科学研究特色

高校以学科建制为基本特征。学科建设是高校科学研究和人才培养的重要基础，是高校发展的"龙头"。学科的综合实力体现了高校的办学水平，世界一流大学都有若干学科位居世界前列，但一流大学并不是所有学科均处于一流，往往是在某些学科极具特色，以此提升和确立学校的整体实力、知名度和影响力。有学者指出，从大学学科发展和演化的轨迹看，大学学科的发展过程既是学科发展内在逻辑不断演化的结果，更是人们对其施加有目的、有计划影响和规划的结果①，从而使大学学科建设呈现出程序性、规划性和策略性。作为与行业具有天然联系的行业特色院校，无论是地矿航邮、能源化工、农林水电，还是音乐美术、文化传媒、电子信息，其根基都在于有本领域深厚的学科传统和独具特色的学科体系。这种学科体系的延续、深化与发展，需要行业特色院校新时期的领导者做出理性地选择和规划。从我国行业特色院校发展的现实情况看，划归教育部管理的行业特色院校，他们中的大多数，已积极瞄准世界同行业一流学科水准，面向国家行业战略需求，对学科发展进行科学合理定位，这些高校在学科建设上较为明晰的架构值得划转地方管理的众多行业特色院校学习借鉴。我们以结成"高水平行业特色大学优质资源共享联盟"的 13 所高校为例（见表 3.1）。

---

① 李枭鹰：《大学学科发展论》，广西师范大学出版社 2011 年第 1 版。

表 3.1   13 所行业特色院校学科建设定位①

学校名称	学科建设定位
西安电子科技大学	立足于鲜明的电子与信息学科特色与优势，工、理、管、文多学科协调发展
华东理工大学	着力构建化工特色鲜明、多学科协调发展的学科体系
中国矿业大学	围绕人才培养的核心任务和国家及行业的战略需求，着力构建以工科为主、以矿业为特色，理工文管等多学科协调发展的学科体系
中国地质大学（武汉）	着力构建以地球系统科学为主导的学科体系，以此为前提，大力发展与国民经济建设、社会发展密切相关的信息、纳米、材料、生物、能源、环保等新兴交叉学科领域。通过"三步走"发展战略，最终实现地球科学领域世界一流
中国石油大学（华东）	着力构建以工为主、石油石化特色鲜明、多学科协调发展的学科体系，建设国内著名、石油学科国际一流
东华大学	按照"坚持特色、拓宽基础、加强交叉、按需发展"的学科发展思路，坚持纺织科学与工程特色，着力发展工程、化学、材料、物理等学科领域。以工为主，工、理、管、文等学科协调发展
河海大学	瞄准国际前沿和先进水平，服务国家重大需求，以水利为特色，工科为主，多学科协调发展。水利学科总体上具备持续保持国际先进水平的能力，岩土工程学科总体达到国际先进，环境工程学科在水环境保护与治理等方向达到国际先进，工程力学、技术经济与管理学科总体达到国内一流
江南大学	以工业设计、食品科学、生物工程为龙头，彰显轻工特色，协调发展经学、法学、教育学、文学、理学、工学、农学、管理学等8大门类
南京农业大学	以农业和生命科学为优势和特色，农、理、经、管、工、文、法学多学科协调发展
东北林业大学	以林科为优势，以林业工程为特色，农、理、工、经、管、文、法多学科协调发展
合肥工业大学	坚持以工为主、与企业紧密结合，发展产业学科，形成若干学科在国家和地方经济建设中发挥重要作用、在国内学术界有重要影响、跻身国内一流、与经济社会发展相适应、具有鲜明行业特色和优势的学科群体系
西南交通大学	着眼世界科技革命和国际学科发展前沿新趋势，强化工科，振兴理科，优化文科，培育新兴交叉学科，使轨道交通学科集群居国际领先水平，实现具有交通特色的多学科协调发展
长安大学	以培养公路交通、国土资源、城乡建设等专业人才为办学特色，以工为主，理工结合，人文社会科学与基础学科协调发展

---

① 资料来源于各校网站、各校中长期发展战略纲要和"十二五"规划。

　　上述 13 所高校，大部分由隶属某一行业部委的独立院校发展而成，但也有由多所行业特色院校合并发展而成，如长安大学、江南大学。这些学校在学科建设上的共性就是很好地继承和发展了学校原有行业性学科的优势和特色，行业性学科占据了国内本学科领域的制高点，未来的发展定位首先都是进一步把行业性学科做大做强，做出国内一流、国际领先，以行业性学科引领、带动学校向高水平发展。

　　对于划归地方管理为主的大多数行业特色院校而言，行业性学科实力可能还未达到较高水平，但同样是差异化竞争中的稀缺品种、宝贵资源，学校实施特色发展战略，就必须瞄准自身的发展目标和方向，在学科架构上牢固树立行业特色学科优先发展的意识，合理配置、整合和集中资源，根据学校的行业性、区域性、积累性，有所为、有所不为，致力于培育和打造与众不同的学科特色和学科品牌，实施重点突破、优势带动，催生一批带动、支撑、服务行业和区域发展需要的名、特、优学科和学科群，并以相对集中的行业性优势学科为引领，加强学科的交叉和融通，促进相关新兴交叉学科的互动发展和多学科的协调发展，最终达到提升学校实力和知名度的目的。

　　行业特色院校学科体系本身是在长期为行业培养人才和从事行业技术研究中形成的。新的时期，为支撑学科发展，行业特色院校的科研工作仍应围绕和服务于行业发展需要展开。主要有三个层面：一是在基础研究上，应结合本行业重点发展的科技领域，集中力量开展行业性应用基础研究和高新技术开发，力争在某一领域能实现行业原始性创新，引领行业发展；二是在重点项目攻关上，应着力围绕行业战略目标和区域重大目标凝练主攻方向，为发展行业共性技术和解决区域经济社会发展关键问题提供智力支撑，促进行业产业结构调整和区域产业转型升级；三是根据学校科研积累性拓展特色研究领域，通过开展科研创新、人才聚集、产学研合作，使自身成为行业产业某一领域技术转移和成果转化的重要孵化基地。一般而言，基础研究是行业特色院校的薄弱环节，因此，行业特色院校尤其应注意扬长弃短，应立足于关注与经济生活、与行业生产息息相关的领域，立足于解决实际问题而不是蓝天项目。

二　专业设置和人才培养特色

教育与社会发展相适应的重要体现之一，就是要根据科学技术发展和产业结构调整的趋势，调整专业结构设置，加强专业建设。行业特色院校的传统专业一般围绕本行业进行设置。新的时期，应同时注重两个方面：

一是围绕行业产业链的专业群建设，即依托行业性学科生态环境，围绕行业产业链建设包含主干专业、关联性专业以及服务性专业在内的完整的专业群。如：食品轻工类行业院校，可以传统的食品工程、生物技术等专业为主干，发展食品制造与控制类专业等关联性专业；针对食品产业链产、供、销一条龙的内在经济需求，可发展市场营销、国际贸易、连锁经营等服务性专业，使专业覆盖食品产业链相关的食品加工、质量检验、装备制造、营销流通全环节；地矿工程类行业院校，根据煤炭能源的勘探、开发、利用产业链建设需要，可以采矿工程、工业工程等专业为主干和龙头，围绕资源、生态和生产相关的矿建、安全、测绘、机械、信息技术等领域，发展环境科学、测绘勘探、力学建筑、机械自动化、消防安全等关联性专业；针对矿业产、供、销的管理服务需求，可发展交通运输、管理工程、物流等服务性专业；农林类行业院校，在做实、做强农学、生物科学、食品科学、园林等传统专业的基础上，围绕蓬勃发展的现代农林产业需求，加快建设农林经济管理、水产养殖、市场营销现代农业服务类专业。

二是某一特定专业的内涵建设，特别要重视传统专业的改造和提升，即：以传统特色专业为依托，改变单科性过强、专业面过窄的专业面貌；坚持以经济转型升级的要求、用行业发展的新理念、新技术，通过整合、交叉渗透等形式，改造和优化传统专业，提升专业的适应性和发展性。如一些农林类行业特色院校，随着科学技术高度综合地发展，以传统的种植业为主的农学专业，难以适应现代农业产业发展对技术创新和管理创新的需要，造成：一方面国家现代农业适用人才总量不足、高层次人才缺乏；另一方面高校农科类毕业生就业率低。为此，传统农学专业必须对培养目标进行重新定位，可立足于"大农学"观念，对一些学科基础比较成熟、社会需求相对稳定、继承性较好的专业实行宽口径培养，使学生具有较系统的专业基础理论和农学、园艺、植保以及农林经济管理等综合知识和技能，使人才更贴近社会需要。对内涵不清晰、社会需求少、区分度不高的专业，则进行拆分、归并和整合。

在人才培养上，行业特色院校要特别注重人才培养模式的改革与创新。高等教育的人才培养模式直接受经济、社会发展水平和学校办学定位的制约，人才培养模式改革一直是我国高等教育微观领域改革的重点。我国高校关于人才培养模式改革的探讨，长期在处理好"通与专"、学术性与职业性、规划与自主之间的关系上波动①，行业特色院校也不例外。回溯历史，不难发现，在行业特色院校建校之初以及划转前的相当一段时期，为国家培养大批专业化人才（主要是工业建设人才）的培养定位使多数行业特色院校过于偏重专业性，专业划分过窄过细，专业教育重实践轻理论，重实用轻基础，重社会导向轻学术导向。划转后的十余年来，伴随着人才培养规格的多类型、多层次、复合化趋势，很多高校意识到专才教育模式的弊端，开始尝试进行大专业制、弹性学制改革，宽口径和复合性成为新的追求，纠偏的结果使高等教育的职业性、专业化被弃之一旁，形成了另一种形式的"一边倒"，这同样是不可取的。应用型大学应"面向地方经济和社会发展需要，设置应用学科专业；强化实践实训教学，提高应用能力；重视应用研究，促进产学研紧密结合；培养具有一定理论基础和技术能力，为党政机关、企事业等基层单位管理服务的应用型人才"②。新的时期，行业特色院校的应用型定位没有变，随着新科技革命潮流的涌动和全面素质教育成为通识，行业特色院校必须根据新型工业经济所需培养以应用型为指向、人文取向与功利取向内在统一的现代化人才。由此，行业特色院校在制定人才培养方案和课程教学体系时，要注重理论教学体系和实践教学体系的有机统一，在课程设置上与通识教育相区别，更加注重专业类、应用类的课程设置，特别需注重多维实践教学体系的构建，要在优化和整合课程体系的基础上加强实践教学环节，在加强应用性教学和创新研究的基础上推动人才培养的校企合作、产学联合，凸显人才培养的应用性特色，使学生具有进入相关行业、产业领域就业或创业的知识储备，尽可能提高学生适应当前与未来行业发展的实际能力。强调培养行业高层次专门人才虽然有别于通识教育，但并非否定基础教育，相反，行业特色教育需更加重视相关性公共课和专业基础课的设置，方能拓宽学生视

---

① 潘懋元：《现代高等教育思想的演变》，广东高等教育出版社 2008 年版，第 190—191 页。

② 孔繁敏：《建设应用型大学之路》，北京大学出版社 2006 年版，第 33 页。

野，培养行业意义上的宽口径人才。

三　产学合作与社会服务特色

社会服务体现了大学发展与社会发展互相促进的辩证关系。行业特色院校具有服务行业产业的优良传统和开展产学合作的天然优势。在行业部委主管时期，行业特色院校与行业由于隶属相同，在同一体系领导和主导下，行业特色院校与行业产业优势互补，以为行业产业输送专门人才为服务根本，同时广泛涉猎行业生产发展咨询、技术研发、人员培训等内容和领域，水乳交融开展产学合作；体制划转后，行业特色院校开展产学合作，实现社会服务职能，关键在于更新观念，牢固树立"以服务求支持、在贡献中求发展"的理念，进一步厘清产学合作和社会服务的属性、内容，拓展产学合作和社会服务的领域、渠道，创新产学合作和社会服务的机制、模式。

在理念上，要进一步深化对产学合作和社会服务的认识，紧紧围绕行业发展和区域经济社会建设需要，借助已有学科科研优势和基地平台，建立有利于人才汇聚、协同公关、学科交叉、资源共享的产学合作和社会服务管理运行机制和开放体系，营造开展社会服务的大环境。

在产学合作和社会服务的内容和领域上，行业特色院校应重点关注三个方面：一是教育培训合作。可以依托行业特色院校师资优势，采取送课上门、集中轮训、举办专业技能班、学历教育等多种形式，重点围绕行业实用技术技能培训、专业人才委托订单培养、行业企业人才继续教育、区域社会人才文化素养提升等方面提供多样化服务。二是充分发挥知识库、智囊团作用。主动与行业企业和地方政府单位接轨，通过开展课题立项、学术论坛、专题研究等方式，为区域经济社会发展服务，为行业企业发展出谋划策，提供规划决策、组织管理和生产经营方面的研究、咨询和评估服务。三是以研究项目为起点，逐渐转向项目合作与战略合作相结合，把合作触角伸到行业企业和地方经济社会发展的方方面面。

在产学合作体制机制上，在脱离原行业主管部门管理之后，行业特色院校要着重探寻政、产、学、研等多方面的合作和支持新机制，拓展政、产、学、研合作平台与网络，通过创建高校文化创意园、产业孵化园等，构筑大平台、组建大团队、争取大项目、创造大成果。在服务模式上，要实现几个转变：从自发服务，向自发服务、学校有组织服务并重转变，提高合作水平与层次；从项目合作，向项目合作、长期战略合作并重转变，提高合作稳定性和长期性；从适应性服务，向适应性服务、导向性服务并重转变，提高合作主动性。浙江传媒学院在产学研合作中探索形成了临时性合作、契约型合作及一体化整合模式三种模式，有效开发了产学研合作的潜能。临时性合作是指社会企业主体或者政府主体根据某种需要，直接和学校开展临时性的人力资源或者硬件设施使用的合作。例如邀请学校专家参与节目评奖、座谈、创意和策划等，"超级女声"、"雅虎搜星"节目组租借学校演播大厅等。这些合作形式可以有效增进学校与相关企业主体之间的联系，搭建起两者之间可能开展更深层次合作的框架和渠道，提升学校影响力。契约性合作方式以契约和利益作为合作的纽带，以项目为载体，优势互补、资源共享、建立融合双方权利、责任和利益的信用合作关系。比如学校和浙江广电集团共同组建的浙江广电研究院、合作开展的人力资源培训就属于这种模式。这种模式有利于和传媒企业建立更为固定、更为长期的合作关系，有利于真正实现资源互补、利益共享，现实地促进学校的人才培养模式改革、教学改革、科研团队的历练等，对学校发展的现实推动力最大，是当前浙江传媒学院产学研合作的主要形式。一体化整合模式是产学研合作的高层实现形式，指学校输出自我的科研、人才、资金等，整合社会资源，组建具有独立法人资格的产业组织。其好处是能够加速推进科研成果的产业化，形成效益、推动行业乃至产业发展。从传媒类院校的学科特色和方向上而言，举办剧本创作、电视策划、媒体应对、技术研发等实体将是可供选择的途径。这也需要学校不断积累实力、积极创造条件、有效把握时机。同时在这类合作中必须充分做好前期的预案研究、论证等工作，排除不必要的经营风险。

四　师资队伍建设保障

师资队伍建设是高等学校建设的永恒主题。清华大学前校长梅贻琦说过："所谓大学者，非谓有大楼之谓也，有大师之谓也。"行业特色院校在管理体制划转和扩招后，在师资建设上共性的问题主要在总量、结构、特色三方面：

一是师资队伍总量不足。教师总量偏紧、生师比过高是大众化发展以来我国高等教育的通病。自1999年以来，尽管高校在师资力量的补充上不遗余力地做了大量工作，但师资数量的增长仍然难以跟上事业发展的速度，扩招之前的 1998 年，全国普通本科院校生师比为 11.63∶1，扩招高峰期的 2002 年、2003 年，一度增加到 20∶1 以上；2004 年以来，虽有所缓解，但仍一直持续在 17∶1 以上①。在本科教育层面，行业特色院校是我国高等教育大众化的主力军，但行业特色院校师资由于集中在行业专业性需求，学科面偏窄使师资队伍的补充相对于其他综合性院校在引人方面的难度要大得多。近年来，从各高校本科教学评估数据看，多数行业特色院校生师比在 17∶1 以上，广东、四川、上海、江苏等省市部分行业特色院校甚至超过 20∶1。从国际比较数据和有关专家对我国不同地区、不同类型高校的抽样实证调查表明，生师比的合理区间为 14∶1—16∶1，生师比过高已经影响到行业特色院校教学质量和教师水平的提高。

二是师资队伍结构不尽合理。除与其他高校的共性问题，如年龄结构、职称结构、学历结构等不尽合理外，行业特色院校还面临学缘结构的难题。学缘结构是评价师资队伍群体结构的一个重要指标，标志着师资队伍的来源状态或"近亲繁殖"程度，预示着其潜在的科研原创能力②。从实际情况看，行业特色院校的师资除公共基础课师资外，主要有两个来源：一小部分师资是来自行业一线，这些师资有着丰富的实践经验，但不熟悉高等教育规律，缺乏高等教育经验，教学和学术能力相对不足，且学历职称往往偏低；另外大部分师资是本系统高等院校毕业生，由于师资紧缺，而一些特定行业专业博士点少，很多高校采取本校毕业生硕博连读留校任教的体制，教师来源于同一学校或本校的比例有时高达 50% 以上，总体上存在学缘结构的单一化、本土化、低层次现象③。如传媒类行业院校师资基本来自中国传媒大学、北京电影学院、北京师范大学等仅有的几所院校，可以说各传媒院校的师资还基本处于自产自销的"近亲繁殖"阶段，中国传媒大学培养的博士生 90% 左右留本校作为师资使用。

三是师资队伍行业特色弱化。行业特色院校的师资一方面表现出毕业院校、所学专业主要来自同一类型、层次、分布而导致学缘结构单一的缺陷；另一方面，数量的急剧扩大稀释了师资队伍中的原行业性因素，属地

---

① 数据根据教育部网站（http：//www. moe. edu. cn/publicfiles/business/htmlfiles/moe/s4959/201012/113466. html）。

② 李扬裕、何东进：《高校师资队伍学缘结构评价和预测方法研究》，《福建农林大学学报》（哲学社会科学版）2010 年第 13 卷第 5 期。

③ 同上。

化管理的转变也使教师与行业一线的联系逐渐淡化,加上很多师资直接来自高校,缺乏行业实践经验,缺乏对行业一线新技术、新发展的了解,更少有机会承担或参与行业重大科技攻关项目的研究,从而导致师资在教学上难以满足行业特色院校作为应用性本科院校的实践教学要求,在科学研究上又难以出引领行业发展的高水平研究成果。

针对上述问题,在师资队伍建设思路上,行业特色院校要注重统筹规划,突出重点,优化结构,整体提高。统筹规划,就是要统筹考虑当前与长远、培养与引进、行业与院校、个人与团队、理论与实践、重点与整体的关系。突出重点,就是要渗透前文所述的有重点、非均衡、差异化发展理念,突显"以行业优势学科带动师资队伍建设、以师资队伍建设促进行业优势学科发展"的建设思路。学科水平与师资实力是"鸡生蛋、蛋生鸡"的关系,为提高教学质量,降低生师比,基础学科师资无疑需要充实,但在高层次人才队伍建设上,应实施重点领域重点投入,即重点向行业性特色学科、新兴学科倾斜,在致力于集中有限资源、凝练学科方向、做大做强行业性学科的基础上,集聚优秀创新人才,提升师资队伍的创新能力和竞争力;反过来,以特色学科师资带领本学科跟踪国内外科学前沿,进一步带动学科上层次、上水平。优化结构,就是要进一步优化职称、学历、学源、年龄结构,尤其要优化教师的行业背景结构等特色结构,提高具双师素质教师的比例。整体提高,就是要在突出建设重点的基础上,重视不同年龄、不同学历、不同职称、不同学科教师的培养提高,最终实现师资队伍全面建设、整体提高。

在师资队伍建设机制上,应从两方面下功夫:一是创新人才引进的机制,大胆探索人才引进的制度化、授权化、市场化、国际化。要采取三个相结合:个体引进与成组引进相结合、引进行业一线人才与引进院校人才相结合、刚性引进与柔性引进相结合;在人才柔性引进机制上,应坚持"不求所有,只求所用"的人才理念,尤其是对于业界师资,要打破户籍、人事关系限制,积极探索兼职、聘用、借用、参与技术攻关、设立工作站、与行业单位双聘共享等多种形式,允许引进人才校内校外两头兼顾,实现高智力人才资源共享;在薪酬体系上,要采用更具竞争力、更有弹性的市场薪酬、整体薪酬和浮动薪酬体系。二是创新人才培养机制,建设教师多样化培养平台,构建多层次人才培养和支持体系,促进教师学术水平和实践能力的双提高。

第四节　行业特色院校特色发展战略的
外部环境与政策建议

　　行业特色院校特色发展的内生动力在于高校自身，但离不开外部动力的推动。这里的外部动力主要指来自教育主管部门及行业相关主体要素的推动力。行业特色院校的特色保持和发展，需要教育主管部门及行业相关主体的特殊关注和支持。从高校治理结构看，我国高校在政府的直接领导和规范下办学，高校与政府的关系受到行政权力的框定。政府直接决定着高校的领导任命、专业设置、招生规模、人员编制、经费额度、财务审计以及办学质量评估等。这种治理结构的优点是政府可以通过统筹规划，实现高等教育的合理布局，促进办学资源的集成与优化，对高等院校的办学方向与办学质量进行有效引导与监控。但是，伴随着我国行业院校整体划转地方管理，实行省部共建，这一治理模式表现出结构上的单一性和滞后性，并在一定程度上对行业特色院校发展形成制度性障碍。主要表现在：

　　一是小政府与大高校之间管理力量的落差使地方教育主管部门无力成为行业特色院校新时期特色发展的催生力。20世纪末以来，随着教育管理体制的转变，隶属地方管理的高校剧增，在沿海经济发达地区，一个省的本科院校达十几所乃至几十所，还有近几年来发展迅速的高等职业院校。政府部门对于高校具体的专业设置、招生规模、人员编制等管理压力急剧增加，无暇顾及支持行业特色院校特色发展的政策环境问题。

　　二是传统重点大学建设的固有思维在地方教育主管部门并未得到改变，对大学进行分等分级的传统观念和单一评价标准使"马太效应"影响长期存在。在"211工程"和"985工程"的推动下，重点大学得到国家和地方政府的双重支持，众多行业特色院校虽在某一行业学科领域颇具特色，但终因在综合实力上难占优势而未挤进"211"和"985"，这使其在资源获得、工程建设、项目支持上显然相形见绌。虽然国家已经停止了"211工程"和"985工程"的评审，但教育主管部门在短时期内很难摆脱固有的重学轻术、重理论轻应用的思维模式的影响，其主要表现形式就是教育评估体系的标准化和单尺度性，这种单一标准主要体现为科研规模、论文专著数量、索引情况和影响因子、博士点与硕士点建设等学术性指标，是对高校进行评分、排名、绩效考核、资源分配以及财政拨款的主要依据，而学术以外的其他指标如毕业生就业情况、专业对口率、薪资水平、社会满意度等人才培养和社会评价指标，虽是衡量大学办学水平的重要指标，却很少被政府部门在对高校进行评估时采用。与我国相比，西方大学的评价权力模式不一，有学者概括为英国模式、荷兰模式、美国式等①，但可以找出的共通点是：西方大学的外部评价体系多元，评价机构多样，如英国实行政府、准政府机构（质量评估委员会 QAA、高等教育统计局 HESA、英格兰高等教育基金委员会 HEFCE 等）、行业协会（英国大学机构 UUK、高等教育行会 Guild HE 等）协同评估的大学评价模式；美国依靠不同媒体（如《美国新闻与世界报道》《纽约时报》）所做的大学排行榜对大学开展综合评价。我国尽管也出现了中国校友网大学排行、武书连大学排行等有一定影响力的社会组织和个人评价，但对大学的评估，实质上仍由政府一家主导。行业特色院校在这种缺乏分类指导和多元评价的评估体系中往往面临两种发展命运：要么被边缘化，要么被同质化。

三是地方政府部门未能疏通行业特色院校与原有行业及社会之间的通联渠道。新时期行业特色院校转地方管理后，其办学目标的确立、学科与专业建设的重点既要密切结合区域经济的发展特色、地方经济转型升级的需求以及地方文化的发展与传承，又要为地方政治经济文化发展提供思想支持和精神动力，也要继续为原行业企业重大技术创新提供原创性技术支持和人力资源保障。但是当前这样的合作传导屏障太多，平台支撑乏力，信息渠道以及合作模式都有待进一步提速和升级。

为此，新时期行业特色院校要获得特色发展，国家必须从外部治理中为高校注入新的发展活力。可以从两方面进行考虑：

一是地方政府与行业部门应在一个更高的层面上建立起新的联系共建机制，从而形成共建行业特色院校新模式。共建双方的责任分别为：地方政府指导行业特色院校制定科学发展规划，采取有效措施，确保学校在学科建设、人才培养、科学研究等方面的正常经费投入；支持行业特色院校继续保持和发展原有行业特色，在硕士、博士点建设、重点学科和重点实验室建设、教学改革与教学基本建设、师资队伍建设、科研项目申报等方面采取积极倾斜政策，促进学校快速发展；鼓励学校发展优势学科，做强特色品牌；支持行业特色院校将行业作为重点服务对象，支持其以服务行

---

① 刘凡丰：《西方大学评价的权力模式》，《清华大学教育研究》2002 年第 3 期。

业为支点不断提高为经济社会服务的能力。行业主管部门对行业特色院校的改革和发展继续予以关注和支持，结合行业事业产业发展规划，在行业特色院校教育教学改革、行业性学科专业建设、人才培养、学位点申报等方面继续给予指导和支持；充分发挥行业主管和资源优势，支持行业特色院校开展深层次的企校合作，支持行业特色院校积极参与和承接行业纵横向科研项目和课题；以项目委托、专项资金支持等方式，在行业特色院校学科建设、重点实验室建设、科学研究及人才培养等方面予以支持；支持学校教育教学改革和创新，为学校进一步提高教学水平和人才培养质量，更好地培养适应行业产业发展需要的人才提供指导和帮助等。

二是对高校治理参与结构主体进行扩容。在确立高等教育布局、发展重点与门类、学科与专业特色、师资队伍建设、经费投入指向中，不仅要有教育主管部门参加，还要吸收政府发展与改革委员会、经济和信息化委员会、国有资产管理委员会以及信息产业、文化、交通、卫生、广电等行业主管政府机构，吸收大型企业、社会学术团体及其他社会机构的代表组建联席会议制度，由省级政府主要领导和分管领导担任负责人和召集人，共同研商高等教育的整体布局、政府的政策指向，例如完善产学研合作等外在政策框架和平台，建立起以"宏观指导"为主要内容的政策导向机制和政策供给制度。结构主体的扩容能够改变原来教育主管部门单一主体的高校外部治理结构，使高等院校办学进入到社会政治经济文化发展的中间地带，更好地吸纳各种社会要素；更好地扩大办学视野和推动决策科学化、民主化；也有助于在管理体制转变后建立起省部共建的新机制和行业特色院校与行业沟通的新渠道，进而建立起行业特色院校与政府、社会的新型合作关系。

而在新治理结构中，发挥杠杆作用的支点仍然还是原有的政府教育主管部门。通过政府教育主管部门的纽带，实现高校外部治理结构主体要素的扩容、整合与效能集聚；通过政府教育主管部门与高校之间管理模式和治理机制的完善，进一步推动高校依法办学、科学发展；通过政府教育主管部门主导，以扶持引导、购买服务等方式与中间组织和社会评价机构共同研究高等教育分类指导、分类管理、审议评估的政策和制度，共同开展教育教学评估，从而营造良好的外部环境，引导和支持行业特色院校自主办学、特色发展。

第四章　行业特色院校核心竞争力研究

高校在越来越激烈的竞争环境中要获得生存和发展，就必须具备核心竞争力。高度重视和努力提高自身核心竞争力，已成为越来越多的行业特色院校的共识。

第一节　核心竞争力理论及高校核心竞争力

一　核心竞争力

核心竞争力概念最早来源于美国密西根大学商学院教授普拉哈拉德（C. K. Prahalad）和伦敦商学院教授加里·哈默尔（Gary Hamel）合写的《公司核心竞争力》（The Core Competence of the Corporation）一文，该文发表在 1990 年的 5 月到 6 月的《哈佛商业评论》（*Havord Business Review*）上。他们认为，核心竞争力是"在一个组织内部经过整合了的知识和技能，尤其是关于怎样协调多种生产技能和整合不同技术的知识和技能"。从与产品或服务的关系角度来看，核心竞争力实际上是隐含在公司核心产品或服务里面的知识和技能，或者知识和技能的集合体[①]。他们强调核心竞争力作为一个企业（人才，国家或者参与竞争的个体）能够长期获得竞争优势的能力，是企业所特有的、能够经得起时间考验的、具有延展性，并且是竞争对手难以模仿的技术或能力[②]。核心竞争力概念产生之后在各个国家广泛传播并迅速引入中国，并由企业迁延覆盖到各个行业。提升高校核心竞争力也成为学术界的热门话语，迅速进入党委政府、高等院校及

---

①　Prahalad C. K, Hamel G. The Core Competence of the Corporation ［J］. *Harvard Business Review*, 1990, 68 (3): 79 – 91.

②　Ibid..

社会研究机构的视野，成为新时期我国高等教育发展的重要命题。

二　高校核心竞争力

高校核心竞争力是核心竞争力概念在高校办学视域中的引入与发展。对高校核心竞争力的分析与研究，也为行业特色院校核心竞争力概念的界定提供了重要的理论基础。当前我国学术界对高校核心竞争力研究主要有以下代表性观点：

一是组织整合力、组织优势论等观点。强调高校核心竞争力建立在特色化的管理与组织基础上，通过建立办学理念与管理过程、管理与其他办学要素、管理过程中的各要素之间的独特组织架构与协作体系，激发体制活力，提升办学实力。比如韦巧燕认为，大学的核心竞争力是指大学以其核心资源为中心，通过对战略决策、教学、科研、人力资源开发等的组织管理，使某一资源的效用凸显，从而使学校在长时期内获得较大竞争优势的能力，其具有核心优势形成的长期性、核心技能的独特性、核心价值的用户性、核心资源的隐形性等特征[1]。侯俊华、汤作华指出，高校核心竞争力应是办学理念、管理模式及教学科研等多方面、全方位的相互协调和有机结合，能够促进高校持续发展，凸显优势或特色学科，在竞争中能显示自身能力的一种运作模式[2]。

二是学科驱动观。持该观点的学者认为学科建设水平是大学办学水平的基本标志，学科是高校核心竞争力建构的基本驱动要素；学科是大学的发展之基、力量之源，它体现了大学的办学水平和实力；学科特色是提升大学核心竞争力的核心环节，是行业性大学生存与发展的"生命线"[3]。厦门大学校长陈传鸿也认为，从世界著名大学的办学经验来看，成为世界一流大学的关键在于有一批一流的学科，学科水平的高低，决定了学校水平的高低；而越是好的学科，就越能吸引优秀人才，从而才有能力去开拓新的领域。他认为，一流大学必须有强大的整体竞争力，而构成整体竞争力的核心部分就是学科建设水平。所以，可以将学科建设水平称为高校的

---

① 韦巧燕：《试论地方高校核心竞争力的构建》，《教育与职业》2008 年第 3 期。
② 侯俊华、汤作华：《提升地方高校核心竞争力的研究》，《中国高教研究》2007 年第 8 期。
③ 赵飞、吴先华：《新时期行业性大学提升核心竞争力策略研究》，《江西社会科学》2011年第 12 期。

"核心竞争力"①。

　　三是文化关键论。文化关键论者认为一所高校文化建设的水平与质量是其核心竞争力的基本标志，决定着高校的发展潜力及发展预期。曾德国指出，大学作为思想的宝库、培养人才的摇篮、文化的中心，存在的本质要义就是不断地探索和创造，不断地追求更高层次的理性精神，不断创造更高、更好、更优的文化成果。他认为无论是师生成长环境与机制的构建、对良好学术环境的保护、学者潜能的激发等都有赖于大学文化的滋养②。邵书峰也认为，一所大学要通过倡导和培育先进的大学文化与大学精神，建立具有特色的大学文化战略，增强大学内部凝聚力，提高对外吸引力，扩大学校影响力，以大学文化建设和大学精神的塑造来推进大学核心竞争力的提高③。周亚芳强调大学精神文化是构建高校核心竞争力的动力，大学制度文化是构建高校核心竞争力的有力保证，大学行为文化是构建高校核心竞争力的表现形式，大学环境文化是构建高校核心竞争力的外在基础④。作者从独特的角度阐述了大学文化与高校核心竞争力构建的密切关系。

　　四是要素组合论。持该观点的学者认为很难对高校核心竞争力做一简单定义。它是某几个关键要素或关键环节组成的有机整体。高校核心竞争力的高低，取决于这几个部分的建设与发展质量及其整体协同效能。比如曲恒昌认为，大学核心竞争力是由多项基本要素构成的。其中包括内发创新能力、文化凝聚能力和组织协调能力。内发创新能力集中体现在培养高素质的人才，提供一流的科研成果，为社会提供高质量的服务等。强大的文化凝聚力将有助于创建一个和谐、自由、平等、活跃的学术氛围，将全校师生员工的积极性调动和组织起来，为实现学校的办学理念和目标而奋斗不息，从而极大地增强学校的核心竞争力。组织协调能力体现在高校妥善地处理学术权力与行政权力，学术自由与行政规制等各种复杂关系，为

---

① 陈传鸿：《着力改革 重在建设 促进本科教学再上新台阶》，《中国大学教学》2000 年第 4 期。

② 曾德国：《大学文化将成为未来大学发展的核心竞争力》，《黑龙江高教研究》2007 年第 11 期。

③ 邵书峰：《大学文化与大学精神是高校竞争力的核心》，《教育与职业》2008 年第 8 期。

④ 周亚芳：《大学文化与高校核心竞争力》，《江苏高教》2006 年第 4 期。

高校核心竞争力建构创造一个良好的体制环境等①。高宏强调大学核心竞争力可以归结为硬实力和软实力。其中硬实力资源主要指大学的师资实力、科研实力、学科实力等；软实力主要指以大学精神为内核的大学文化以及品牌声誉等②。

　　虽然当前学术界对高校核心竞争力内涵存在着多样化的解读，比如还有的学者认为大学核心竞争力是大学的"优势资源"，是主体对大学资源有效运作而产生的，也有人认为大学是组织内部整合的、富有个性化的、复杂的能力体系。这种多样化的解读由于作者观察视角、立论基点及研究方法等的差异呈现出不同的研究结论。但纵观当前的研究现状，梳理不同研究结论之间的逻辑轨迹，组织整合力、组织优势论，学科驱动观，文化关键论，要素组合论等四类观点代表了当前学术界对高校核心竞争力内涵界定的主要看法。

第二节　行业特色院校核心竞争力及其构成要素

　　行业特色院校核心竞争力是指行业特色院校与行业、区域之间形成的紧密型合作关系，并使这种紧密型合作全面渗透到人才培养、科学研究、服务经济社会发展、文化传承创新等各个方面，形成具有鲜明特色的办学模式。它建立在行业特色院校长期行业办学与行业所形成的唇齿相依的合作关系之上，在转制后，对这种关系进行了盘整、丰富与拓展，更好地纳入了区域政治经济社会文化发展的因素，并实现行业与区域两者之间关系的整体协调，形成合力，促进行业特色院校拓展办学视野、理顺办学关系、优化办学环境、丰富办学资源的供给平台等。行业特色院校核心竞争力是一种传承高校办学特征的基因内核，在激烈竞争的高等教育版图中清晰勾画出行业特色院校的板块特征，集中彰显新时期高等院校走差异化发展路径，推动特色办学，满足社会多样化需求的办学指导思想。

　　新时期行业特色院校核心竞争力的建构必须立足行业、区域社会政治经济文化发展、行业高等教育及区域高等教育竞合关系、行业特色院校自

身发展多个层面进行系统考量，厘清其内在的协同性、渗透性、稳定性、整合性、发散性等特征，探讨人才培养质量提升能力、学术创新能力、产业融合及贡献能力、文化传承及浸润力、管理模式及治理结构优化能力等行业特色院校核心竞争力的构成要素。

一 考量行业特色院校核心竞争力建构的四个层面

一是行业层面。行业是行业特色院校最重要的依托平台，它不仅为行业特色院校发展提供资源要素、创新平台、市场空间等，甚至直接赋予行业特色院校改革动能与创新激情。如前所述，新时期行业特色院校确立发展战略必须高度关注行业的最新发展趋势，把握行业发展机遇，行业特色院校构建核心竞争力同样离不开行业。行业特色院校需回答好"行业发展能为我带来什么"、"我在行业大发展浪潮中能做什么"等命题，适时调整与优化专业及学科布局、人才培养模式改革方向、产学研合作机制的创新路径乃至学校文化的内涵等。尤其在当前国际经济危机的影响持续深入，许多关系国计民生的重大产业面临新的发展转向，不确定因素增多、局面更加复杂的背景下，行业特色院校如何应对，趋利避害，实现与产业创新、产业变革同步发展，既有效获得行业发展的机遇，又化解行业转型的潜在风险，这是考验行业特色院校智慧的重大课题。以中国传媒大学、浙江传媒学院这样的特色鲜明的传媒院校为例，在当前全面推进文化强国建设，推动社会主义文化大发展大繁荣的浪潮中，学校有着难得的办学机遇，同时也存在着严峻的挑战，比如"三网融合"的全面推进，全媒体的迅速引入，对传统广播电视、报刊、网络等门类界限明显的传媒人才培养模式带来挑战；文化会展、文化金融、动漫创意、影视创作等新兴文化产业门类与文化形态的兴起必将对传媒类学科与专业结构完善带来重要启示，对学科生长机制的建立带来新的要求；传统行政主导下校企合作的模式日渐式微，在高度发达的媒介市场化背景下，传媒企业与学校的合作机制如何实现新的突破等也考验着校企双方的智慧。这些最新的行业发展的潮流与特征，是新时期行业特色院校进一步明确办学定位、办学目标、办学路径，优化人才培养、科学研究、社会服务、文化传承等具体举措，不断提升综合竞争力的重要依据。

二是区域层面。转制后行业特色院校与区域政治经济社会文化之间的发展关系更加密切。新时期行业特色院校核心竞争力的构建，必须高度关注所在地区社会政治经济文化发展的现状，探求行业特色院校自身办学优势与区域社会政治经济文化发展之间有效的嫁接点与结合部，基于可持续发展的目标，明确两者之间互动、结合的力度、程度，建立健全模式与机制，对行业特色院校办学定位、办学目标、办学策略与办学路径等做出科学合理的调适与提升。这里需要特别强调的是，行业是"本"，行业特色院校要在立足长期形成的行业优势与行业特色的基础上，寻求与地方合作的潜在机遇与平台。如果学校行业优势与区域产业发展重点不能形成有效交叉，行业特色院校要在发挥既有长处的基础上，结合地方需求，科学延伸其特色与强项等，而不能随意置换办学传统。比如浙江传媒学院地处我国政治经济社会文化相对发达的长三角地区，近几年来，浙江文化强省建设全面推进，传媒及文化产业发展如火如荼，综合实力稳居全国前列，这为浙江传媒学院发展省却了诸多"兼容"烦恼，把握浙江传媒及文化产业发展的机遇，围绕《浙江省委关于大力推进文化强省建设的决定》等政策文件，进一步梳理办学优势，探讨全面接轨文化强省建设的战略举措，并将之内化到学校教学改革、科学研究、社会服务、文化传承等各项工作中，将为学校事业的新一轮腾飞添加重要的引擎。

三是行业高等教育及区域高等教育竞合关系的层面。行业特色院校在构建核心竞争力时，必须要考虑自身在行业特色院校群体中的竞争位次及竞争态势。比如浙江传媒学院就要明确与中国传媒大学、北京电影学院、广播影视干部管理学院（山西传媒学院）等老牌传媒院校、电影院校之间的竞合关系及优劣所在，要明确在当前高等传媒教育蜂拥而上、群起发展的格局中自身所处的位置及境遇。同时，在区域高等教育的竞争图谱中，要更好地厘清自身的发展基础，兄弟院校的发展态势等，既不盲目陷入同质化竞争、规模扩张、重复建设的误区，也不在激烈竞争面前畏首畏尾，失去发展机遇。要科学预判当前高等教育的存量及未来发展市场空间等，统筹"行业"与"区域"两个市场，在行业高等教育及区域高等教育竞合关系中更好地厘清自我的发展定位、发展目标、发展策略，走差异化发展道路，寻求"弯道超车"的实施路径。

四是行业特色院校自身层面。行业特色院校核心竞争力的形成不可能一蹴而就，更不可能违背高等教育的发展规律，割裂学校的办学历史与办学传统。比如浙江传媒学院在三十余年的行业办学历程中积累了丰富的办学经验，在传媒教育领域形成了鲜明的办学特色与明显优势。这种特色表现为联盟化、一体化的产学研合作模式；联手行业、深度嵌入、全流程对接的人才培养模式；以行业需求、项目为导向的重大科研成果驱动机制；开放式、实践性的校园文化建设理念等。这些都是新时期学校事业发展的重要基础。在浙江传媒学院核心竞争力建构中，要对学校长期以来形成的办学优势与特色进行梳理与总结，尤其是要在新的历史条件下，深入分析如何对传统办学优势进行升级、优化与改造，进一步凝练办学特色，弥补办学短板，实现可持续发展。

二 行业特色院校核心竞争力特征

一是协同性。重大技术创新与行业管理体制变革、地区文化产业发展规划与布局的调整等都会对行业特色院校的办学带来直接而深远的影响，这种影响深刻体现在学校的办学理念、办学定位、办学手段与方式、办学策略等的优化提升上，带来人才培养、科学研究、社会服务乃至文化传承之间的协同联动反应，促使各个办学子项目间同步调整与升级，实现系统的整体优化，推动办学水平的整体提升。比如国家实施东北振兴战略以来，吉林省老工业基地随之开展调整改造，包括重新规划汽车及零部件制造业、专用车制造业、石化工业循环经济示范产业、光电子与信息产业、精品钢产业等十大产业布局[①]，围绕新型工业基地的现代产业体系建设，由长春建筑高等专科学校、长春工业高等专科学校、长春水利电力高等专科学校三所原部委属工科类专科学校合并组建而成的长春工程学院，在客观分析自身办学条件及其在区域分工协作格局中位置的基础上，根据经济社会发展对高等工程技术人才多层次、多规格、多类型的需求，明确提出了"创建特色鲜明的应用型本科院校，培养面向基层一线，从事设计、施工、制造、运行等工程技术工作的应用型高级专门人才"的办学定位，重视协同创新体系建设，建成吉林省配电自动化工程研究中心、吉林省汽车零部件集成制造技术研究中心、吉林省城市建设发展研究中心等9个省级科技平台，在为吉林经济社会发展和振兴东北老工业基地做贡献中提升了

---

① 资料来源：吉林省老工业基地调整改造研究，百度文库（http://wenku. baidu. com/link? url＝5h9＿U4k2MPcJvZ95XgfRXqY4e－O＿D9＿6j5mZuVIRiuadc3LstHdMSvUxGgyyjby5dj1 VlRV1 Lrc TjEzz2zuD4UKs1 BMDDgDi3lZU4OGhMEG）。

自身的核心竞争力①。在传媒领域，媒介融合的快速推进，不仅对传媒院校人才培养的类型、模式提出了新的要求，也迅速改变了传媒专业与学科布局，新媒体、跨媒体传播相关内容进入新闻学的视野，也直接带动中国传媒大学、浙江传媒学院产学研合作项目内容、实施方式、绩效评价方式等的系列变革。

二是渗透性。行业特色院校核心竞争力的形成依托学校长期行业办学的历史，以及新时期学校与行业、区域之间形成紧密型的合作关系，并使这种合作全面渗透到人才培养、科学研究、社会服务、文化传承等各个方面，形成具有鲜明特色的办学模式。强渗透性决定了行业特色院校人才培养模式、科学研究、社会服务等的变革不仅仅是操作层面或个别领域的优化调整，而是在办学理念与办学机制层面共识的形成与制度的确立，通过文化涵化与机制保障为行业特色院校事业的可持续发展奠定良好的文化土壤与制度基础。强渗透性使得这种创新与变革具有较强的内在逻辑规制性，能够更好地遵循高等教育事业发展的规律和产业发展的规律，更好地形成发展的合力。

三是稳定性。强稳定性是指行业特色院校核心竞争力的建构依附于一个相对稳定和完善的机制，即通过行业与区域要素的传导实现办学相关内容的调适、优化与升级。虽然行业或区域要素有大小强弱之分，也有正面作用与反面影响等的区别，办学相关内容的调适与变革也有力度、强度、进度等的差异，但竞争力生成架构具有较强的稳定性，它是学校长期办学传统与办学经验的总结，不会因为办学环境的改变、办学内容及要素供给方式的变化等产生连带影响。这种架构的确立，也为行业特色院校的又好又快发展提供了可持续的动力保障。

四是整合性。强整合性是指行业特色院校核心竞争力的形成与表征不是人才培养、科学研究、社会服务效能的简单相加，它是一种聚合与裂变的反应过程，是办学各个环节、各个门类、各种资源高度整合、综合作用的过程，是一个体现制度张力的过程，是办学内在关系理顺、办学资源优化配置、办学效能集中彰显，最终转化为办学水平与质量提升的过程。行业特色院校的核心竞争力最终表现为一种综合竞争优势。

---

① 资料来源：中国高教学会、新世纪教育研究所 2009 年规划课题"吉林省高校合并调整经验实证研究"研究成果及长春工程学院网站。

五是发散性。行业特色院校的核心竞争力具有较强的发散性与辐射性特征，这与行业特色院校所长期从事的教学与研究工作存在密切关系。核心竞争力涵盖了从办学理念到办学策略、办学文化内涵到文化标识等的各个方面。如作为一所特色鲜明的艺术院校，浙江传媒学院身上承载与散发着独特的文化使命感、文化责任感、文化创新激情与文化创意动能，从某种程度上，这种文化基因也深深反哺到与学校事业发展唇齿相依的传媒行业中，促进传媒产业及区域经济文化的发展。从文化发散到文化交互与融合，学校与行业、区域会形成更加契合的合作关系，双方在互助中更好地实现双赢。

三　行业特色院校核心竞争力的构成要素

行业特色院校核心竞争力由人才培养质量提升能力、学术创新能力、产业融合及贡献能力、文化传承及浸润力、管理模式及治理结构优化能力等要素组成。

一是人才培养质量提升能力。学校人才培养质量是其办学质量的最重要体现之一。学校人才培养质量的考察指标主要分布在人才培养过程及人才培养绩效两个方面。前者考察人才培养方案的科学性、教学质量运行及监控体系的完备性等指标；后者则关注学生课业成绩的整体分布、在各级各类比赛中的获奖率、学生就业状况以及社会评价系统等组成。比如在浙江传媒学院的人才培养质量考察中，在上述指标以外，学校同时关注一些特色性指标。其一是生源质量。浙江传媒学院的艺术类生源都要经历省考三试、部分专业考生还要增加校考三试，经历多轮、多层次选拔后的生源状况是学校人才培养质量提升的重要基础，而且学校作为艺术类考试的主试单位，对艺术类考试的标准、方法、模式设计等具有较大的自主权，具备通过优化制度设计、科学完善指标体系，提升生源质量的条件。同时生源质量不仅仅体现招生批次上，同样其招生的区域范围也将为其生源质量的提升提供重要的基础。其二是人才规格。在人才规格的设计与考察中，行业特色院校在考察人才培养的类型、层次的同时，要把人才规格与行业发展的匹配度作统筹考量，尤其是在当前行业转型升级的大背景下，新技术、新发明、新理念深刻推动着行业新一轮发展，如何实现人才培养与行业进步同步升级乃至适度超前是其核心竞争力建构的重要内容。人才培养质量是对人才培养绩效的整体考核，既体现在其课业评价标准的直接呈现上，也体现在对其对应的就业岗位胜任度、对行业发展的有效贡献率等信息的反馈收集上。比如浙江传媒学院增加了毕业生行业贡献率的相关考察内容，对毕业生在中国新闻奖、长江韬奋奖、中国金话筒奖、中国金鹰奖等其他各类赛事中的获奖状况，将毕业生成长为行业领军人物和行业骨干人物等的状况作为人才培养质量的有效反馈与衡量尺度之一。

二是学术创新能力。学术创新能力包括师资数量与结构、学科专业建设情况及竞争能力、科研成果产出率及质量等三项指标。在学术创新能力的各项指标中，在强调传统的师资队伍的数量、职称结构、学历结构、年龄结构等要素的基础上，要重点关注具有行业背景与行业实践经历、具备行业成果的双师型师资队伍在师资整体数量中的比重，注重现有师资行业培训、挂职等实践经历的覆盖面等特色指标的考察。在学科专业建设情况及竞争能力建设这一条目中，既要考察整体的学科建设的综合实力，同时更要厘清行业特色院校在长期行业办学中所积淀的特色学科、优势学科与专业的整体素质及其在国内同类学科及专业中的竞争实力对比。要注重在新技术飞速发展背景下，新兴学科与专业的培育与成长状况，关注新学科与专业的生长机制的建设与完善情况等；关注学科协同、学科整合所带来的倍增效应等。科研成果产出率及质量是衡量学校学术创新能力的基本指标之一。其一要关注科研项目产出的数量与质量，并根据学校办学层次的不断提升动态调整其权重比例；其二要关注科研成果与行业领域关联度与贴合度，关注科研成果的前沿性，与行业最新发展态势的契合度；其三是关注科研成果的应用型特征，推动科技成果转化的现实基础及其对行业和区域发展的潜在贡献率等。

三是产业融合及贡献能力。产业融合及贡献能力是行业特色院校特别注重的指标体系之一。它主要包括产学研合作体制机制的建设状况、产学研合作及产业融合的现状、产业融合对行业进步及区域经济文化的贡献力等几个层面的问题。对行业特色院校产业融合及贡献能力的考察，需要重点关注基于可持续发展的产学研合作的制度建设，一是制度的健全性，既要完善促进合作的相关制度建设，也要关注防范与化解风险的制度建设；既要形式层面合作制度的建设，也要注重激发合作动力与促进机制完善的制度建设。二是制度的适应性，考察产学研合作是否真正适合产业的发展要求，符合行业特色院校的发展定位，是否具有可操作性。三是制度的伸展性，也就是制度的张力，考察制度能否适应产业动态变化的考验。要关注具有行业特色院校特色的产学研合作模式的探索与培育状况。当前校企合作呈现出很多新的特征：技术创新引领产业跨越代际的革命性升级，同时市场的充分发育让校企合作更加走向规范化与法律化，市场规则与行政牵线之间的关系面临着新的调适。要考察行业特色院校如何立足市场运行发展的规律，构建新型校企合作关系。要综合评估产学研合作及产业融合的现状，既要考察行业特色院校对行业资源的利用状况，更要关注校企之间资源整合，发生化学反应，放大合作成效的状况；既要考察产学研合作本身的成效，也要关注产学研合作在教学、科研以及文化传承中的沉淀度及附着性，对教学科研及文化传承工作的带动作用等。行业话语权体现了行业特色院校在行业与区域发展中现实贡献率，其主要指标为在行业与区域发展重大理论与实践命题中的参与程度、政策建议被采纳的数量，校企合作对行业产业项目带来的利润增值额度等。在这里，需要综合评估软性的文化效益与可测量的经济效益之间的状况，以便科学反映行业特色院校的产业融合及贡献能力。

四是文化传承及浸润力。行业特色院校有着自身鲜明的文化特色，这种文化特色源于长期行业办学及转制后与行业区域共融所形成的文化传统。它带有行业富于创新、富于激情、敢于吃苦、秉持社会公义的文化特征，也有区域独特的文化内容，贯穿到学校教学、科研、人才培养、社会服务乃至后勤保障工作等方方面面。通过文化基因的传承，文化的潜在滋养力、浸润力的渗透，提升学校的整体办学实力。对于文化传承及浸润力的考察，其一，要考察是否形成明确的办学理念、文化精神等核心价值，是否有代表学校办学特色、传递办学精神的校训、校标等，学校的 CI 形象系统建设的水平与质量，校园建筑、小品等的设计风格是否体现了学校的文化内涵。其二，对教风、学风、校风的综合评价，包括对学术道德风气、廉政文化建设水平的考察等，对三风等的评价，主要不涉及文化特质层面的问题，而更多是对文化规范、文化操守、文化底线等的关注与思考。对其考察可以依赖学校业已成熟、常态进行的三风建设评价标准。其三，学校文化感召力、影响力的评价。包括师生员工对学校文化的感知、理解、认同以及转化为实际行为的状况，对学校外在文化形象、文化影响的综合评判等，具有标的物不可测以及难直观量化等特征，可以尝试通过专题问卷调查等方式进行评价。

五是管理模式及治理结构优化能力。在长期的行业办学历程中，行业特色院校形成了具有自身鲜明特色的管理模式，在某些方面还带有企业运行的痕迹。比如对一些办学行为的即时反应性，对教学或其他工作失误的直观呈现与及时纠偏机制等，管理体系中同类项合并、职能整合、流水作业等方式。甚至在转制后的相当一段时间内，很多行业特色院校仍然没有简单沿袭其他高校的学院制、分权二级管理模式，而是仍然采用相对集权的整合式管理模式，便于最大限度地汇集学校优势办学资源，集中开展项目攻关。在新的发展形势下，需要对原有的做法进行系统评估，不断予以完善。当前对行业特色院校管理模式及治理结构优化能力的考察，第一项指标是是否建立与完善现代大学制度，遵循大学内部治理的通行规则，同时又恰当地保留与发扬了长期行业办学所积淀的组织优势等；其二是现行的大学管理模式是否真正激发了体制机制活力，对促进资源的优化流动，缩减行政壁垒成本，激发工作主体的创造性与主动性发挥了重要的作用；其三是考察学校管理模式及治理结构的自我优化调适能力。大学管理是一个复杂体系，既具有知识管理的特征、又兼有行政管理的痕迹，处于一个动态变化过程中。学校管理模式及治理结构的自我优化调适能力是指对一些办学情况的变化能够及时做出有效的应对，具有良好的制度感知度、具有适时调整与完善的能力，可以为学校事业的发展提供与时俱进的保障与支持。

第三节　行业特色院校核心竞争力提升策略

提升行业特色核心竞争力要树立协调发展、特色发展、内涵发展等先进办学理念；通过建立创新人才培养方案、构建创新人才培养平台、完善创新人才培养体系、拓展创新人才培养视域来系统创新人才培养模式；进一步优化学科结构、构建良好学科生态、完善学科保障机制，不断提升学科建设水平。

一　树立先进办学理念

办学理念是对大学的办学定位、价值追求、文化特征、发展目标及运行策略等的理性认识与看法，体现了办学的基本指导思想与办学主张，它具有导向、凝聚、激励、展示与规制作用。"大学办学理念是指大学人对大学如何运作所形成的理性认识，理想追求及其有关的大学教育思想观念。在本质上，办学理念是指要把一所大学办成什么样的大学。"[1]

一是协调发展理念。协调是一个宏大命题，既可以作为顶层设计的重要内容，也具有操作层面的指导价值。行业特色院校的协调发展，主要有三重含义：

第一，要实现与行业进步、地方政治文化发展的协调。比如从浙江传媒学院的发展来看，近几年来，伴随着信息技术的飞速发展及我国文化体制改革的深入，我国传媒及文化产业呈现出剧烈变革的态势。数字化、网络化传播高新技术的快速发展突破了传统媒体行业内部以及与电信、移动等相关领域之间的技术壁垒与市场分割。广电网、电信网、互联网三网融合的发展势头不断增强。网络电视、手机电视、移动多媒体广播电视等新兴媒介形态不断出现。传媒机构的市场化、企业化转型实现了新一轮传媒生产力的激活与释放。传媒产业链的疏通、整合与开发，上中下游产业平台的构筑、衍生产业的孕育和开发改变着传媒产业经营与发展的版图。浙江省文化产业发展规划（2010—2015 年）提出了构建"一核三极七心四带"的文化产业总体布局，重点发展文化创意、影视服务、新闻出版、数字内容与动漫、文化会展、文体休闲娱乐、文化产品流通、文化产品制造等八大重点产业。中共浙江省委关于认真贯彻党的十七届六中全会精神，大力推进文化强省建设的决定明确提出了文化强省建设的"三大体系"、"八项工程"、"十大计划"，指出要推动文化产业成为国民经济的重要支柱性产业。浙江传媒学院在办学层次、办学规格、办学规模等办学定位、办学目标设计中，要与未来我国传媒及文化产业发展、浙江文化强省建设的人才需求层次、结构、规模相匹配；在学科与专业布局中，充分兼顾到新时期传媒及文化产业内容、形态、管理与运行机制的相关内容，兼顾浙江省重点发展的文化产业门类；在人才培养模式改革中，要更好地把握好新时期传媒人才培养的特征，尤其充分考虑到融媒体、全媒体人才培养走向等；在学校产学研合作项目的建构中，要更加注重把握传媒新经济发展的轨迹、产业创新的路径等。通过对行业以及区域传媒及文化产业发展规律的深刻把握，踏准甚至适度超前行业与区域发展的节奏与方向，实现浙江传媒学院发展与行业进步、地方政治文化发展相协调。

第二，要实现学校内部各项事业发展的协调。学校是一个综合办学系

----

[1]　陈利民：《哈佛大学的办学理念》，华中科技大学博士学位论文，2005 年。

统，其效能的提升有赖于各个子系统之间通过高度协作形成聚变反应。行业特色院校内部各项事业发展协调主要包括要实现人才培养、科学研究、社会服务和文化传承四项职能的协调；要疏通与解决上述相关工作之间存在的壁垒与冲突，合理确定各项工作的职能边界，使四项职能的发挥形成合力；要协调好学校事业发展规模、结构、质量、效益的关系，实现学校规模发展、结构优化、质量提升与效益改善之间的同步升级，绝不能因为单纯扩大规模而忽视质量提升，进而稀释竞争力；要协调好学校发展的质量、速度与师生员工的承受度之间的关系，既形成体制合力、又形成情感合力。比如随着高等教育的扩招，很多行业特色院校都建设了新校区以求发展，有些学校还尝试了跨区域异地办学，如主校区在浙江杭州的中国美术学院在上海、浙江传媒学院在嘉兴桐乡都有校区，异地办学不仅带来办学成本的增加，还给师生员工生活学习带来诸多影响，行业特色院校应对异地办学做出全面的调研与论证，要充分听取基层一线教职员工的意见与建议，在交通保障、异地校区配套设施建设等方面做紧密细致的规划，确保异地办学平稳运转，真正实现学校事业的跨越式发展。

第三，要实现学校物质建设与精神文明建设的协调。行业特色院校不仅直接为社会创造物质财富，同时也是社会精神财富的重要辐射源。在校园建设中，行业特色院校不仅应注重基本设施、实验条件等的完善，同时要注重特色文化、精神内涵的塑造与张扬；在对外合作中，不仅要注重重大行业技术创新对行业的拉动作用，也要注重多样文化内容、文艺样式等社会文明的涵养作用，先进文化对社会进步的引领作用等；既要注重社会主义文化、社会主义核心价值体系的传播与推广，发挥好行业特色院校的"中介平台"作用，也要注重优秀文化产品的创造与生产，进一步凸显行业特色院校的"文化创新"、"文化生产"基地的职能。

二是内涵发展理念。内涵发展是十余年来我国高校办学的主流话题。在当前，强调"内涵发展、质量提升"对处于跨越式发展的行业特色院校而言，有着更加重要的意义。在全国高等教育加快发展的背景下，行业特色院校需要理性克服盲目抢占办学地盘、切分生源份额的扩张冲动，始终坚持以质量、特色作为获取教育话语权，构筑教育竞争力的基点。扩大办学规模要以现实办学承载量为基础，不能以稀释办学资源、牺牲办学竞争力作为规模扩容的代价。行业特色院校在建设新校区过程中，应牢固树立"以内涵发展、质量提升引领规模扩容，以规模扩容助推内涵发展、质量提升"的理念，根据质量第一的原则，对专业拓展的方向、规模、速度，师资的培养与储备等做出全方位的超前规划。内涵发展理念回答的是学校的发展方式的问题，本质上也是发展的动力机制问题。内涵发展深刻影响到学校办学的每一个微观进程，是由办学理念创新所引领的办学组织实施创新、绩效评价创新等的系统性连锁反应。对于内涵发展理念，一是要做好"宣传"工作，解决思想共识层面的问题；二是要做好"落实"工作，解决好组织实施的问题；三是要做好"反馈"工作，解决好不断完善、绩效提升的问题。

二　构建文化生态系统

大学文化是大学的根基和血脉，是中国特色社会主义先进文化的重要组成部分[①]。从微观上而言，大学文化是学校软实力的生动体现。区别于一般校园文化建设的概念，构建文化生态系统，有三个方面的主要支点：一是必须明确文化生态系统的生态位，即明确大学文化生态系统由哪几部分组成；二是明确文化生态系统的物质循环与能量流动方式，即如何形成大学文化建设各要素的合力；三是明确大学文化生态系统的外循环路径，即如何实现大学文化建设与学校各项事业发展相协调。

关于文化生态系统的构成。生态系统有其自身的运行规律，它通过能量交换，使生态系统的结构与功能保持相对稳定的状态，生态系统中的生产者、消费者、分解者具有自身的角色定位。大学文化生态系统有以下鲜明特征：一是它并不以能量的损耗来维持生态系统的平衡，而是体现出一种文化的累加效应，通过文化增值来实现生态系统整体发展水平、发展量级层次的提升；二是文化生态系统的生产者、消费者、分解者更多地可以理解为大学文化的创新源头、大学文化繁荣的共享主体及大学文化繁荣的共享主体对创新文化的再提升、再发展等。从本质上，三者具有同一性，通过循环往复作用，促进大学文化生态系统能量流动与创新要素激发。

大学文化由大学精神、管理文化、校园环境文化及大学形象设计系统等组成。它由所有的大学师生员工共同参与创造，共同拥有并接受文化砥砺，共同在实践中予以提升发展。大学精神是高校在长期办学进程中所积淀而成的核心价值理念、文化气质及精神追求，是大学发展的文化基因与

---

① 王少安：《试析大学文化的内涵、特色和功能》，《中国高教研究》2008 年第 5 期。

精神内核。这种文化精神往往以校训、校园精神等具象形式予以归纳和总结。行业特色院校立足自身所处的行业办学环境及服务面向，往往具有独具一格的校园精神和特色校标，它引领并潜在规制着师德师风建设、学风建设等，成为激励师生员工不断进取的精神内容。管理文化指的是大学在日常运行中的管理理念与行为操守规范等。行业特色院校的管理文化沉淀与浸染着行业的特色文化基因，比如强调实践性，在尊重通行规范的情况下，形成鼓励动手、创新实践的制度空间与文化土壤；强调包容性，以海纳百川的胸怀集聚各方资源，发展事业。以浙江传媒学院为例，该校近几年来面向国内外不拘一格吸纳人才，一大批来自全国各地的知名人才加盟学校，其中既有名牌院校的优秀学者，还有传媒业界的精英，甚至有社会知名传媒制作人；同时，在尊重办学规律的情况下，学校给予一些创新性办学实践活动更大的"试错"空间。校园环境文化传导着大学的独特办学理念与办学风格等。行业特色院校的校园环境和人文景观一般都具有浓郁的行业特色，无论是整体校园的风格设计、还是校园小品的布局，都灌输着特定的文化追求。如农林类行业特色院校注重校园植物空间营造和园林景观建设，工程类行业特色院校楼宇建筑往往透着一股严密的逻辑气息，艺术类行业特色院校的校园环境则充满着浪漫和想象。如中国美术学院象山校区，朴素的砖墙、简单的砌筑、花草森林、宽大走廊、水边小屋，融建筑、空间、园林绿化、自然环境于一体的校园设计充满诗性迷蒙，彰显了美术学院特色；浙江传媒学院在学校主广场上设置了"金话筒"奖、"长江韬奋"奖、"奥斯卡"奖、"金熊"奖、"金鹰"奖、"金鸡百花"奖的奖杯模型，每天激励着新一代传媒人奋发努力。

关于文化生态系统内循环合力机制的建构。这一建构旨在形成大学精神、管理文化、校园环境文化及大学形象设计系统等要素之间相互作用、互相促进的运行体系。在合力机制建构中，要始终遵循以下主要原则：一是要坚持多维渗透原则。大学精神、管理文化、校园环境文化及大学形象设计系统之间存在着紧密的关系。大学精神是学校管理文化建构的重要依据与内容来源，鲜明地勾勒出大学精神延展的逻辑轨迹；而校园环境文化及大学形象设计系统则是大学精神与管理文化的物化体现。坚持多维渗透，就是不能满足于大学文化各要素之间的单向或双向交流，而是要构建立体化的，协同演进、深度融合的发展模式。比如浙江传媒学院结合学院制改革的推进，对学校的管理架构、管理理念与管理文化进行了新的梳理与总结，并使管理文化的创新发展与新时期学校精神的凝练与发展形成了高度的契合，进一步丰富了学校精神的内涵，增强了学校精神的内在支撑，并通过大学新章程制定的形式让办学精神进一步得到巩固与提升。浙江传媒学院在桐乡校区的设计与建设中就全面体现了"乌檐绿瓦、画意江南、创意文化、雅致灵动"的气质，并使这种建筑设计与校区形象识别系统的建设风格融为一体，而这种"诗化江南"写意风格的塑造又进一步诠释了传媒文化的内在特质，与传媒精神的张扬融为一体。二是坚持逻辑路径规整原则。当前校园文化生态系统建设中存在的很大的问题是过分注重校园文化的丰富性、多样性、时尚性乃至新鲜感，盲目追寻与炒作一些流行文化符号，或者移植时尚文化概念，频繁变换学校文化定位等，使一些校园文化活动与大学精神的建设流于低俗化、奢侈化，过分注重形式美感，忽视精神内核的传承与发展。新时期校园文化生态系统建设必须坚持逻辑路径规整原则，始终坚守文化建设的价值取向与精神底线，确保校园文化建设的科学方向与合理路径，使大学精神、管理文化、校园环境文化及大学形象设计系统等各要素实现协同正向倍增效应，而不陷于方向迷离，或者呈现要素冲撞与抵消效应。三是坚持有效整合原则。在校园文化生态系统建设中，要坚持要素整合，强强联合，优化资源配置，提升资源使用效能，构建有力的品牌，进一步增强文化感召力。要避免"撒胡椒面"，均衡分配资源，导致校园文化建设"特色不'特'，重点不'重'"。

关于文化生态系统外循环合力机制的建构。这一建构旨在解决校园文化生态系统建设与学校人才培养模式改革、科学研究创新、产学研合作推进、管理机制变革等的协调问题，发挥学校的各项事业发展对校园文化建设的促进作用。一是发挥行业对校园文化的独特孵化作用。行业产业本身即是一个丰富的文化系统，承担着文化传承、文化创新和文化繁荣的重要使命。行业产业在长期发展中砥砺形成的价值追求、审美判断、文化取向等对行业特色院校的文化建设具有独特的影响与作用。一方面，它赋予学校文化建设新的时代要素与文化因子，为校园文化建设输送精神养分；另一方面，也为校园文化建设提供了良好的物质基础等。在长期的行业办学中，行业特色院校高度与行业的文化交流与交融。如中国传媒大学、浙江传媒学院等传媒类院校，经常邀请央视等一线的传媒先进典型介绍他们的工作体会，常态性地组织师生开展与业界对话活动，就文化多元化背景下的媒介责任与使命，新时期传媒品格、文化创意与创新路径等展开深入沟通交流，吸取业界的精华。学校尤其注重利用好产学研合作平台，在传递业界最新发展动态、开展技术合作的同时，构建强有力的文化交流沟通渠道。二是发挥科学研究对校园文化的潜在滋益作用。学校科学研究活动的开展，不仅会提升学校层次、拓展学校视野；同时，由科研活动所带动的学校注重创新、注重理性、注重协作、注重规律、注重奉献等氛围的形成，对于良好的校园文化氛围的形成具有直接的助益作用。另外，科学研究对于新时期学校文化发展的一些重大理论及实践问题的理性思考与判断，对于进一步明确高校文化建设面临的形势与挑战，把握文化建设发展的规律，探索文化发展的创新路径也具有直接的推动作用。在新时期，行业特色院校要形成尊重知识、崇尚科学，推崇探索、宽容失败，鼓励竞争、倡导合作的创新氛围，形成求真务实、严谨自律的治学态度和学术风气，反对思想浮躁和急功近利。积极倡导相互鼓掌、"在成就他人中成就自我"的团队文化，以助人容人的雅量和着眼全局的胸怀，在为学校事业发展做出贡献的同时，实现个人的全面发展。三是发挥管理创新与校园文化建设的互相促进作用。管理创新激发了体制活力，进一步激活了人的创造力。管理创新中管理理念的变革、制度的重构、利益格局的重新调适，从广阔的层面来讲就是一种文化的变革与洗礼，管理创新的本质就是文化创新，管理创新的同时也直接带动了文化运动方式、文化评价方式等系列变革。在管理创新的视野中审视校园文化的发展与进步，寻求两者的结合点，一是要做到管理变革的路径要符合文化创新的方向，减少改革的盲目性；二是在管理变革的过程中要通过文化力量的发挥减少改革摩擦，凝聚改革共识；三是管理创新要有效地激发办学的文化动能，彰显文化张力；四是管理改革进程中要实现个体文化活力增强与群体文化水平提升的有效结合，全方位地激发文化潜能，形成文化合力。

三　完善内部治理结构

长期以来，行业特色院校在办学进程中形成了具有鲜明特色的管理模式。这种模式遗留了很多行业的印痕。新时期行业特色院校内部治理结构的完善，有着双重取向：一是要尊重高校办学规律，建立与完善现代高校管理机制；二是要进一步探索与形成具有行业特色、行业优势的一些创新管理方式，形成差异化的办学优势。

第一，优化高校管理机制。

　　管理机构的设置要与事业发展阶段性重点相匹配。当前，高校职能机构大都按照工作门类设置，一般都分为学生管理、教学、科研、对外合作、人事、国际合作、国有资产管理、校园建设、后勤服务等职能部门。管理门类较为健全，但其中的管理层级也相对复杂，协调难度高。在新的历史时期，高校要结合自身的办学现状，尤其是所处的办学阶段，对管理体系、工作分布做优化整合。行业特色院校划转后新校园基本建设大多初步完成，学校事业发展转入内涵建设阶段，对学校综合保障等职能进行优化整合，能减少部门壁垒。学校应对教学、科研、学生、社会服务等工作职能进行重新梳理，规避某一工作多头负责的状况，进一步明确权责，形成精简高效、快速反应的扁平化管理机制。学校尤其要注重建立重大公共性事务的常态化协作平台，完善公共性事务的处理及应对机制，最大限度地集约资源，提升决策效率。在管理职能的梳理及管理机制的创新中，行业特色院校要根据自身的办学特色，高度重视产学研合作相关职能部门的建设，并把产学研合作从单一的产业转化项目承接扩展为人才培养平台的建构、科学研究项目对接、国际化办学拓展、产学研转化等多项职能，建立与行业全方位的合作关系，适应与满足新时期行业特色院校办学的需要。同时学校结合行业人才的培养诉求，大力加强第二课堂校园文化、第三课堂社会实践建设，将二、三课堂的建设统一归口，加强领导，创新形式，形成与第一课堂高度融合的培养机制。优化高校管理机制还需进一步完善二级管理体制。二级管理是大学发展到一定阶段后的必然选择。完善二级管理体制就要着眼于最大限度地激发二级办学的活力。行业特色院校在二级管理中要始终秉持"规范"与"创新"两大原则。"规范"在于明确二级管理的权责界限，真正落实二级财权、事权、人权，体现责任与义务一体，最大限度地激发二级办学的活力。比如二级学院可以根据自身的办学基础与条件，制定符合实际的二级分配政策；学院具有自主选聘教职员工的权力；在政策与法律框架内自主创收、自主分配的权力等。在"创新"方面，针对行业特色，学校应在对外合作、行业协同等方面给予二级学院更大的自主权，鼓励其立足自身学科与专业特色，开展多种形式的对外合作，与行业建立全方位的紧密型合作关系，学校在资金供给、实验设施安排、人员工作量计算及考核方式运用上给予大力支持。鼓励学院探索具有自身特色的学科组织模式、人才培养模式等，比如尝试建立基于学术的团队型组织结构，以教学团队、研究团队作为二级学院的基层组织架构，进一步疏通学术资源流动渠道，构建资源集聚平台等。通过管理创新激发科研创新、人才培养模式创新的动力。

第二，完善绩效考核机制。

科学的绩效考核机制的建立，对学校内部治理结构的完善具有重要意义。新时期完善绩效考核机制的一个重要前提是更好地探索与实现办学决策权、执行权与监督权相分离。通过建立科学的权责框架，为绩效考核提供政策界限、制度依据与文化基础。完善绩效考核机制，要实现由过程管理向过程管理与目标管理兼备转变。过程管理的优点是考核更加微观直观，缺点是在某种程度上束缚了被考核对象的自主性与创造性。当前大部分行业特色院校都已经实行目标考核制。浙江传媒学院长期以来也一直实行以过程管理为主的方式，在校内管理体制改革中，学校结合自身鲜明的传媒办学特色，提出过程管理与目标管理兼备的考核方式。对于一些可以通过数据量化比对来科学衡量办学绩效的指标内容，实行目标考核，比如科研项目立项及获奖数量、层次的考察；精品课程数及重点建设专业数量的考察；人才队伍数量、结构素质等的考察；学生就业率及就业质量的考察等。对于一些具有鲜明传媒特色，缺乏有效判断、比对及考察模型，目标监测标的物不明显的指标，则强调过程管理的应用。比如对传媒创新人才培养模式的考察，就更为注重对人才培养过程中创新性理念、创新性方式等的运用与介入程度的考察，不简单地以人才培养的短时绩效作为评判依据。完善绩效考核机制，要建立分类考核的评判标准。根据行政管理、教学科研、教学辅助、后勤管理等不同岗位的特征与要求，建立详细的分类考核标准。行政管理岗位重在考察行政工作人员的行政理念与服务意识，执行力强弱及其对教学科研的现实助推度；教学科研岗位主要考察其教学质量与水平、科研能力，尤其是育人的现实成效，包括对学生思想、人格、审美及其综合素质的培养成效等；教学辅助岗位主要考察其对日常教学科研工作开展的保障水平与质量等；而后勤管理岗位的考察依据则是师生的满意度水平，包括其服务意识、服务态度、服务能力等指标。完善绩效考察，要加强特色项目在考核整体权重中的份额。特色项目是构建办学差异化竞争力的重要依托。行业特色院校在绩效考核机制建设中，要高度重视特色项目的培育、保护、传承与发展壮大，给予特色项目以全部考核后的额外权重，并将特色项目的考核延伸到办学的各个门类。

第二部分　内涵建设

第五章 行业特色院校学科建设的
改革与创新

学科建设是现代大学发展的永恒主题，高校学科建设水平是衡量高校办学水平的主要标志。作为一项基础性、全局性、关键性工作，当前高校之间的竞争本质上是学科内涵与学术水平的竞争①。学科建设直接牵引着教学改革、人才培养模式创新、校园文化塑造等各个工作的实施，深刻影响着高校办学的每一个环节。以学科建设为龙头，不断提升学科建设水平是行业特色院校办学的一个永恒主题，贯穿于办学的始终。

第一节 当前行业特色院校学科建设
面临的挑战及机遇

一 高等教育内涵式发展对学科建设提出新要求

我国正处于由人力资源大国向人力资源强国迈进、由高等教育大国向高等教育强国转变的重要时期。2010 年 7 月，全国教育工作会议强调要树立以提高质量为核心的教育发展观，坚持规模和质量的统一，注重教育内涵式发展。党的十八大报告明确指出，推动高等教育内涵式发展，把立德树人作为教育的根本任务。所谓内涵式发展，《国家中长期教育改革和发展规划纲要（2010—2020 年）》明确指出，就是要提高人才培养质量、提升科学研究水平、增强社会服务能力、优化结构办出特色。这为通过整合学科资源服务人才培养、科研创新和社会服务指明了方向。为了落实规划纲要提出的任务，贯彻胡锦涛同志在清华大学百年校庆上的讲话精神，教育部、财政部联合启动实施高等学校创新能力提升计划，即"2011 计

---

① 张海峰、陈卫、高卫东、陈坚：《推进优势特色学科建设的实践和思考》，《中国高校科技与产业化》2011 年第 12 期。

划"。该计划对高校提出了人才、学科、科研三位一体提升创新能力的核心任务。目的是围绕重大科学问题和国家重大需求，增强人才培养、学科建设、科学研究三者之间的协同与互动，增强创新要素的有效集成，增强高校创新能力发展的导向性，提高投入与产出的效益。而学科建设是协同创新的基础，由此确立了学科建设在高校办学中的龙头地位与中枢作用。对于行业特色院校而言，长期的行业办学在其学科建设上留下了深刻的烙印。一方面，由于与行业的密切关联性，行业特色院校普遍形成了与某一产业紧密结合的学科群，学科的整合性、应用性功能得到了较好的体现，学科建设对于专业建设、人才培养模式改革、社会服务机制创新等的引领作用明显。形成了一批在行业内具有差异化竞争力，具有较好品牌辐射效应的"学科集群"，成为促进高校内涵发展的重要动力引擎。但另一方面，一些行业特色院校在转制后的定位误区等，也对其学科建设带来了一定的消极影响。一是学校盲目向综合性大学转型，意图建设大而全的学科体系，外生性增长、外延式发展占据了学校事业发展的"核心地位"，在学科建设上也出现了片面求大、求新、求全的导向，学科资源进一步分散，原有的优势学科的资源集聚能力下降，优势与品牌学科的竞争力呈现离散化的态势。二是行业特色院校转制后部分高校与行业关系的尚未理顺导致其传统优势学科与行业的互动减少，接地气不足、联天花板不顺，行业的最新发展态势、技术演进的路径与行业特色院校的学科建设呈现出明显的信息不对称，行业的项目资源、资金支持明显不足，高校与行业企业在重大创新项目研发、高层次人才培养、实践实训场所建设等方面的"点对点合作"模式受到较大影响，高校传统的产学研一体化的办学优势进一步弱化，导致行业特色院校学科建设供求平台的驱动效应不足，对学科建设质量与水平的提升带来直接影响。三是行业特色院校自我学科创新机制建设有待加强。长期以来的行业办学，使很多行业特色院校形成了行业出题的订单式科研创新机制，重大科技创新与学科建设的内生动力不足，科技创新的自我发展、自我改革、自我超越的良性循环机制尚未建立。尤其在传统学科面临全新的技术发展要求与发展背景的情况下，对边缘性学科、新兴学科、交叉学科建设的关注不足及建设乏力严重制约了其学科话语权的提升。如何适应行业的创新发展诉求，如何匡正学科建设在高校办学全局中的地位，如何通过行业特色院校办学的科学定位实现学科的良性发展，如何通过学科建设引领行业特色院校人才培养模式、社会服务体制机制等的转型升级，既是高等教育内涵式发展的要求，也是内涵式发展的重要主题。

二 行业的快速发展为学科建设提供新机遇

党的十八届三中全会审议通过《中共中央关于全面深化改革若干重大问题的决定》。全会明确提出，经济体制改革是全面深化改革的重点。其核心问题是如何处理好政府和市场的关系，使市场在资源配置中起决定性作用和更好地发挥政府作用；坚持和完善基本经济制度，加快完善现代市场体系、宏观调控体系、开放型经济体系，加快转变经济发展方式，加快建设创新型国家，推动经济更有效率、更加公平、更可持续发展；以经济建设为中心，发挥经济体制改革牵引作用，推动生产关系同生产力、上层建筑同经济基础相适应，推动经济社会持续健康发展。改革的深入将为我国产业的转型升级提供全新的路径，将构建全新的产业发展方式，事关国民经济命脉的产业门类重大核心技术的突破，产业组织与运行管理方式的创新，新的市场体系与市场竞争规则的确立，将构建全新的产业发展版图。与之相关联的，对口行业特色院校的重点学科的研究领域、方向与门类的全新界定，重大科研项目协同创新机制的确立，学科资源要素配置、学科组织管理、运行机制的创新也成为一个急迫的课题。体制改革、市场发展将为行业特色院校的学科建设注入全新的生机与活力，带来最强大的学科建设制度创新的动力，在提出最好的发展机遇的同时，也对其自我发展能力、适应能力提出了更高的要求。比如2014年8月18日，习近平总书记主持召开中央全面深化改革领导小组第四次会议，会议审议通过了《关于推动传统媒体和新兴媒体融合发展的指导意见》。习总书记强调，要着力打造一批形态多样、手段先进、具有竞争力的新型主流媒体，建成几家拥有强大实力和传播力、公信力、影响力的新型媒体集团。传媒类行业特色院校如何适应传播技术创新与媒体融合大趋势？围绕广电网、电信网、互联网三网融合的发展的需求，顺应数字化、网络化传播的高新技术迅速发展的方向，瞄准政府和行业重大需求，争取在若干新技术、新领域产出一批在国内具有重要影响的标志性成果，提高相关学科的学术水平和影响力，力争在学界、业界拥有较强的学术话语权，不断增强学科建设对传媒技术与文化产业变革的适应能力和引领作用，为打造新型媒体集团提供政策建议、人才保障及技术支持，这不仅体现学校的办学水平，体现学校的办学使命与责任，同样也决定着行业特色院校能否抓住办学的历史机遇，实现自身的可持续发展。同样，虽然由于受到经济发展大环境的影响，我国传统的煤炭、钢铁、冶金等行业面临着一些发展的难题，这同样也折射到这些门类行业特色院校相关学科专业的招生、学科建设等方面，但是很多时候在发展的危机中也孕育着生机，转型升级既是产业发展的"凤凰涅槃"，同样也是行业特色院校办学的重要历史契机。2013 年，国务院印发了《能源发展"十二五"规划》，明确提出坚持科技创新：加快创新型人才队伍建设，加强基础科学研究和前沿技术攻关，增强能源科技创新能力；依托重点能源工程，推动重大核心技术和关键装备自主创新；要优化能源结构：非化石能源消费比重提高到 11.4%，非化石能源发电装机比重达到 30%，天然气占一次能源消费比重提高到 7.5%，煤炭消费比重降低到 65% 左右。这对于能源类行业特色院校重点学科门类的转向、技术突破路径的转向等将带来深刻的影响。包括煤炭工作发展"十二五"规划、生物质能发展"十二五"规划、海洋经济发展"十二五"规划等的颁布出台，都将为行业特色院校学科建设提供重要遵循及发展机遇。

三　行业特色院校的快速发展为学科建设提供新机遇

综观行业特色院校转制后十余年的发展历程，虽然因为区位地理条件、原有的发展基础、所在行业的整体发展水平、区域政策环境等条件的差异，行业特色院校整体发展呈现出一定的不平衡性。比如处于经济发达地区、关联产业门类发展前景好、潜力大的行业特色院校获得了长足发展；而一些处于欠发达地区、要素供给相对不足尤其是其所负载的主要产业门类经营起伏大、市场前景不明朗的行业特色院校，则经历了更多的"转型阵痛"。但从总体上来说，行业特色院校在近几年的发展中仍然取得了明显的成绩。

一是行业特色院校的发展理念进一步厘清。发展理念决定着办学定位、办学目标等微观策略内容。在原行业院校整体转制后，行业特色院校经历了一段时期的"整体迷茫期"。一方面，面对着地方政府迫切地"贴地"诉求，并将此与办学资源供给紧密结合的情况下，原来以行业"见长"、"见优"的院校面临着如何更好地实现"行业"与"区域"兼容的发展命题。在经济结构调整走向深入的背景下，面对某一行业的产能过剩以及行业整体下行趋势的确立，行业特色院校是果断转换原有的产业门类、实现跨门类发展还是谋求在原有产业中发掘新的增长点困扰着行业特色院校的办学。另一方面，伴随着某一热门产业门类的勃兴，社会资源大量向该类高校集聚，也较易对行业特色院校的发展环境带来影响。比如在建设文化强国背景下，社会对高等文化艺术教育的关注度持续提升，同类学科与专业、同质化院校层出不穷，高校间"人才资源"争夺战不断出现，破坏了竞合秩序，极大地稀释了行业特色院校的办学优势。面对着复杂的发展背景，行业特色院校如何不乱阵脚、明确优势、厘清发展理念成为其转制后面临的首要命题。在经历了一段时间的彷徨乃至曲折发展后，当前学术界、教育主管部门和行业特色院校对转制后的发展路径与发展策略形成了一定程度的共识，行业特色院校必须要妥善处理"顶天"与"立地"的关系，即处理好服务行业进步与服务区域政治经济文化社会可持续发展之间的关系，既不能随意舍弃原有的学科与专业特色，也不能在转制后继续简单沿袭其服务行业的单一面向，要依据不同区域与行业特色，发掘两者之间的衔接点，有效探索"顶天"与"立地"之间的创新模式、路径与机制。行业特色院校要完成好由行业服务为主向行业服务与区域服务并重的调整任务[①]。北京石油化工学院院长郭文莉教授在《新时期行业背景地方院校特色发展研究——北京石油化工学院的探索》一文中也表达了类似的观点。同时，在转制后，行业特色院校要进一步拓展行业平台、凝炼行业特色、巩固行业优势，注重发挥行业对办学的内在支撑作用等观念也获得众多行业特色院校的认同。行业是划转院校的生命之源、学术之基、文化之母[②]。行业特色院校长期在行业内办学所积累和形成的办学传统、办学特色、办学优势始终是其发展之基，是其在新一轮高等教育竞争中拓展空间、赢得发展机遇、提升实力的重要依托[③]。

二是行业特色院校的办学规模等进一步扩张，整体办学实力得到明显提升。行业特色院校转制后的十余年，适逢我国高校扩招的大浪潮，高校土地置换、异地办学、集中兴办高教园区等工作大力推进，高校的办学空间得到进一步拓展。高校办学投入都得到不同程度的增长，行业特色院校社会化、多元化的资源供给体系逐步建立，政府常态财政拨款、专项经费

---

① 贺小飞：《新时期行业院校发展的战略选择》，《化工高等教育》2012 年第 1 期。
② 李继怀：《对行业划转院校发展路线的重新审视》，《现代教育管理》2010 年第 9 期。
③ 李文冰：《行业特色院校核心竞争力的内涵、特征及其实现》，《现代营销》2011 年第 11 期。

投入、学校产学研合作收入、社会公益性基金投入等形成相对稳定的供给格局。在多重利好的形势下，行业特色院校办学规模普遍实现了大幅增长，人才培养质量进一步提升，学科及专业特色进一步凝炼，新的学科生长机制进一步建立与健全，整体办学实力获得了长足进步。

三是具有行业特色院校鲜明特点的办学模式与办学机制进一步确立。虽然个别行业特色院校在转制后经历了盲目求大、求新、求全的误区，但我国绝大多数行业特色院校都能立足自身办学实际，扬长避短、凝练特色，探索形成了具有自身特色的好模式、好做法。比如一些行业特色院校探索形成了具有鲜明特色的科研成果转化机制，改变了传统的成果转让方式，对企业创新研发实行深度介入，将高校科研纳入到企业产品论证、立项、生产、销售全过程，通过建立无缝对接式的合作关系，极大提升了行业特色院校服务企业的针对性及有效性，历练了高校科研团队，促进了高校科研实力的增强。一些行业特色院校探索形成了卓有成效的产学研合作人才培养模式。改变学用脱节的人才培养模式，根据行业与地区经济社会文化发展需求完善人才培养目标、优化人才培养方案，实行立体化、开放式的人才培养机制，将人才培养具体环节与产业发展紧密对接起来，提升人才的适应性、创新性。还有一些行业特色院校积极探索新形势下省部共建的创新方式，探索在划转地方管理后如何保持、巩固与发展和行业企业之间的联系，如何建立、加强与地方政府的关系等，也取得了众多有益的经验。

划转十余年后行业特色院校的快速发展，为新时期的学科建设奠定了良好的基础。一是学校的办学定位明确，为学科建设的重点提供了遵循。经历了十余年的反复摸索，甚至是一些弯路与挫折，当前行业特色院校大都已经建立起与自己办学实际相贴合的办学定位、服务面向等发展目标，这些经历了反复论证与实践教训的目标在一定时期内具有相对的稳定性，这为学科建设目标的确立提供了扎实的平台与重要前提。二是办学实力的稳步增长为学科建设的提质升级提供了重要条件。行业特色院校办学规模的扩大、办学层次的提升等，为学科建设提供了更好的物质基础，学科建设的资金等要素投入更加丰沛、学科建设的平台更加广阔，重点学科对人才的吸引及汇聚能力进一步提升，大多数行业特色院校的学科建设正处于良好的发展时期。

第二节　当前行业特色院校学科建设
存在的主要问题

当前行业特色院校学科建设存在的主要问题，既有高校学科建设存在的普遍性问题，也有行业特色院校长期行业办学所积累的特殊问题。有些问题的存在与解决具有长期性，属于学科结构与学科内生增长方式的问题；而有些问题则需要在观念及意识层面进一步厘清，更好地凝聚共识。

一　一些学校学科建设的"龙头"地位尚未根本确立

虽然很多行业特色院校提出以学科建设为龙头，引领学校各项事业全面、快速、协调发展。但从客观看，目前很多行业特色院校对学科规划和学科布局研究依然不足，二级办学主体建制与学科归口不尽合理，因划分过细、过宽导致的资源内耗现象客观存在；对新兴、交叉、边缘的学科及具有很大发展前景和潜力的学科关注不够，新兴学科的建设步伐不快，制约了学科结构的优化、学科间的协调发展和整体推进，学科发展思路亟待梳理。而这些现象的存在，具有主客观层面的多方面原因。一是行业特色院校长期以来的定向办学，使主动接轨市场、灵活适应市场的能力相对欠缺，在学科建设中"转身慢、反应迟"的现象在某些时候非常突出，对于重大技术创新趋势的把握能力相对不足，学科建设上"等靠要"，"你出题、我接单"的传统计划模式仍留有很强的烙印，导致了学科建设内生成长动力的不足，进而严重制约学科竞争力的提升，从根本上影响到学科建设龙头作用的发挥；二是长期行业办学形成了较强的"体制内观念"，一些师生员工对学科建设的重要性认识仍然不足，个别师生员工思想上仍有较强的"小富即安"的思想，对学科建设的长远规划等缺乏动力。

二　一些学校学科管理体制机制尚未理顺

学科引领各项事业发展的理念尚未成为共识，尚未形成完善的学科管理体制。学科管理机构的科学化设置、跨学科的研究院、健全的基层学术组织，一些重点研究机构和创新团队建设力度仍然需要加强，学科发展的体制机制尚未能满足学科快速发展的需要，学科建设的必要保障机制还不够完善，学科带头人的作用尚未得到充分发挥。这些问题的形成，与长期行业办学在管理体制与运行机制上相对粗放，精细化程度不够，内部治理结构相对不完善存在着密切的关系。学科建设尚未纳入学校管理体制改革体系内加以系统考虑，学科建设的顶层设计不够，学科建设与办学其他方面联动不够，学科建设的激励与保障机制仍然缺乏，一定范围内存在的吃大锅饭现象等严重束缚学科建设者的积极性。尤其是对长期行业办学所形成的学科建设的壁垒及解决力度不够，原来行业办学所形成的，与学科类别紧密结合的利益固化格局没有有效打破，跨学科联系，资源共享等因为行政管理条线的原因，以及项目合作历史传统等，存在着较多共享束缚，资源内耗等导致了一定程度上学科建设的踟蹰不前，影响到学科建设的内在质量与水平，进而对整体办学水平的提升带来消极影响。

三 一些学校学科布局结构不尽合理，学科群优势未能显现

由于长期行业办学所形成的办学依赖性，一些学校的学科发展尚处于自发阶段，学科布局不够合理，部分学科方向凝练不够，与所在学校战略目标吻合度不高。学科布局尚未充分呼应学科发展的外部需求，与经济社会发展的重大行业有效对接的学科群特色尚未显现，表现为"行业特色很鲜明，发展优势不明显"。学科体系内部发展不平衡，一些传统的主流与老牌学科优势明显，而新兴学科则有待成长，重点学科的引领示范作用尚未发挥；优势特色学科与基础支撑学科间的关联性和支撑性不够。尤为突出的是存在学科建设和专业建设的脱节问题，片面重学科或者重专业建设的情况在一定程度内依然存在。由于过去行业办学的行政关系束缚，一些学科与专业配置不合理，部分关联密切的专业被划分在不同的教学单位，不利于学科的交叉融合和资源整合，学科发展缺乏后劲。这些问题的呈现，既有一般高等院校的共性，同时长期行业办学所形成的管理壁垒也是造成学科布局不合理的重要成因。如何改变长期以来不良体制因素的束缚？彻底解放思想观念，打破资源共享壁垒，成为行业特色院校一项重要而迫切的使命。

四 一些学校领军人物匮乏，学术团队尚未形成

总体上看，由于历史和现实的原因，一些行业特色院校教师队伍年龄结构不尽合理，青年教师比重过大，师资队伍中的高层次人才比例有待提高，学术科研能力尚待挖掘与整合；学科领军人物缺乏，在学科领域内有

学术话语权的专家在质和量两方面都严重不足，学科带头人和学术骨干的培养机制还需进一步完善，学科团队建设有待加强。这与长期以来行业特色院校在行业体制内办学，人才引进与流通渠道相对单一，人才选拔与利用方式相对层式化存在着密切的关系。虽然在转制后，很多行业特色院校的用人视野及用人途径得到了明显拓宽，但是原有存量与新加增量之间的关系如何处理，如何在体制机制层面迅速形成促进人才潜能充分激发的氛围与条件一直困扰着部分行业特色院校。在充分发挥行业优势的情况下，迅速去除长期行业管理带来的行政化弊端，尽快完善内部治理结构，建立高校的现代治理体系，实现原有行业院校在新时期高等教育版图及高等教育管理机制创新进程中的"迅速入轨"，将为解决制约学科领军人才的瓶颈问题提供体制基础与文化土壤。在这方面，行业特色院校转制后，地方教育主管部门的引导、扶持、监督力度等也需要进一步加强。

五　一些高校的学科组织化程度低，部分学科使命不够明确

目前，一些行业特色院校尚未完成从以知识传播为主导的基层组织到知识发展及应用为主导的基层组织的转变。限于大多数原行业特色院校原有学科基础相对较弱的原因，知识传播（教学）还是目前大部分学科的主要功能使命，知识的创造及应用功能薄弱，各学科在学校整体发展战略实施中应该扮演的角色和使命还不够明确。在缺乏规划引导的情况下，学科自觉发展程度不够。学科建设力量的整合尚未有效推进，学科的研究方向和学科队伍等关键因素不够稳定、持续，学科和科研的组织化程度低；在缺乏稳定的学科研究方向和团队支持的情况下，教师单打独斗开展科研的情况仍然比较普遍。学科组织化程度低本质上是学科管理、孵化、引导能力不足，学科建设水平亟待提升。如何科学设置学科方向，凝练相对稳定的学科团队，加强学科组织建设，完善学科发展制度，是行业特色院校学科建设的基础性工程，直接关系到学科建设的运行效率，需要在新的历史时期加以重点解决。

六　一些行业特色院校学科建设国际化程度较低，学科知名度和服务社会能力亟待提高

在新的历史时期，学科建设的国际化水平不是个别研究型大学的特有选项，也不是学科建设的增加项、优势项，而成为高校学科建设的基本要

求。只有面向最新的国际办学潮流与学科的最新发展趋势，才能始终确保学科建设的先进性、前端性，才能始终保持学科建设的"锐性"与"灵敏度"。由于长期行业办学的限制，行业特色院校在学科建设上往往注重行业内的交流，与企业共建实验室或研究基地等学科平台多，与国内一些团体合作机会多，但学科对外交流明显偏少，与国内外相关高校、企业等合作关系不紧密，合作项目的类型与层次均有待提升，尤其与国外知名高校、国内外领军企业等进行人才培养和科研合作的项目较少，举办具有影响力的国际、国内学术会议明显欠缺，影响了学科及其带头人在国内外的知名度。基于创建"名学科"的要求，需加大学科的国际化步伐，积极参与学科的国际交流与合作，开展具有实质性项目载体的长期性的学科交流活动，突破原有的对口企业共建学科平台的单一渠道，和多个主体共享学科发展平台，加强学科走出去的系统化制度体系设计，实现"走出去"与"引进来"的充分结合，拓宽学科建设的视野，扩大学科资源的获取渠道，全面提高学科知名度。使行业特色院校的学科建设国际化进程为学科建设"弯道超车"，迅速捕捉新的发展契机与亮点提供全新的平台。

第三节　行业特色院校学科建设的目标定位及其原则

虽然不同的行业特色院校发展背景、发展基础、办学层次等存在差异，但是行业特色院校的学科建设离不开"质量与特色"两大主题，简而言之，就是要以建设高水平学科为目标，以增强学科创新能力为核心，做好整合学科资源、凝练学科方向、建设学科平台、汇聚学科团队等几篇大文章，注重科研创新，强化科研管理，构建相对完善与科学的学科体系，为学校事业的发展奠定坚实的学科基础。

一　"质量与特色"的目标定位

要牢固树立学科建设的龙头地位，以此引领学校各项事业的全面协调可持续发展。要深化科研管理体制改革，通过体制机制创新释放科研团队和个体的活力，形成鼓励先进、集聚资源、优化配置的政策平台及文化氛围。要大力推动协同创新，发挥行业特色院校、科研机构、企业、政府部门的合力，提升科研创新能力，通过打造一批层次高、特色明、影响大的标志性成果扩大办学影响力，进一步汇聚办学资源，提升办学质量。要全面推进学科布局优化、建立分类分层的学科建设体系、加强学科队伍整合力度、构建良好的学术平台，不断固化学科建设的标志性成果。要以经济社会文化发展和学校自身发展的需求为导向，围绕行业特色院校长期以来形成的重点和特色发展领域，调整优化学科布局，形成各学科各得其所、互援共生的局面；以基于现有学科基础的事实研判和基于发展趋向的未来预判为依据，明确不同类型学科使命，设定学科建设目标，按照"突出重点主干学科、注重优势特色学科、发展基础支撑学科、扶持新兴交叉学科"的发展思路，实行学科分类管理和分级建设；以学科队伍建设为根本，加强现有学科队伍的整合，加大高层次人才引进和培养力度，以创新团队、科研机构和基层学术组织集聚优势资源，打造一支能力突出、结构合理、产学研结合的学科队伍，夯实学科发展基础。在二级学院学科建制的基础上，依托行业特色院校长期行业办学积累的特色与优势，打造若干跨学科研究院，强化专业、师资、课程、实验室等学科资源汇聚融合，使优势特色学科、重点主干学科、基础支撑学科、新兴交叉学科融合形成若干产学研结合的学科群，实现学校与社会的良性互动。比如浙江传媒学院立足长期服务传媒行业办学的优势，系统梳理现有的传媒学科领域，强强结合，跨学院组建了新闻传播研究院、戏剧影视研究院及新媒体研究院等，实现了对原有学科的化学裂变反应，以学科重组、强强联合的研究院形式系统规划学科资源的分配、统一规划学科的重点建设方向、优化学科建设的整体布局结构，构建了新时期学科建设的新发展极，成为学校事业发展的新增长极。

二　需求导向、以人为本、融合发展、分层分类、开放合作的基本原则

一是需求导向原则。

需求导向是行业特色院校长期以来积累的办学特色。服务行业发展的重大需求成为行业特色院校不断厘清办学定位等目标、明确重点建设方向、提升行业话语权、构建独特竞争力的重要内在支撑。坚持回应行业及社会政治经济文化发展的重大需求，既是行业特色院校学科建设的重要使命，也是学科建设和发展的内驱动力，是学科建设定位目标、布局结构、重点突破方向等战略勾画的重要遵循。坚持学科建设的需求导向，一是真正明确行业及社会政治经济文化发展的内在规律及发展趋势，把握发展的

核心需求，不被短期发展利益、阶段性发展目标、功利性发展导向、边缘化或者个别群体的利益诉求束缚学科建设的手脚，围绕真正关系到行业发展根本及国计民生根本的核心需求布局学科建设的重点突破方向。比如传媒类行业特色院校，就要紧紧围绕当前有效维护国家文化安全，促进社会主义文化大发展大繁荣的核心命题，系统规划传媒管理体制改革、网络传媒监管、文化走出去、三网融合等传媒领域改革话题，尤其是关注新媒体的快速发展对我国传媒产业带来的革命性影响等，开展具有高度针对性的研究，通过学科建设为传媒改革发展、政策决策提供"智囊"支持，确保传媒改革发展始终聚焦"中心"，把握"核心"，体现"决心"，实现"同心"，使学科建设真正服务行业与社会政治经济文化发展的战略需求，在服务战略需求中获得更大的发展机遇与平台。二是要科学把握需求背后的复杂利益关系。伴随着经济结构转型升级的加速，改革在走向深层次过程中面临着越来越复杂的形势，行业与社会政治经济文化发展需求背后也存在着各种复杂利益关系与矛盾，要科学切准需求脉搏，消减服务需求过程中的各种阻力，促进高校更好地服务行业与社会政治经济文化发展，就必须对于需求背后的复杂利益关系进行全面系统梳理，去粗取精，把握关键，动态观察，前瞻审视，真正围绕改革发展、行业转型升级的核心命题，既要做好攻其一点的"聚焦工作"，着力于解决行业及社会政治经济文化发展的重大问题，也要做好"面上清盘"工作，消减改革与发展阻力，前瞻预测发展趋势。学科建设不能仅仅关注到学科建设本身，还要充分关注学科建设背后行业关系、利益格局协调过程中的各种问题，为始终集聚力量开展学科建设提供良好的基础与保障。

二是以人为本原则。

学科是高层次人才成长的基础平台，学科带头人、学科梯队的建设是学科建设的核心环节。因此，必须坚持以人为本，重视学科带头人培养和学科梯队建设。要营造宽松的人文环境和学术环境，聚精会神谋发展，真正关注到学科带头人、学科骨干、普通专业教师的专业成长诉求，为他们的发展提供良好的条件，在学科经费支持、办公条件配置、重要学术会议承办、学历进修及访学等方面提供尽可能好的条件；要减少学校行政管理壁垒，避免僵化的行政管理方式抑制教师的学术积极性及学术潜力，真正为他们施展才华、人尽其才提供宽松愉悦的工作氛围，营造"我为你的成功鼓掌、成功来源于彼此协作"的良好氛围，比如根据学科专业建设与发展规律，给予相关学科的教师以学术孵化期，不再以某一时间节点考核其科研成果，以相对宽泛的实践界限验收项目成果的方式涵养重大科研项目，学校要创造条件，搭建桥梁，鼓励教师科研团队与企业开展协同攻关，为学科骨干及其他专业教师的子女入学等提供便利，真正营造以人为本的良好氛围。要全面实行学科制管理，做到"人人进学科，个个有学科归属"；充分发挥学科带头人在对学科梯队定向、管理和整合上的核心作用，重视发挥中青年教师在学科建设和科研工作中的骨干作用。赋予相应的学科组织及学科带头人资源管理权限，尊重其根据学科建设规律开展的各项建设活动，自主决定学术研究范畴内的重大建设事项，真正在学术研究中有"话语权"，有"身份"，有"作为"。

三是融合发展原则。

学科建设和发展要突出综合性，加强学科间的渗透融合，相互依托，相互促进。正确把握整体推进与重点突破的关系、特色鲜明与优势明显的关系，按照重点突破和培育优势并重的思路，通过优势特色学科的衍生延伸以及与新兴交叉学科的渗透融合，开发新的学科生长点和增长点，进一步拓展优势特色学科领域，构筑多科性本科院校的学科体系。长期以来，行业特色院校在学科建设中过度注重应用性，导致学科门类相对单一，学科综合化程度不高，严重束缚了学科竞争力的提升。如何解决融合发展的问题，直接关系到行业特色院校学科竞争力的提升。实现学科间的融合发展，首先在思想上要树立学科整合的观念，牢固树立学科一盘棋思想，打破不同学科内部的利益藩篱，跨越学科的行政界线重组学科体系，尤其要根据当前新兴学科、交叉学科的发展态势，积极捕捉新的学科生长点，通过融合发挥学科建设"$1+1>2$"的规模效应，形成新的学科优势。在新时期学科融合中不仅要实现内容融合、组织融合、形式融合，同时更要注意做好内涵融合，努力避免"拉郎配"、"形神不合"等状况的出现，真正使融合成为从外在到内涵的学科内容、学科布局、学科结构的全新塑造，打造学科的核心竞争力。比如生物医药学科，不是生物学科与医药学科的简单结合，而是两者结合在一起后裂变形成的全新学科门类，具有完全不同的学科特质、学科内容、学科结构，需要对学科属性与发展放行进行全新界定。在传媒类行业特色院校学科体系中，新媒体学科也不仅仅是对网络等新媒体的简单关注，如何从传统媒体的发展特点中抽提出新媒体成长的独特路径，也是新时期新媒体学科发展的重要前提。同样在能源类行业特色院校中，新的能源技术的引入为传统学科注入了全新的生机与活力，赋予了全新的内涵，也提出了全新的发展要求。

四是分层分类原则。

学科建设和发展要结合具体学校的办学定位和服务方向，鼓励支持不同层次、不同类型的学科确定各自的发展重点和发展方向，努力形成"人无我有、人有我优"的差异化学科发展态势。要结合不同学校实际，以高水平学科建设为主线，实行综合规划、突出重点，分步实施、全面推进。对于原有发展基础较好，始终处于学校核心地位的主干学科、品牌学科，学校要采取多种措施，继续鼓励与支持其发展，发挥"强者恒强"的效应，注重其发展内涵的丰富，继续发挥其品牌引领效应。对于具有良好发展前景的新兴学科、交叉学科，要给予其充分的孵化待遇，在建设期内给予各方面的大力支持，不拘一格，敢于突破现有行政框架、资源供给体系等的束缚，突破常规引进与培养优秀人才，建设各种实验实训平台等，建立健全"弯道超车"的政策支持体系，努力占领发展先机。对于一些处于没落或下行产业门类，发展前途不看好的学科门类，要果断实行资源断供，通过行政与市场的双重手段加速其淘汰，把有限的办学资源集中到优势与特色学科门类上。在分层分类建设中，要高度重视不同门类学科的内在建设规律，积极创造条件，实行"一学科一策"，鼓励其因地制宜，实现特色发展，要注重发挥学科在各高校间的比较优势，发挥行业特色院校长期积累的行业特色优势等，通过培育重点主干学科的特色，通过学科特色来彰显学校特色，通过学校特色的进一步彰显来强化学科特色与优势。同时，在学科建设中，还要高度重视通过建设优势特色学科，带动相邻学科的发展。通过项目引领、资源牵引、理念辐射、人员带动等方式，帮助相邻学科的发展，实现学科群的整体快速成长，真正实现规模效益。

五是开放合作原则。

坚持开放合作原则是新时期行业特色院校建设与发展好学科的重要前提。故步自封永远建设不好学科，闭门造车最终只能是脱离学科发展的前沿。长期以来，行业特色院校在学科建设上形成了良好的开放合作的传统，但这种开放合作具有鲜明的行业定向特征，局限在某一领域或者某一产业门类，尚未形成全方位合作的视野与格局。新时期行业特色院校的学科建设要坚持对外开放，既要对企业开放，也要对兄弟院校、科研院所开放；既要对国内开放，也要对国际开放。按照国际化视野整合学科资源，建设开放的学科体系。把"走出去"和"请进来"结合起来，积极争取与国内外一流学科和一流学者的交流合作，共建研发平台，开展协同创新，联合申报项目。对于符合国际主流的新兴交叉学科或新的学科增长点，要争取通过引进高层次学科带头人或整体引进学术梯队的方法加快发展。通过国际合作，密切追踪国际最新的学科发展趋势，把握学科发展的机遇，迅速追赶国际先进发展水平，系统提高学科的综合竞争实力。

第四节　行业特色院校学科建设的路径与策略

一　关于进一步夯实行业特色院校学科建设的基础

当前夯实行业特色院校学科建设基础要重点从学科布局优化、分类分层建设、学科队伍整合、学术平台提升、科学研究提质、学位点建设驱动等六方面着手。

优化学科布局。通过优化学科的学理构架和空间分布，理顺学科关系，使学科发展有方向，专业建设有依据。要明确学科服务面向。使学科服务面向与学校发展定位紧密结合，科学处理好学科建设与学校发展的关系，服务当前与服务长远的关系，面向区域与面向行业的关系，面向全国强化行业特色，面向区域强化服务功能，提升学校影响力和社会美誉度。要打通学科专业内在逻辑。遵循高等教育发展规律，关注学科发展趋势，以学科建设引领专业建设，注重专业的内涵梳理，实现学科建设和专业建设的良性互动。结合经济社会转型升级，尤其抓住国家重大产业门类转型升级加速，创新型国家建设全面推动的良好契机，构建科学合理的学科发展格局。要凝练学科发展方向。宏观审视整体的办学定位与办学特色，凝练出具有自身特色优势、纵深持续稳定的学科研究方向，并持之以恒地围绕这些方向进行学术探索，拓展学术研究新领域，努力形成丰硕的学术研究成果，保持学科永续发展的动力源。要完善学科发展体系。根据已有的发展基础，行业的发展趋势，科学规划学科门类与体系，探索如何构建多学科交叉渗透、协调发展的综合学科体系。构建学科发展群落。通过打造群落，进一步促进资源共享，形成学科发展的集群效应。比如浙江传媒学院就立足新时期我国传媒产业发展的发展诉求，提出着力打造 6 大学科群，即以语言文学为内容的文学学科群，以广播电视艺术学为核心的艺术学科群，以广播电视学为骨干的新闻传播学科群，以文化产业相关研究为主体的经济管理学科群，以互联网、移动终端等为传播载体的新媒体学科群，以计算机信息技术、数字技术和网络技术为依托的工程技术学科群，形成相互支撑、相互补充、相互供给、协同发展的学科群落。为整体提升学校学科竞争力打下了扎实的基础。

促进分类分层建设。要根据不同性质学科之间的逻辑关系和学科梯队建设情况，重视"长板效应"，在整体推进的基础上突出重点突破，分层次、有重点地推进学科发展，实现优势特色学科和重点主干学科创一流、基础支撑学科和新兴交叉学科入主流，避免不同学科之间的盲目攀比和恶性竞争。注重优势特色学科，形成辐射点。对于在省内或国内同类学科中具有一定的话语权的学科，要在经费配套、设施建设、队伍培养上狠下功夫，做实一级学科，做强二级学科，进一步丰富学科体系，优化管理体系，构建评价体系，加强年度考核，打造强势品牌，实现跨越式建设，并发挥辐射作用带动邻近学科发展。要突出重点主干学科，抢占制高点。承揽一批影响重大的科研项目，推出一批高质量的学术成果，创新人才培养模式，增强社会服务能力，实现标志性建设，抢占学科发展制高点。要发展基础支撑学科，夯实着力点。强本固源，夯实基础，深化奠基性建设，通过建设校级重点学科夯实基础支撑学科力量，为优势特色学科、重点主干学科发展提供原动力和持续力。要积极扶持新兴交叉学科，创造增长点。从经济建设和文化发展中尤其是从行业发展中汲取养分，以促进区域发展和提升行业竞争力为目标，将地域和行业特色转化为自身的学科特色，延伸学科优势，实现创新性建设，培育新兴交叉学科。发展以服务地方经济发展和产业转型为导向的学科。比如浙江传媒学院为适应数字化背景下以互联网、移动终端等媒体为代表的新媒体行业的需要，以计算机信息技术、数字技术和网络技术为依托，开发与新媒体传播业态相适应的计算机应用技术（交互媒体技术）等新媒体学科。

加强学科队伍整合。学科队伍是学科建设的根本，一支成熟的学科团队应该拥有高水平的学科带头人，一定比例的学术骨干、若干普通成员以及一个包括若干科研助手、事务助手、技术助手在内的支撑体。要营造宽松的学科队伍发展环境，采用"引培结合"的方式建设一支高水平的学科队伍。引进和培养高水平学科带头人。学科建设的队伍是否具有高水平，是否能够充分发挥团队的力量，是否具有良好的协作精神，学科带头人在其中起着定向、管理和整合的核心作用。要创造条件坚持引聘国内外名师，坚持利用重要平台培育名师，发挥行业特色院校优势，坚持学校联手行业、优势互补、采取专兼结合的手段发展名师，组建专家委员会规范学科带头人的遴选，加强学科带头人的业务培训，培养高水平的学科带头人和学科建设领军人才。要优化学科队伍整体结构。加快学科队伍整体结构的调整，根据不同层次和不同类别学科建设的需要及队伍现状，制定科学合理的师资培养和引进规划，重视中青年教师的学术成长，健全基层学术组织，合理配置人才资源，逐步形成一支规模适度、结构合理的学术梯队；进一步优化队伍结构，使各学科教师队伍的学历、职称、年龄、学缘等结构满足学科建设的实际需要，发挥学科队伍的整体作用。完善学科队伍建设长效机制。形成以学科建设规划为依据，有序配置师资队伍的运行机制。在人员编制核定、高级岗位设置与比例、人才培养支持力度等方面要充分考虑学科发展的水平和潜力。对于优势特色学科和重点主干学科等重点建设领域在学科队伍建设资源配置上给予倾斜。同时，以创新团队建设、科研机构建设、2011 年协同创新中心建设为载体，推进学科汇聚机制，促进学科方向凝炼、人才队伍集聚；优化用人机制，对获得博士学位和副教授以上职称的科研人员试行学术假制度，规范科研专职岗位的设置、定岗和考评，开展分类考核，最大限度地激发专职科研人员在学科建设中的正能量；建立有利于吸引人才、培养人才、发展人才和人才合理流动的机制。

构建学术平台。要改变和扭转一些行业特色院校中存在的教学、科研、社会服务在一定程度上相互脱节、各自为政的局面，突出学科专业的资源整合与方向凝练，增强学术平台的聚集效应和协调作用，推动学科建设水平从"特色鲜明"向"优势明显"跃迁，实现融合发展。优化顶层设计。革新专业引领发展的传统管理模式，推行学科发展统领专业建设的模式改革，围绕学科建立集教学、课程建设、科研和社会服务等于一体的基层学术组织，革除以往学术组织松散乏力的弊病。围绕学科归口盘活专业建设，将课程设置、专业设置划归相关学科，实现专业支撑学科建设、学科服务专业发展的联动效应。推行学术民主，协调好学术权力和行政权力的关系，营造宽松的学术环境，引导行政管理服务学科建设，充分调动教学科研人员的学术积极性，开展教授治学，实行学科主任制，负责各类学术活动、队伍培养等工作。加强学术交流。一方面，打破院系界限，跨越学科界限组建交叉学科研究中心和研究院，鼓励教师自由交流共享资源，支持教师合作承担科研项目；建立学术人才库，根据研究方向进行分类管理，开发学术科研网络交流平台，组织学术兴趣小组、学术沙龙，举办学术研讨活动等，扩宽教师学术沟通渠道；有计划地聘请国内外专家，对拟申报的硕士点学科、重点主干学科、新兴交叉学科和急需发展的学科建设给予指导和帮助。另一方面，增强对外交流。加大政策和资金投入，鼓励主办或承办重要学术会议，鼓励教师出国访学、参加国际学术会议并在国外发表论文；选派更多德才兼备的中青年教师到国内外著名大学、科研机构、学术组织学习和进修；加强与在外访学、工作人员的联系和沟通，发挥他们的所长，积极利用他们的便利条件为学科建设服务；加强与国内外知名高校、科研机构的交流，借助其优势，促进合作办学、合作科研。推动平台建设。在学科关联度较高的多个二级学院之上，围绕研究主题成立跨学科的研究院，将研究院、省部级以上研究机构、省级以上创新团队、2011 年协同创新中心的运行实体化，发挥人才队伍聚集优势和科研攻坚能力。完善管理制度，量化科研任务，构建与绩效工资相适应的科研工作量考评体系，开展绩效考评。注重科研实验平台的建设，发挥其在推动学科建设与科学研究中的基础作用。

提升科学研究质量。科研能力是学科建设水平的主要标志。要以科研管理体制改革为抓手，以科研创新为导向，促进科学研究向项目上层次、成果上水平、学科创特色的方向发展。要强化项目管理。在项目流程管理上，加强沟通组织，提高申报率；强化协调把关，提高立项率；注重过程管理与跟踪服务，确保结题率。在项目质量上，充分发挥学术评议专家库的作用，从校级课题抓起，综合考察项目学术水平、应用需求程度和项目团队研究实力遴选项目。拓展各类项目。在纵向项目上，既要进一步拓宽科研项目申报渠道，更要注重优势力量整合，突破重大招标课题和国家级课题申报；在横向课题上，鼓励和支持有条件的二级学院、学科和个人积极服务社会，高效地将知识转化为社会生产力，打造文化产业、广播影视等领域的服务品牌。要力推优秀成果。在成果质量上，强化科研工作量考核和科研成果奖励制度的导向作用，重点奖励优秀成果，加强优秀科研成果的推介和包装，鼓励成果形式多样化、成果转化多元化。

发挥学位点建设的驱动功能。学位点建设是学校学科建设水平的集中体现，也是学科建设成果重要载体，更是学校能否进行高层次人才培养的基本条件。针对一些行业特色院校研究生教育开展时间不长、经验相对不足的状况，探索创新研究生培养模式。健全研究生教育组织架构，完善制度体系，创新管理机制。要实施学位点资源共享计划。鼓励利用学位点资源进行学科方向凝练、队伍汇聚、研究生培养、基地建设、科学研究等，促进新兴学科及交叉学科的人才培养、科学研究和学科建设。

二　"转型升级"：行业特色院校学科建设的改革策略

在长期的办学历程中，行业特色院校一般都形成了某一领域或者某一门类的相对健全的学科体系。当前面临着日趋白热化的学科竞争态势，如何实现由"全"向"强"、由"特"向"优"、由"散"向"聚"等的转型是新时期行业特色院校学科建设面临的迫切挑战。

一是优化学科结构。学科结构的优化将有助于集聚有限的发展资源，进一步凸显学科发展方向与重点，凝练学科特色，提升学科建设整体水平。优化学科结构要凸显重点学科的引领力。重点学科的建设水平是学科建设水平与层次的重要标志。突显重点学科的引领力首先是要加强对重点学科的支持力度，实施"非均衡发展"策略，在高层次师资引进与人才团队培育、办学条件配备、建设经费支持等方面给予重点倾斜。尤其结合当前产业快速发展等机遇，积极通过学校层面引进重大创新项目等，通过项目实施带动学科建设水平的提升。发挥重点学科对其他学科建设的引领作用，要形成学科建设"争优争强"的感召力，要把重点学科建设中一些好的做法、好的经验运用到其他学科建设的实践中，要把重点学科建设中积累的一些办学资源、对外合作关系渠道等迁延运用到其他学科建设中，夯实学科建设的整体基础。优化学科结构要突显特色学科的辐射力。特色学科是形成高校办学特色的重要支撑。比如浙江传媒学院在办学过程中形成了以广播电视及文化创意为主要门类的特色学科群。特色学科的辐射力分为"内化辐射力"与"外化辐射力"两类。"内化辐射力"要求在特色学科的建设中，真正把特色的理念、特色的学科运行方式、特色的学科组织管理机制、特色的学科文化渗透到学科建设的细微方面，构建独特的学科内核，而不是仅仅停留在学科名称与学科门类、办学传统上，"外化辐射力"是指要把特色学科的独特理念、文化、底蕴渗透到整体的学科建设中，进而形成学科建设的鲜明风格，凸显学科建设的差异化竞争力。比如在浙江传媒学院的管理类学科就与其他院校的管理类学科存在着明显的差异。学校管理类学科立足传媒学院学科特色，着眼于文化产业发展态势，对接文化产业核心层、外围层、相关层的岗位需求，形成媒介管理、会展经营、影视制片、文化经纪和企业文化等五个特色细分方向，建立"知行思一体、教培管并举"的文化产业管理特色人才培养模式，致力于培养文化产业管理特色人才。

优化学科结构要凸显交叉学科的生长力。对交叉、新兴学科感知、反应的速度、建设投入的力度直接关系到新学科制高点的抢占。比如当前伴随着传媒技术的进步、传媒理念的创新、传媒形态的变革、传媒体制的改革等，传媒学科处于快速的创新与成长期。传媒生态学、传媒地理学、视觉传播学、传媒经济学等新兴传媒学科门类不断涌现。如何站在学科发展潮流的最前沿，综合审视与研判传媒学科创新与发展的趋势与特征，尤其是注重跨门类交叉学科的培育，抢抓新兴交叉学科发展机遇是传媒类行业特色院校实现学科建设"弯道超车"的重要命题。学校要为交叉学科的培育生长提供良好的制度空间与土壤环境，如组建专门的学科跟踪与储备研究中心，把握国内外传媒学科的最新发展趋势，建立新兴与交叉学科专项孵化制度等。对新兴交叉学科目录的遴选、方向的厘定等形成一整套规范的制度，对学科培育的方式、绩效考核等做清晰的界定，在人财物等资源供给上形成较为完善的保障体系等，从而促进一批新兴交叉学科的快速崛起。在学科建设做增量加法的同时，还要建立健全学科"退出"机制。对一些学科内容陈旧，与行业改革发展潮流相脱节；建设水平与发展层次低、长期以来建设成效不明显；炒作时尚概念、缺乏内在学科内容支撑；与行业性主流学科及学校整体办学定位、服务面向等关系不大，较易分散办学资源的学科，在经过科学合理的评估程序后，果断予以退出处理，确保学科方向的凝练、有效办学资源的集聚。

二是构建良好学科生态。良好的学科生态系统的构建是激发师生员工创造力、组织凝聚力、体制生产力、学科建设整体合力的重要基础。学科生态系统的构建要坚持刚性制度建设与软性文化氛围营造"两条腿"走路的原则。在刚性制度建设中，坚持"立""破"结合。明确在学科生态系统构建中，必须要建立起科学、民主、合理的学术沟通与话语表达机制；引入同行评议、业界评议等，建立科学高效的人才引进及人才绩效评价机制，完善以实绩作为标准的分配办法；在学科资源分配及重大学科创新项目的实施上，重大科研项目的招标等工作上要严格执行制度规则，确保公平有序；完善学科经费的使用管理细则等，确保"财有所用"、"财尽其用",提高经费使用效益;统筹规划学科建设内部项目研究、学术会议举办、国际交流与合作等各项工作的职能界限,避免因权责不明导致职能重叠,影响学科建设的合力。在"破"的部分,就是在制度层面明确哪些因素影响学术生态氛围的构建,哪些行为"不能做",比如学术研究的行政化倾向,人为的职能壁垒导致的学科建设资源流动渠道的栓塞,学科门派歧见对创新人才的压制等。在软性文化氛围的营造中,需要结合学校办学精神的凝练与传承,营建宽松厚重、浓郁和谐、鼓励创造、追求卓越的学术文化氛围,加强学术道德、学术规范等的建设,形成追求真善美的学术基调。

三　加强保障机制建设,助力学科质量水平提升

学科建设是一项重大而艰巨的任务,要顺利地实现学科建设的规划目标,完成学科建设与科研发展的任务,必须采取强有力的保障措施,完善组织架构,落实管理机构和专职人员;创新体制机制,建立完善的管理体系;优化资源配置,加大人力、财力、物力投入,确保学科建设的顺利进行。

一是完善组织架构。要加强组织领导。要高度重视学科建设,确立学科建设在学校各项工作中的龙头地位。要将学科建设工作纳入各级党政领导班子考评的指标体系,实施"学科建设一把手负责制"。要求党政一把手亲自抓学科建设,加强学科建设的协调,并加以认真指导和监督。健全组织体系。健全由学校主要领导、有关职能部门、学院负责人和有关专家共同组成的学科建设委员会,全面负责与统一组织领导学校的学科建设与发展;并在学校学科建设委员会下组建学科小组,负责各级学科带头人的遴选与学术考核;确立工作机制,明确工作职责;建立学科建设办公会议制度,加强统一领导和协调管理;各二级办学主体设立学科建设分委员会,具体负责本学院的学科建设与发展,制订相关的实施、监督和检查细则,保证学科建设各项工作措施的落实;设立学校学科建设办公室,配置专职管理人员,负责学科建设的日常工作,负责学科建设规划的编制,检查规划的实施情况,协调有关业务主管部门采取必要的措施,促进学科建设规划落地。

二是创新体制机制。完善学科管理体制。制定《学科建设管理办法》,理顺学校、学院、学科在学科建设中的职责、权利和义务,建立学科设置

及分类的依据和评价标准，建立以学科功能和发展目标为依据的资源配置制度，注重绩效考核，并建立与之配套的激励约束机制，对学科设置实行动态管理，做到"能进能出、能上能下"。各二级学院（部）根据自身情况制定学科建设规划，梳理专业归口，明确各自学科建设的思路、目标与举措。建立科学合理的学科评价体系。实施分层建设和分类管理，对不同层次和类型的学科设定不同的发展目标和建设任务，注重发挥重点学科的引领示范作用，建立科学的评价指标体系对其进行绩效考核和评估定级。将学科建设直接对接二级办学主体的专业建设、经费划拨、实验室建设等，并作为本学科教师定岗、定级、定职的重要指标。规范学科带头人培养与管理。制定《学科带头人管理办法》等，完善学科带头人负责制，规范学科带头人的逐层遴选机制，通过明确职责、权利与义务，充分调动学科带头人的工作积极性和创造性。营造有利于学科建设的学术环境。加大经费投入，以学术报告、学术沙龙、学术会议等学术交流形式，营造良好学术氛围；加强校内外学术交流，加强同行战略合作，加强国际交流与合作，推进学科建设的国际化进程。探索多学科融合机制。通过构建跨学科的研究院、创新团队、协同创新中心等实体机构，实现多学科的汇聚、交叉、融合，建立相应的运行机制，正确处理跨学科发展平台与学院、学科之间的关系，为建设高水平特色学科群创造良好的制度环境，显著提升学科创新能力。

三是强化资源保障。依托学科发展，创新投入机制。以学科建设与发展规划为指导，制定基于学科发展的专项经费投入与资源配置新体制。依据学科规划的目标和任务，核拨学科发展经费，配置实验室、仪器设备等相关资源，集中有限经费和资源，提高使用效率，推进学科起步发展。加大经费投入，拓宽筹资渠道。积极争取科研项目资金、社会服务项目、信贷资金、与企业和科研院所联合等方式，自筹一定学科经费；要努力提高学科创新创业能力，通过产学研，开展社会服务，增强学科造血功能。优化资源配置，保障重点建设。按照分类分层建设计划的要求，优先保障优势特色学科和重点主干学科建设经费的投入，适度加大对基础支撑学科和新兴交叉学科的支持力度。加强学科建设经费使用论证，确保主要经费用于项目研究、成果出台、队伍建设等软投入，完善资金使用管理，加强监督审计，不断提高资金使用效益。加强平台建设，建立共享机制。要强化各级各类实验室、研究机构、创新团队等学术创新平台的建设，建立信息共享机制，提高运作效率。从总体上来说，完善的学科保障机制有两层含义，一是在整体办学资源分配中，在制度层面确立与保障学科建设的份额与权重，确保学科建设人财物等各项资源的有效供给；二是建立绩效考核与评价机制，确保资源的使用效率与产出效益，真正把有限的学科建设资源用在发展的重要领域及关键命题等"刀刃"上，用在建设成效明显、前景看好的学科门类中，集中力量办大事，发挥资源的使用效能。

第六章　行业特色院校师资队伍建设模式的改革与创新

教育大计，教师为本。有好的教师，才有好的教育。提高高等教育质量，需要建设一支师德高尚、业务精湛、结构合理、充满活力的高素质专业化教师队伍。行业特色院校以高素质应用型人才为培养目标，人才培养定位为应用型、复合型、创新型，即培养具有一定的复合性知识结构和创新精神与创意能力的高素质应用型人才。应用型是人才培养的总体目标和基本定位，复合型、创新型是对应用型的说明、补充和细化。这一人才培养目标的实现有赖于行业特色院校拥有一批行业特色型的师资，即需要有一批"长期专注于某一行业，熟悉该行业领域相关技术业务和技术、人才需求，积极承担行业技术创新和产业技术升级改造任务，具备从事行业中基础性研究和共性关键技术研发能力，并与行业建立起良好互动关系的教师群体"[1]。

第一节　行业特色院校师资基本素质要求

高校教师肩负着培养各类高级专门人才的任务，教师队伍的整体素质和学术水平标志着一所大学的办学水平，关系着一所大学的人才培养质量。国家高等学校教学质量与教学改革工程"十二五"建设的重要内容之一即为教师教学能力提升工程，要求引导高等学校建立适合本校特色的教师教学发展中心，提升本校中青年教师教学能力，满足教师个性化专业化发展和人才培养特色的需要。根据行业特色院校高素质应用创新型人才培养的目标要求，行业特色院校师资一方面需具备高校教师所应具有的一般

---

① 许安国：《构建行业特色型高校师资培养新模式》，《中国高等教育》2010 年第 7 期。

意义上的能力素质；另一方面还应具备行业专业教学和人才培养所需的扎实的实践应用能力和行业职业服务能力。

一　高校师资素质的一般要求

高等学校的特殊地位和高校教师的重要作用要求高校教师必须具备全面的素质，包括：思想道德素质、科学文化素质、能力素质、身心素质。

思想道德素质。思想道德素质即师德。在高速发展的现代社会，"师德"与民族、与国家、与个体的人和全人类的文明发展息息相关，古人所说"传道授业解惑"、"师道合一"讲的就是师德的境界，当代意义上的"师德"，不仅仅指教师这一特殊职业所应具备的职业境界和道德操守，而且包括教师教育行为的道德性。高校教师师德包含思想政治素质和道德素质两方面，作为一名高校教师，既要始终把坚定正确的政治方向放在第一位，自觉坚持社会主义办学方向，热爱党，热爱人民，热爱教育事业，又要坚守崇高的职业道德，爱岗敬业，富有爱心，为人师表，修己达人。

科学文化素质。科学文化素质是指高校教师从事教育教学工作所应具备的科学文化知识结构及其水平，高校教师的文化知识结构应包括三个基本方面：专业知识、关联学科领域知识和教育科学知识。术业有专攻，专业化是国际上教师教育发展的趋势。高校教师首先要通过专业学习、培训和进修等途径，在某一学科和专业领域有专长，准确把握本学科专业领域的基本概念、基本理论、知识结构、发展趋势；其次，高校教师应具备广博的文化知识和相关学科领域的知识，不断扩大专业研究的视野和范围，不断拓宽专业知识的广度，不断丰富相关知识储备，使教育教学融会贯通，不拘于一隅；最后，高校教师还要有必备的教育科学知识，特别是教育学、心理学等基本教育理论和知识，能够了解和遵循教育规律，以便更好地把握大学生心理和生理特点及其个性差异，因材施教，提高教学质量。

能力素质。能力素质是指高校教师发挥知识优势从事教书育人工作和开展学术活动的实际能力，包括教育教学能力和科学研究能力。教育教学能力是高校教师应具备的基本能力，其核心是教学组织能力，教师要通过钻研教学大纲、撰写教案、设计教学内容和组织教学活动，把知识传授给学生，教学活动具有双向性、复杂性和多变性，在教学过程中，教师应不断对教学活动进行主动计划、检查、评价、控制、调节、修正，与其他教师一起经常开展教学研讨，在此基础上，形成自己鲜明的教学风格。高校的职能决定了高校教师还必须同时具备科学研究能力，只会教学，不会科研的教师，算不上一个好的高校教师。高校教师的科学研究包括教学研究和学术研究两方面，即高校教师既要积极探索教育教学规律，勇于开展教学活动本身所要求的教学管理研究、专业改革研究、课程改革研究、教学改革研究和质量管理研究，又要拥有开展学术研究的激情和在本学科领域的探索创新精神，积极承担学科基础研究和应用研究。

身心素质。健康的身体和心理素质是高校教师从事教育教学活动的基础条件，特别是心理素质，教师的伦理道德、专业素养和能力的提高，都必须以心理素质为中介，通过心理活动的内化得以实现，教师心理健康欠佳、个性有缺陷，不仅直接影响教师的教学态度、教学观念和教学行为，而且直接影响大学生的心灵成长和道德人格的形成。高校教师优秀的心理素质应包括广泛的兴趣、高尚的情感、正确的自我意识、积极稳定的情绪、良好的自我调适能力、坚强的意志等。

二　行业特色院校师资素质的个性要求

行业特色院校以为行业和地方培养高素质应用创新型人才、服务行业应用创新研究为目标，这一目标要求行业特色院校师资除应具备高校教师的一般素质外，还应具备一些个性化的能力素质，包括行业实践技能、团队合作精神、社会服务能力等。

行业实践技能。相比于综合性大学，行业特色院校人才培养直接面向行业企业，人才培养规格有着特定的从业技能规范要求，一般而言，行业特色院校实践教学环节的学分占学生应修学分的比例不少于20%，这就要求教师除了需具备传统意义上的学术研究能力外，还应熟悉本行业从基础产业到技术研发到市场拓展的全流程，熟练掌握本行业产业产品规划设计、生产开发或某一生产环节的基本操作技能，既能讲授专业理论，又能指导学生实验和实践。进入新世纪以来，知识经济快速发展，各行业领域从观念到技术一直呈日新月异的发展态势，我们今天所讲授的专业知识和进行的科学实验，明天可能已被新技术所取代，因此，作为行业特色院校教师，还要养成终身学习的优良品质和与时俱进的职业素养，不断追踪行业发展前沿，及时掌握行业技术领域的最新成果，勇于开展引领行业发展的前瞻性研究和实践，不断提高自身行业实践技能和水平，从而为高素质应用创新型人才培养服务。

团队合作精神。对行业特色院校师资团队合作精神的强调，既是出于高校组织特点的要求，又出于行业特色院校学科建设、科学研究、高素质人才培养和教师自身专业化发展的需要。其一，高校组织特性呼唤教师开展团队合作。高校是以知识发展和教书育人为根本任务的公共事业性组织，知识的集聚和专业化使高校组织在某种意义上是"一袋马铃薯"式的松散联合体，科层制的管理体制难以发挥应有的作用，这一特性削弱了高校作为一个整体的内在一致性。在综合性大学里，学科众多，大师级人物、学科带头人、学术骨干总体数量多，综合实力的强大在一定程度上抵消了松散联合的不足，但行业特色院校学科相对单一，高层次人才总量偏少，如果缺少整合和集中攻关，低水平重复建设就在所难免。其二，行业特色院校人才复合型应用创新素质的培养需要教师的紧密合作。当前，行业技术和社会经济的发展呼唤实基础、重实践、会学习、有创造精神和创新能力的复合型应用人才，学生这种综合素质的培养是教师单兵作战所难以完成的，需要多学科、多专业的教师根据学生培养目标开展紧密合作，组成一个知识、技能互补的教学团队，从而把做人做事的道理和学科最前沿的知识综合传授给学生。其三，行业特色院校教师专业发展需要互相之间的交流与合作。行业特色院校教师对行业领域相关技术业务的学习和掌握有一个积累的过程，一些经验不足的年轻教师需要得到老教师的传、帮、带，学校承担行业技术创新和产业技术升级改造、从事行业基础性研究和共性关键技术研发，也需要建立合理的、团结协作的学科梯队，另外，随着科学技术的发展和社会对人才规格要求的提高，行业特色高等教育在专业建设、课程建设、教学内容、教学组织等方面日趋综合化、系统化和信息化，教师作为个体越来越难以单独完成必须完成的职业任务，这也需要教师加强团结协作精神，形成一个团队，资源共享，互相学习，取长补短，共同进步。

社会服务能力。人才培养、科学研究和社会服务是高等学校的三大基本职能，不同类型和层次的院校对教师承担三大职能的侧重不同：研究型大学最看重教师的科研能力；教学研究型大学把教师的教学能力和科研能力放在同等重要的位置；行业特色院校则应根据自身定位和类型，在注重教师教学能力和研究能力的同时，对教师的社会服务能力有所要求，有所侧重，从而突显优势和特色。行业特色院校教师的社会服务能力，以自身专业为依托，以与专业相对应的行业的深层次需求为指向，有多种表现形式，如：为行业企业提供技术服务的能力，即为行业企业解决生产、建设、管理一线的技术难题，参与技术改造、新产品研发、技术创新，开展开放性设计和应用研究等；为行业企业提供咨询服务的能力，包括参与制定企业发展规划，参与生产、经营和管理的改进与优化，进行市场调研和市场推广等；承担行业企业人才培训和再教育的能力，主要是对行业企业的在职人员进行继续提高教育与培训，促进他们提高理论和实践水平，更好地为行业企业发展服务。

第二节 行业特色院校师资队伍建设模式的构建

一 行业特色院校师资队伍建设的成就和问题

21世纪初高等教育管理体制划转后，随着高校的扩招，行业特色院校大力引进来自院校的优质师资和行业专家，充实师资力量，师资总量得到较大发展，师资队伍的职称结构、学历结构等不断改善，教师队伍整体素质得到很大提升，发展态势良好。以辽宁省行业特色院校划转前后十年师资队伍变化为例，从专任教师数量看，辽宁18所行业特色院校（沈阳化工大学、沈阳工业大学、辽宁工程技术大学、辽宁科技大学、大连工业大学、辽宁科技学院、沈阳理工大学、沈阳航空航天大学、中国医科大学、沈阳农业大学、大连海洋大学、沈阳建筑大学、东北财经大学、辽宁石油化工大学、沈阳药科大学、沈阳体育学院、沈阳工程学院、大连交通大学）划转前（这些学校共6所1997年划转、1所1998年划转、11所1999年划转）专任教师总数为7857人，到划转十年后的2009年，达到16119人，增加到2.05倍，增加绝对数最多的是辽宁工程技术大学，增加了1087人，增加比例最大的是大连海洋大学，是划转前的3.05倍；从职称结构看，18所行业特色院校划转前正高职称教师总数为657人，到划转十年后的2009年，达到2475人，是划转前的3.77倍[1]。各校同时十分重视教师发展，加强教师培养，把师德建设、青年教师培养培训、教学团队建

---

① 资料来源：根据辽宁省教育委员会编著的《辽宁省教育统计年鉴》1997年、1998年、1999年、2009年整理而成，其中院校名称为现在使用中的名称，转引自中国高等教育学会、新世纪教学研究所2009年度重点课题：行业院校划转地方后的发展思路与办学实践——基于辽宁的案例研究，2011年4月。

设等工作放在重要位置常抓不懈，师资力量能基本满足行业特色院校人才培养的需求，教学质量和水平不断提升。

同时，由于发展速度较快，划转后办学经验不足等多种原因，行业特色院校在师资队伍建设中还存在许多不足，这在第三章论述行业特色院校发展战略时已有所涉及。具体问题还有：

一是教师队伍结构不尽合理，教师培养培训仍需加强。近年来，行业特色院校教师队伍建设在保持总量平稳增长的同时结构不断趋于合理，但是仍然存在结构性不平衡问题。比如：教师队伍年龄梯度不够合理，年轻教师比例偏高。1999 年以来，随着各高校的扩招，行业特色院校师资队伍的规模迅速扩大，大量集中引进教师导致教师队伍年轻化，中青年骨干教师出现断层。学缘结构不合理，国际化程度低。受学科相对较窄的限制，行业特色院校专业师资往往来源于少数几所专业院校，有些师资本、硕、博在同一所高校完成，近亲繁殖的现象普遍，大部分行业特色地方性工科院校，师资队伍的国际化结构才刚刚开始[1]。双师型师资缺乏，教师实践创新能力降低。行业特色院校隶属行业管理时期，学校与行业企业在同一个"婆婆"管理下，水乳交融，往来密切，行业企业对院校在师资上的支持是双向的，一方面，院校教师有机会参与行业企业生产实践；另一方面，行业企业专家、管理骨干、工程师在院校兼职，指导学生实践，双师型教师数量充足。隶属体制转变后，由于少了共同领导来协同双方建立经常性的制度化合作，各行业特色院校不同程度地存在行业特色师资规模逐步萎缩的问题。相对新到岗教师数量和双师型教师的短缺，行业特色院校培训培养渠道还需进一步拓宽，培训成效还不够理想。

二是教师的教学能力有待进一步提高。行业特色院校从高校毕业的首次参加工作的年轻教师比较多，年轻教师学历较高且富有朝气，但是多数是从学校到学校，缺乏教学经验积累，对行业特色院校的教学特点、对学生的个性特点了解不够，且很多新教师一进校就承担了大量的教学任务，牵头教授多门课程，适应、思考、接受培养的时间较短，教学能力亟待提高；多数教师没有相应的行业背景，缺乏产品设计、工程施工、营销管理等实践经验，无法对学生进行有效的实践指导；个别教师仍沿袭传统的教

① 韩焱、王文寅、张克勇：《行业特色地方工科院校师资队伍建设研究》，《中北大学学报》2012 年第 3 期。

学模式，不适应高等教育大众化和学生学习方式发生深刻变化的形势，其理论教学和实践教学的能力与应用创新型本科人才的培养还存在差距。

三是领军人物和学科带头人在总量和比例上不足。特别是划转地方的行业特色院校，虽然经过十余年的发展，青年骨干教师队伍迅速成长，但是由于学科平台不够高、整体实力不够强、对高层次、高水平人才缺乏吸引力，一些行业性较强的学科、新兴交叉学科和紧缺学科专业国内人才储备总量不足、高水平人才更是凤毛麟角，加上有的学校现行的教师激励措施、考核方式和评价机制的引导作用不明显等原因，引进高层次学科带头人的难度要比综合性研究型大学大得多，总体而言，能占领国内学术制高点，能主持国家、社会、行业重大科研和创新项目的教学名师、学科专业带头人、领军人才数量偏少。

二 行业特色院校师资队伍建设的创新理路

师资队伍是行业特色院校新时期获取竞争优势的关键要素和重要依托，行业特色院校要加强师资队伍建设，必须坚持"两条腿"走路，一方面，应围绕学科专业建设纳才引智，特别是加强高层次人才的引进和高水平专家的"引智"，即本着"不求所有、但求所用"的原则，勇于打破传统的人才观念，突破地域、国籍、工作关系等限制，采用全职与非全职聘用等多种方式，大力加强人才"柔性"引进力度；另一方面，学校要围绕应用型人才培养目标，从思想认识和思维方式上突围，通过理念转换、内涵创新、机制协同，重点培养构建以行业特色型师资为主体的教师队伍新思路，实现师资培养模式的创新。

理念转换。理念转换涵盖两个方面：一是从以培养学术性研究型师资为主要目标向以育人——培养高素质应用型人才为出发点和落脚点的转换。在大众化高等教育阶段，行业特色院校和一大批地方性本科院校是人才培养的生力军，新世纪之交兴起的高职院校是人才培养的另一生力军。作为大众化高等教育的重要组成部分，高职院校以实用技术人才和岗位性人才为培养定位，与产业界建立了密切的联系，行业企业既是学生学习和实践的重要课堂，又是教师培训和提升专业技术能力的主要平台和渠道，"双师型"已日渐成为高职院校师资素养的代名词。由此产生的一个误区是，行业技术培养似乎是高职院校的专利，学术性研究型才是本科院校师资培养的唯一方向，从而使行业特色院校既因基础相对薄弱难以在短期内造就学术大师，又因行业意识弱化开始遭遇接地不足的尴尬。事实上，随着高校日渐走向经济社会的中心，西方国家上顶蓝天下接地气的师资培养模式不乏案例。如加拿大高校注重教师学术能力培养的同时，鼓励教师与产业界合作，在教师个人提高规划里有兼职工作、工业考察、开展一些开发性的设计和应用研究工作等项目，认为高校教师与企业合作有助于教师接触实际，丰富实践经验，从而转变教育观念，更新知识结构，提高教育和研究水平[①]；英国考文垂大学因汽车设计专业的成就获得英国女皇奖项，在英国应用型高等教育中占有重要一席，该校80%的教师与外界有紧密联系。中国行业特色院校应冲破传统高校师资培养观念的藩篱，引导教师以提升教学质量、培养社会适用高素质人才为目标发展自己，通过双师素质培养，不断提升自身学术涵养、专业理论水平、实践创作技能和行业服务能力。二是从一般意义上的教师培训向注重教师自主学习、自我发展、自觉提高的教师专业化发展转换。教师培训与教师发展是两个既有联系又有区别的概念，教师培训着重于外部社会、组织的要求，而教师发展强调教师的主体性作用[②]。这种主体性作用既体现在教师与学生互动的教育实践中，表现为教师对教育教学规律的主动认知；又体现在教师对自身职业生涯发展的主体意识、创新精神和具体的规划设计上。行业特色院校培养行业特色型师资，就是要通过协调内外部动力尤其是教师内在需求，培养教师的主体意识和自我学习能力，使教师专业素养和职业能力得到可持续发展和提高。

内涵创新。行业特色院校师资队伍建设内涵包括行业特色师资内涵和教师发展内涵两个方面。行业特色师资内涵：行业特色型师资有别于一般意义上的高校师资。有学者认为，行业特色型师资主要指行业特色院校中那些长期专注于某个行业，熟悉该行业领域相关技术业务和技术、人才需求，积极承担行业技术创新和产业技术升级改造任务，具备从事行业应用基础性研究和共性关键技术研发能力，并与行业建立起良好互动关系的教师群体，他们在素质、知识、能力等方面具有如下共性特征：推动行业科技进步强烈的使命感、责任感；具备为行业服务的扎实理论功底和理论联

---

① 闫月勤：《从美中加三国比较看我国新世纪高校教师队伍建设》，《清华大学教育研究》2001年第3期。

② 潘懋元：《大学教师发展与教育质量提升——在第四届高等教育质量国际学术研讨会上的发言》，《深圳大学学报》（人文社会科学版）2007年第1期。

系的创新能力；具有丰富的行业工作经验和很强的组织协调能力①。从对特色师资内涵的这一理论认知出发，行业特色院校应把培养一支有理论、重实践、能创作的"双师型"教师队伍作为师资队伍建设的目标。北京交通大学通过建立起由"行业认知"、"行业实践"、"服务行业"三个模块组成的行业特色院校特色型师资培养模式，吸引和稳定了一批优秀人才从事轨道交通行业技术研究和服务工作，这应成为行业师资建设的一个重要方向②。教师发展内涵：潘懋元先生从三个方面阐述大学教师发展的内涵：学术水平（基础理论、学科理论、跨学科的知识面）、教师职业知识、技能（教育知识和教学能力）、师德（学术道德、教师职业道德）③。行业特色院校师资队伍建设内涵创新，需要结合高素质应用创新型人才培养定位和师资现状对上述三方面进行细化、丰富和准确把握，有所为有所不为。具体而言，即教师学术水平培养以提升应用理论研究和开发研究能力为核心；教师职业知识技能培养以提升行业实践能力和服务社会水平为目标；教师师德建设以学生评价与社会评价为标尺。为此，行业特色院校在开展师资建设时，要把握好四条原则：一是提升教师应用研究素养和基础研究素养并重，更加注重提升应用研究素养的原则；二是培养教师实践应用能力与学术素养并重，更加突出培养教师行业职业能力和实践应用能力的原则；三是重点培养与整体提高并重，更加强调青年教师培养和学科带头人、高级应用人才引领示范作用的原则；四是师德、知识、技能并重，更加注重师德建设的原则。

机制协同和创新。行业特色院校开展师资队伍"双送"建设，是一个需要各方面创建机制协同创新的系统工程。协同创新就其本意而言，是指创新资源和要素有效汇聚，通过突破创新主体间的壁垒，充分释放彼此间人才、资本、信息、技术等创新要素活力而实现深度合作④。2012 年启动实施的教育部"2011 计划"提出要大力推进高校与高校、科研院所、行业企业、地方政府以及国外科研机构的深度合作，探索适应于不同需求的协同创新模式，营造有利于协同创新的环境和氛围。行业特色院校师资队

---

①　许安国：《构建行业特色型高校师资培养新模式》，《中国高等教育》2010 年第 7 期。

②　同上。

③　潘懋元：《大学教师发展与教育质量提升——在第四届高等教育质量国际学术研讨会上的发言》，《深圳大学学报》（人文社会科学版）2007 年第 1 期。

④　百度百科（http：//baike. baidu. com/view/8530733. htm）。

伍建设的协同创新，就是要以行业特色型师资建设为合作契机，通过协议框架和制度安排，建立双向互动协同的形成机制、实现机制、约束机制，促进学校与地方政府、行业主管部门、行业企业单位、高水平大学、研究机构等各方发挥各自的能力优势，整合互补性资源，在资源共享、智力支持、项目研发等多方面开展多方面互动与合作。从这一认知出发，行业特色院校应敞开校门办学，在师资队伍建设上大胆"走出去"，热情"请进来"，注重发展同政府部门、行业企业和社会各界的多方协同创新关系，共同培养青年才俊、领军人才、"双师"教师。

三　行业特色院校师资队伍建设的模式构建

师资对于高等学校具有特殊的意义，师资优势是高校最大的优势，师资队伍建设既是高校内涵建设的重要方面，也是提升内涵建设水平、增强综合办学实力的重要保证。行业特色型师资在行业特色院校从小到大、从弱到强的发展中建功立业，行业特色院校的办学目标在优质师资不断集聚和充分发挥作用的过程中逐步得以实现。在新的历史时期，建设一支高素质、高水平的教师队伍，是行业特色院校实现实质转型、取得新一轮跨越式发展的关键。行业特色院校应沿着理念转换、内涵创新、机制协同三大基本理路，在师资队伍建设的模式构建上，如第三章所述，坚持统筹规划，突出重点，优化结构，整体提高。统筹规划，就是要统筹考虑当前与长远、培养与引进、个人与团队、教学与科研、重点与整体的关系；突出重点，就是要根据学科专业建设的需要、教学科研工作的要求以及师资队伍的实际，以领军人才及其团队建设和青年教师的培养提高为重点，在政策、资源等方面给予保证和倾斜；优化结构，就是要进一步优化职称、学历、学源、年龄结构，尤其要优化教师的国际化结构、行业背景结构等特色结构，提高博士教师的比例；整体提高，就是要在突出建设重点的基础上，重视不同年龄、不同学历、不同职称、不同学科教师的培养提高；同时，既要狠抓教师的教学、科研水平和社会服务能力的提高，也要高度重视教师的师德师风建设，使师资队伍实现全面建设、整体提高。各校在具体实践上可结合本校实际和特色构建不同的模式，但总体而言，离不开四个字，即"引、聘、带、送"。

"引"——即大力引进高层次人才和创新团队。由于人才培养有周期长、见效慢等特点，引进高水平师资是高校师资队伍建设的捷径。行业特色院校引人要注意两个方面，一要改变专任教师从院校引进的单一来源面貌，开放教师来源渠道。考察发达国家高校选聘制度可以发现，欧美国家教师选聘有着较高的灵活性和弹性。如德国《高等学校总纲法》规定，德国高校教师分为教授、助教、合作教师和特殊任务教师四个层级，其中特殊任务教师即德国高校选定的合同教师，他们具有丰富的实际工作经验，往往是某领域的专家；美国选聘教师面向全社会、全世界公开，侧重招募有工作经历的人才。我国行业特色院校要擅于利用行业资源，吸引行业高级专家来校工作，在重视师资年龄结构、学历结构、职称结构、学缘结构的基础上，增加行业结构的权重。二要根据学科和专业建设的需要，以高层次和紧缺急需人才为重点，积极探索"学科带头人"加"创新团队"的模式，投入重金力争引进一批在学科建设上有较大建树、学术造诣深厚，能够领导和团结梯队成员开拓创新的学科带头人和结构合理、团队合作与创新意识强的高层次学科梯队。

"聘"——即大力实施人才"柔性引进"制度。行业特色院校要多管齐下，畅通师资引进的"绿色通道"，建立编制引进与柔性聘用相结合的开放式教师聘用体系，通过双聘、互聘、联聘、返聘、兼职等多种途径，加强师资队伍建设。实施"但求为我所用，不求为我所有"的人才"柔性引进"政策，既能缓解学校从长期看师资总量仍然不足而短期内师资总量又不宜过快膨胀的矛盾，又能缓解行业特色院校高层次行业性人才紧缺的结构性矛盾。"柔性引进"是指相对于在编全职聘用而言的一种引人方式，即在不改变人才与原单位隶属关系的前提下，打破国籍、户籍、人事关系等人才引进的刚性制约，由此形成的人事关系、工作时间、工作方式自由灵活多样的弹性人才引进方式。人才"柔性引进"有很多种形式，如聘请知名专家、精英人才担任高校名誉性职务、讲座式教授、兼职教师或学生导师等，行业特色院校的师资"柔性引进"，应特别重视采取与行业企业合作共建的模式，即通过与行业企业建立战略性合作关系、建立教学实践基地、产学研创新实践基地等，与行业企业在师资上实行"双聘共享"，聘请行业专家担任学校实践指导教师或学生业界导师，请他们作专题讲座，或从事实践教学、技术技能水平要求较高课程的教学指导，学校提供行业专家在校工作的待遇和弹性工作条件，使行业导师行业和学校两头兼顾，实现人才资源共享。

"带"——即加强青年教师培养，促进新教师尽快成长。要重视新教师岗前培训，优化培训内容，全面提高新教师教育理论、教育方法、教学技能、科学人文素质等综合素质；落实青年教师导师制，以学科带头人、骨干教师和经验丰富的老教师作为导师，帮助、指导青年教师，做好"传、帮、带"；开展青年教师课堂教学竞赛、教学观摩等活动，定期对青年教师进行辅导、实训，以全面提高青年教师的师德水平、教学和科研能力。

"送"——即积极建设专任教师外送培养平台，进一步建立和完善教师培养和培训体系。行业特色院校应针对结构性矛盾制定教师专业发展规划，重点推进"双师型"教师培养工程，建立教师到行业企业挂职制度，送教师到行业企业一线挂职实践锻炼，提高教师的行业实践水平和技术能力；积极推进教师国际化培养工程，设立教师国际化培养专项资金或基金，加大力度选拔教师到国内外的重点院校的对口专业进行深造；加快推进教师学历学位提升工程，积极创造条件支持教师攻读博士学位和高级访学，整体提高师资队伍的结构、层次、水平，使之适应行业特色院校新时期内涵发展和综合实力提升的需要。

第三节　行业特色院校师资队伍建设模式的改革与创新案例：浙江传媒学院师资"双送"培养的创新实践

浙江传媒学院师资队伍建设的创新实践，是在科学准确进行办学定位的基础上，敢于在思想理念上突围和创新，走出传统本科院校参照学术性研究型大学以提升教师学术能力为单一指向而忽视教师行业职业素养培养的误区，以"双送——送教师到高水平院校深造、送教师到行业一线挂职"互动建设，来培养和造就一批信息传播领域"双师型"高层次人才，推动学校特色发展、整体发展。这既是传媒、影视、音乐、戏剧等文化艺术类行业特色院校可资借鉴的师资培养模式，也是工程类行业特色院校师资培养的必要举措；既是划转地方管理的行业特色院校提升核心竞争力的有效途径，也是划转教育部管理的行业特色大学促进高校与行业互动、培养高水平师资应有之举。

一　浙江传媒学院概况

浙江传媒学院是与我国广播电视业相生相伴发展而起的，1986 年由当时的广播电影电视部举办，校名为浙江广播电视专科学校，成为国家培养广播电视人才的两大主要基地之一（其时国家举办的广播电视类高等学校仅北京广播学院和浙江广播电视专科学校两所），1994 年更名为浙江广播电视高等专科学校，在几年时间里，为全国输送了大批优秀的广电人才，"北有北广，南有浙广"的美誉逐渐形成。2000 年由国家广播电影电视总局划转为浙江省人民政府与国家广播电影电视总局共建共管。体制划转以来，学校紧密结合地方经济社会发展需求和行业需求，短短数年，完成了与建于 1978 年的浙江省广播电视学校的合并以及更名升本，实现了从学科门类单一、办学规模较小的行业性专科学校，到学科门类比较齐全、办学特色鲜明、行业与地方共建的多科性本科院校的重大转变。划转地方管理之初的 2001 年，该校普通全日制在校生 2215 人，专任教师 160 人；2004 年学校升格为浙江传媒学院，普通全日制在校生增至 4751 人，专任教师增至 344 人；到 2012 年，普通全日制本科生达到 9496 人，专任教师 650 人。2011 年 10 月经教育部批准获新闻与传播专业硕士学位授予权。现有 14 个二级学院和 3 个教学部，建有浙江省哲社重点研究基地"浙江省传播与文化产业研究中心"、"国家动画教学研究基地"等 7 个省级以上研究机构，拥有"新闻传播学"、"戏剧与影视学"、"通信与信息系统"、"交互媒体技术"等 4 个省重点学科，开设本科专业 31 个，其中艺术类专业 15 个，播音与主持艺术和广播电视编导 2 个专业为国家特色专业，已初步形成以传媒类和艺术类专业为主干，文学、艺术学、工学、管理学等多学科交叉渗透、协调发展的学科专业体系①。

总体而言，自 2004 年升本以来，浙江传媒学院作为行业特色院校面对内涵升本和体制转型两大挑战，不断强化本科教育意识与特色发展意识，大力推进"质量立校、人才强校、特色兴校"三大战略，在发展模式与路径选择上大胆创新，在办学层次、发展模式和学科建设上有效地实现了三大转型：从优质专科到合格本科的转型；由外延发展向内涵提升的转型；由以文学学科为主的单科性学校向文、艺、工、管协调发展的多科性

---

① 资料来源：浙江传媒学院各年度《高等教育基层统计报表》和学校网站。

传媒院校的转型。

浙江传媒学院坚持特色发展意识，坚持走特色兴校之路，办学定位清晰。具体定位为：

办学类型定位：具有行业特色的、应用性的教学型高校。

学科专业定位：以传媒类和艺术类专业为主干，文学、艺术学、工学、管理学、经济学等多学科交叉渗透、协调发展。

人才培养目标定位：培养具有开阔国际视野、强烈社会责任感的，基础实、素质高、能力强、具个性的，适合我国传媒事业发展需要的应用型、复合型、创新型人才。

办学层次定位：以本科教育为主体，努力办好专业硕士研究生教育，积极创造条件开办学术硕士研究生教育，形成适应地方、行业和社会发展需要的、合理的层次结构。

服务面向定位：立足浙江，面向全国，紧贴行业，服务社会。

学校事业发展目标："十二五"期间，在校生规模达到在 14000 人左右，到 2020 年在校生规模稳定在 16000 人左右。到 2020 年，努力把学校建设成为以培养广播影视和文化创意人才为重点，以传媒类和艺术类专业为主干，文学、艺术学、工学、管理学、经济学等多学科交叉渗透、协调发展，优势明显、特色鲜明的国内知名大学。

围绕办学定位和发展目标，学校坚持"提升质量、注重内涵、强化优势、特色发展"的理念，着力处理好规模与质量、优势与特色、规范与创新、行业性与区域性、专业化与综合性的关系，坚定不移地走特色化、差异化发展之路，以广播影视和文化创意人才培养为重点，以传媒类和艺术类专业教育为主干，逐步形成以戏剧与影视学、新闻传播学等为代表的学科优势，积极构建文学、艺术学、工学、管理学、经济学等多学科交叉渗透、相互支撑、协调发展的学科体系，争取在适合的层次上、专门的领域里办出特色、争创一流[①]。

二 浙江传媒学院师资队伍建设概况

近年来，浙江传媒学院师资队伍建设取得长足进步，"十一五"期间，

---

① 资料来源：浙江传媒学院本科教学工作合格评估自评报告、浙江传媒学院"十二五"发展规划暨中长期事业发展目标。

教职工总数翻了一番，正高职称人数和具有博士学位的人数从个位数分别增长到近百人，汇聚了一批海内外高级教学研究型人才，拥有高等学校教学指导委员会委员、浙江省"新世纪151人才工程"人才、浙江省宣传文化系统"五个一批"人才、浙江省中青年学科带头人等省级及以上人才50余人，初步建立了"高校、行业"人才双向交流培养平台、骨干教师学科交叉培养平台和师资国际化培养平台，形成了"传播与文化产业创新团队"等省级高校重点学术团队；但与学校快速发展的要求相比，仍存在明显的供需矛盾。主要存在"二多二少"的问题。"二多"即新教师多、青年教师多，据统计，与众多划转地方的行业特色院校相似，浙江传媒学院近5年引进的新教师和35周岁以下的青年教师占专任教师比例均在50%左右①。"二少"即领军拔尖人才少、有行业经验人才少。浙江传媒学院高层次创造性人才数量偏少，有影响力的学术领军人物缺乏，在我国公认的高层次人才界定体系中的人才，如两院院士或在人文、社会科学、艺术领域具有与此相当学术地位和成就的学术大师，长江学者，国家杰出青年科学基金获得者，国家级教学名师，"新世纪百千万人才工程"国家级人选，国家"有突出贡献的中青年专家"，教育部新（跨）世纪优秀人才支持计划人选等，浙江传媒学院尚未实现零的突破。此外，具有海外留学经历的教师比例偏低，师资队伍国际化任务十分艰巨。体制划转以后，由于在行政体制上与行业契合度下降，过去由行业主管部门协同高校与行业搭建平台提供教师实践锻炼的师资培养机制丧失，这使骨干教师队伍中同时具有丰富的实践经验和较深厚的理论水平的人员比例降低，尤其是近年来新引进的师资，他们绝大多数直接来自院校，虽然学历层次较高，但普遍缺乏广播电视编导策划、组织管理、制播运营等实际经验；另外，由于行业专业特点，师资学缘结构相近，多数为屈指可数的几所相关性行业院校或综合大学传媒类学科和专业点的应届硕士博士，这些问题的存在与学校传媒类高素质应用型人才培养目标不匹配。

从面临的形势和任务看，浙江传媒学院师资队伍建设任重道远。当前高等教育特别是传媒高等教育竞争日趋激烈，老牌传媒名校办学优势继续保持，综合性院校传媒学科基础实力雄厚，民办传媒院校发展态势迅猛。对浙江传媒学院而言，可谓前有标兵，后有追兵。唯有强化内涵，方能提

---

① 资料来源：浙江传媒学院 2013 年《高等教育基层统计报表》。

升质量；唯有强化特色，方能彰显优势。浙江传媒学院走内涵发展道路的重要举措之一，就是走"人才强校"发展战略，在师资队伍建设上走特色之路，走创新之路。

三　浙江传媒学院师资队伍"双送"培养的具体实践

行业特色院校开展师资"双送"建设，需在顶层设计的基础上，构建师资培养体系，创建师资培养平台，创新师资培养模式，建立开放式、国际化、可持续的师资建设体制机制，以整体提升师资队伍学术素养与行业职业素养，增强教师反哺于教育教学和服务社会的能力，最终提升行业特色院校核心竞争力。浙江传媒学院实施师资"双送"的具体路径与策略有：

（一）强化政策引导力，对师资"双送"建设体系进行顶层设计

顶层设计的核心在于创新行业特色院校师资培养模式，充分利用学界和业界、院校与行业两种资源，把实施"双送——送教师到高水平院校深造、送教师到行业一线挂职"作为教师发展的基本战略。关键在于以"双送"为主线，对师资队伍建设进行整体规划，有重点、分层次，试点先行、项目推进、整体推出。按照"缺什么补什么"的原则，建立健全包含教师学历学位提升、青年教师培训、访学交流、行业实践、专业轮训、学科交叉培养等多样化、全方位、系统性的教师"双送"建设体系，通过项目方式申报、公平公开选拔、定期滚动培养、校院两级实施，由点及面，有计划、有组织地实施教师发展工程，同时建立出台优胜劣汰、充满活力的奖惩、激励、竞争制度，把以"双送"为主线的教师培养与发展与教师职称晋升、业绩考核、评优评奖挂钩，强化政策引导力，促进教师知识、能力、素质协同发展和师资水平的整体提升。

在顶层设计上，根据学校提出的人才培养目标和师资队伍的实际情况，浙江传媒学院结合国家"十二五"期间"本科教学工程"的实施，适时启动实施了"四大工程"：一是以推进高层次人才队伍建设为目的的"高端人才培育工程"，重点建设博士培养平台、中青年学科带头人培养平台、高级访学培养平台，形成高层次人才培养体系，同时遴选具有较好发展基础和较大发展潜力的中青年学者进行重点资助、重点培养，促进行业特色拔尖创新人才和中青年学术领军人物的成长；二是以提高人才队伍的国际化水平为目的的"教师海外发展工程"，浙江传媒学院参照国家留学

基金标准设立专项经费，推出自主选派海外培养项目，选送教师到国（境）外知名大学或研究机构进行 6 个月至 1 年的学习培训、合作研究、学术交流，逐步提高人才队伍的国际化水平；三是以培养青年教师教学科研能力为目的的"青年教师发展工程"，着眼于青年教师成长，构建包含岗位培训、政策培训、课堂教学规范培训、师德师风培训、优质课培育等内容的循序渐进的新教师上岗培训体系，落实青年教师导师制，建设青年教师课堂教学竞赛、教学技能比赛、教学观摩、说课比赛系统工程，以全面提高青年教师的师德水平、教学和科研能力；四是以提高人才队伍整体水平为目的的"教师国内多样化培养工程"，根据学科专业建设和教师实际需求，分层分类，鼓励教师积极参加各类培养工程项目，提高学术涵养、实践创作能力和行业服务水平。

浙江传媒学院还建立了教师发展服务性机构——教师发展中心，集中负责管理教师发展事务，建设教师教育教学共享资源，设计适合不同学科不同专业不同结构教师特点和培养目标的发展项目，指导教师合理制订发展计划，为教师量身定做培训课程，促进学校各部门之间、教师与教师之间、教师与学生之间的合作。在制度建设上，浙江传媒学院把教师"双送"互动培养与教师晋升晋级、业绩考核奖惩制度相配套，如规定专业教师晋升高一级专业技术职务需在聘期内有 3 个月以上行业一线实践经历、青年教师需有 6 个月以上海外进修访学经历等，构建集指导、协调、激励、保障于一体的，促进教师综合素质提升的长效可持续培养机制和动力机制，达到师资管理活动约束性与激励性、人性化与制度化的融合与平衡，打造师德高尚、业务精湛、结构合理、充满活力的高素质专业化教师队伍，促进教师自我发展与教学质量的有效提高。

（二）激发体制创新力，创建开放式、国际化的师资"双送"互动平台

以体制创新为牵引，行业特色院校要加强与大中型行业企业以及高水平大学的联系与合作，建立互利互惠的师资"双送"平台。与行业合作重点建设三大平台：一是双向挂职培训平台，行业特色院校可定期滚动选送专业教师到行业相应岗位进行 3—6 个月的挂职实践，同时根据行业需要承接行业员工到学校回炉培训和挂职；二是师资共享平台，双方可采取合作成立研究院、建立共享专家库等方式互聘专家，互聘专家不转身份，不转档案，不转人事关系，谁使用谁付酬，行业专家主要承担学校实践教学

任务、行业导师任务，院校专家主要承担基于项目的合作研究任务和学术导师任务；三是联动合作平台。以师资挂职培养为合作基点，不断拓展合作领域，建立起包括提供智力支持、成立项目研发基地、共同培养人才和创意策划栏目节目等内容的学校与行业的全面联动合作平台。与院校合作要重点建设两大平台：一是名师带培平台，即设立流动编制和导师编制，聘请知名学者担任学校特聘教授和中青年教师导师，选拔校中青年学科带头人培养对象结对进行一对一带培；二是国际化培养平台，有针对、有重点地选取国外高水平大学或专业点建立合作关系，通过开展项目、教学、科研合作和共同举办国际学术会议等方式，"请进来，走出去"，实现师资互派、交流和共享，提高教师国际化水平。

作为传媒类行业特色院校，浙江传媒学院同时注重业界和学界两大师资"双送"互动合作平台建设。一方面，选取大型传媒集团和企业作为"双送"互动行业合作平台。从 2009 年到 2012 年，学校先后与中国教育电视台、浙江广电集团、浙江出版联合集团、香港卫视国际传媒集团、湖南广电集团、河南广电集团、海南广电集团、杭州文广集团、杭州华数集团、台州广电总台、万马集团等 10 余家单位达成全面合作协议，在各省市地广电集团建立百余家教学实践基地，高立意、高起点建立起师生教学实践和青年骨干员工双向挂职培训、师资共享、联动合作三大互动合作机制，学校与行业以师资挂职培养和学生实习实践为合作基点，不断拓展合作领域，建立起包括提供智力支持、成立项目研发基地、共同培养人才和创意策划栏目节目等内容的全面联动合作关系。另一方面，学校选取高水平大学或其相关专业点作为"双送"院校合作平台，重点建设名师带培工程。与浙江大学、中国人民大学、中国传媒大学、复旦大学、上海交通大学、北京邮电大学等高校相关专业点合作，设立流动编制和导师编制，聘请知名学者担任学校特聘教授和中青年教师导师，选拔校中青年学科带头人培养对象结对进行一对一带培。通过校院两级实施，2009 年到 2012 年，学校选送教师全脱产到行业实践达 50 人，半脱产到行业实践 100 余人，通过引进和培养，学校行业职业资格和任职经历教师达 165 人，占师资队伍总数的比例由原来不到 10% 提高到 27%；选送教师脱产到高水平高校访学、攻读博士学位、做博士后 193 人，占师资队伍总数的 32%；近三年平均每年柔性聘用行业专家和院校学者担任学校兼职教授、青年教师导师

100 余人①。

在国际化培养上，浙江传媒学院重点搭建两大培养平台：一是校际合作平台，学校与加州大学伯克利分校、奥斯特大学、科庭大学、考文垂大学等国外高水平大学或专业性大学合作，以共同举办国际学术会议和开展项目、教学、科研合作为平台，实现师资互派和交流；二是中青年骨干教师海外研修平台，在鼓励和支持教师积极申请国家留学基金项目的基础上，参照国家留学基金标准推出学校自主选派优秀中青年教师出国研修项目，鼓励教师到国外高水平大学开展实质性合作研究和访学。2009 年到2012 年，学校选送教师到国外攻博、访学、交流100 余人，占师资总数的18%。"十二五"期间将选送 20% 的优秀教师赴全球排名前 200 名的国（境）外高水平大学深造②。

（三）增强组织凝聚力，创新师资"双送"的团队培养模式

应用型、复合型、创新型的高素质人才培养目标，教师自身专业发展的内在需求，以及行业特色院校在学科建设、专业建设、课程建设上特有的交叉和融合，都需要教师组成一个知识、技能互补的教学团队，开展紧密合作，互相学习，共同进步。为此，行业特色院校师资"双送"建设应避免"一袋马铃薯"式的貌似整体实为松散的培养模式，要通过强化、丰富教研室作为基层教学组织的教学、研究和师资培养职能，增强其组织凝聚力，组建目标明确、结构合理、团结协作的研究和教学团队，进行团队式培养。教学团队的组建形式和方式有多种，可建立以专业和课程建设为依据的课程教学团队，可建立以教学改革项目为载体的项目性教学团队，也可建立以实践创作和应用研究为目标的产、学、研合作教育教学团队；可以教研室为单位组建教学团队，也可通过教研室与课程组、课题组的有机结合，组建跨学科、跨院系、跨专业的教学团队。要重点培养团队的中坚力量和带头人，注重培养团队成员的合作精神和学科交叉能力，重视建立团队的梯度结构。

浙江传媒学院以教研室、研究所、实验室、教学基地、实训基地等为建设单位，以系列课程或专业为建设平台，以项目为载体，着重开展了三类团队的培育和建设：

---

① 材料来源：浙江传媒学院 2012 年教学成果奖申报总结材料。

② 同上。

一是发挥传媒特色学科群的优势，以传媒类专业基础课程和系列课程建设为基础平台，建设各个层次课程教学团队。教学团队建设归根结底应立足于教研室这一基层组织，以课程建设为基础平台。传媒院校的特色在于拥有传媒学科和专业群，要优先关注传媒类专业基础课程和系列专业课程教学团队的建设。如《电视剪辑》课程，这是影视编创类的主要专业基础课程，电视编导、电视节目制作、电视摄影等专业都设有这门课程。它的主要任务是培养学生形成正确的影视时空观念并较熟练地掌握电视画面的编辑技巧。由于教学内容、教学手段、教学组织等方面日趋综合化、系统化和信息化，教师作为个体很难单独完成这类课程的建设任务。为此，浙江传媒学院充分利用传媒类学科互相支撑的教学生态环境，以重点课程、精品课程建设为抓手，整合资源，组织有扎实的理论基本功、职称和年龄结构合理的教师和来自合作单位的有丰富实践创作经验的行业专家共同组成课程组，在专家和教授的双重带领下，课题组共同追踪学科前沿，优化课程内容，探索研究性教学模式，开展案例教学和网络教学，促成教师在教学研讨和教学经验交流中提高专业素质和教学水平，创建了青年教师不出校门达到"双送"培养效果的又一模式。浙江传媒学院通过建立团队合作的机制，重点建设《传媒导论》、《影视剧创作》、《广播电视编导业务》、《电视摄像》、《电视剪辑》、《电视节目制作技术》、《媒介经营管理》等一批独树一帜的品牌课程和系列课程教学团队，并增强这些课程的辐射和示范作用，强化各个教学基层组织建设，已逐步形成校级平台课、二级学院平台课、专业课等多层次的课程教学团队。

二是在学校与行业战略合作协议框架下，通过教学基地、实训基地建设，创建各种产、学、研合作教育项目的特色教学团队。浙江传媒学院与浙江广电集团联合开办"未来主打星"高素质传媒人才实验班，通过建立业界导师制，聘请浙江广电集团各频道的专家到实验班教学团队中，构建实验班"双师"型教师队伍，形成以产、学、研合作模式培养人才的特色教学团队。双方还联合组建浙江省广播电视研究院，媒介出题，联合开展课题攻关，一方面，为媒介实体解决其进一步发展过程中急需明晰的发展战略、市场定位、新媒体技术等基本问题；另一方面，锻造教学队伍，形成院校与媒介联合的科研与教学融合互动的特色教学团队。旨在构建各传媒专业的实践教学体系，浙江传媒学院还与媒体联合建立教师和学生创新（实践）基地和影视制作中心，基地（中心）以行业技术领域有较大影响力、具有丰富影视制作、管理和运行经验的专家和学校实践教学一线的中青年骨干教师为共同带头人，通过青年教师导师制和学生导师制，带领青年教师和学生根据栏目需要共同开展电视栏目剧创作、新闻拍摄、影视制作管理等实践教学活动，从而在项目研发与实践教学的互动中提高教师专业水平和业务能力。经过几年的实践，浙江传媒学院与杭州文化广播电视集团合作建立的实践基地已成为国家级大学生校外实践教育基地。

三是创建"博士讲坛"、"传媒沙龙"等跨学科、开放性、互动式特色品牌教学团队。为推进师资"双送"培养建设，浙江传媒学院利用教师休息室、教师活动中心、图书馆小型报告厅等场所，借助现代教育手段，创建松散式沙龙和定期式讲坛，积极发挥各个学科专业领域专兼职师资学术特长，选聘各学科的带头人、"教坛新秀"轮流主持讲坛和沙龙，以开放的姿态，接纳跨学科、跨专业的教师和学生，开展有关传播学理论前沿、传媒技术发展、新闻教育改革等方面的主题性研讨，并与学分制改革相配套，学生参加研讨课修得学分，通过几年建设，使之成为优质教师资源集中、在属地高教园区和行业中有影响力的品牌教学团队。

（四）提升行业贡献力，建立师资"双送"建设的可持续发展机制

送"行业"是行业特色院校师资"双送"建设特别重要的方面，行业特色院校过去依赖行政隶属关系所取得的行业对办学的支持模式已不复存在，新时期与行业的合作需要行业特色院校挖掘优势，切实提高为行业服务能力。行业特色院校应通过与行业在学科上的全面对接，促进形成学校主动、行业联动、行业主管部门推动的产学合作教育管理与运行的新机制，以此为基点，不断拓展服务领域，提升辐射能力，以服务求支持，以贡献促合作，互利互惠，从而建立师资"双送"的长效可持续发展机制。

在服务社会上，浙江传媒学院坚持以特色主导，服务社会的能力和空间不断加大，产学研一体化工作取得显著成绩。学校建立了国家级数字娱乐产业示范基地拓展区、中国高等教育学会礼仪培训基地、浙江省普通话测试中心、浙江省广播影视培训中心、浙江省传播与文化产业研究中心、中国广播电视协会媒介素养研究培训基地、杭州下沙高教园区电视台、实验艺术剧院、传媒文化创意产业园等学校服务社会的重要载体和平台，在服务行业上，连续七年承办中国国际动漫节活动；每年举办和承接广电行业地市局长、台长培训班，承担国家广电总局组织的新闻记者编辑与主持人播音员资格考试阅卷工作；与省内外广电传媒企业开展多种形式合作，

为媒体研发媒体资产管理系统和开展节目栏目策划评估，教师直接参与浙江广电集团、杭州文广集团等媒体的采编播译活动；在服务地方上，与中小学合作，积极开展面向基层的媒介素养教育；为各级政府制定文化产业发展规划；承担多项省市文化精品工程；创作《孝女曹娥》、《大工匠》、《明月前身》、《盖世武生》、《长生殿》等一批影视作品等。持续高水平的行业服务力和社会贡献力产生了良好的反响，为师资队伍"双送"培养提供了可持续发展的保障。

第七章　行业特色院校人才培养模式的改革与创新

　　人才培养是大学的基本职能，是一切工作的核心。《高等教育法》第五条规定："培养具有创新精神和实践能力的高级专门人才，发展科学技术文化，促进社会主义现代化建设。"培养各级各类高级专门人才是高等教育的根本任务。行业特色院校以高素质应用型人才为培养目标，肩负着为社会发展培育应用型、复合型、创新型人才的历史重任，围绕这一目标和定位，行业特色院校应立足自身办学优势和特色，以社会需求为导向，以学校层次为基础，不断探索和创新人才培养模式，不断完善人才培养的基本体系，提升人才培养的能力与质量。本章试图通过解析人才培养模式的内涵，回顾我国行业特色院校人才培养模式改革的探索与实践，并具体分析几所不同类型行业特色院校人才培养模式改革案例，为各类行业特色院校人才培养提供借鉴。

第一节　人才培养模式的内涵

一　人才培养模式的定义

　　模式（Model），《汉语大词典》释为事物的标准样式，一般而言，模式是对现实事件的内在机制及事件之间关系的直观的和简洁的描述，是位于经验与理论之间、目标与实践之间的知识系统。人才培养模式的研究是高等教育研究的一个重要领域，什么是人才培养模式？对其内涵的界定有一个发展的过程。教育行政部门的权威表述首先出现在 1998 年教育部下发的文件《关于深化教学改革　培养适应 21 世纪需要的高质量人才的意见》中，《意见》指出："人才培养模式是学校为学生构建的知识、能力、素质结构，以及实现这种结构的方式，它从根本上规定了人才特征并集中地体现了教育思想和教育观念。"学界对人才培养模式的界定大体可分为三种类别：一是目标方式论。认为教育的基本问题是"培养什么人"和"怎样培养人"的问题，人才培养模式就是人才的培养目标、培养规格和基本培养方式。二是结构方式论。认为人才培养模式是学校为学生构建的知识、能力和素质结构，以及实现这种结构的方式。三是过程方式论。认为人才培养模式表现为一种过程范畴，是在一定教育理论指导下为实现一定培养目标而采取的教育过程和运行方式。这些论点对人才培养模式的基本界定是一致的，其分歧只是视角的切入点不同。总起来说，人才培养模式是指在一定的教育理念指导下，为实现一定的人才培养目标，学校为受教育者构建一定的知识、素质、能力结构，并为实现这种结构所采取的组织形式及运行机制。这一界定包含了人才培养模式的两层含义：从确立原则看，人才培养模式的确立必须坚持目标导向，必须坚持理念引领与教育实践的统一，必须坚持静态结构样式与动态运行机制的统一；从构成要件看，人才培养模式包括人才培养方案、培养途径、培养制度和教育评价。

二　人才培养模式确立的基本原则

目标导向原则。人才培养模式是在一定教育思想与教育方针指导下，为实现特定培养目标而选择的培养路径、培养方式，培养目标从根本上规定了人才培养的方向、规格和特征，直接反映了人才培养的价值取向。一所学校人才培养的目标定位，包含了对时代背景、任务环境和自身办学积淀、优势特色和历史方位的科学分析和准确度量，是相对明晰的。如第一章和第二章所述，我国高等教育体系是多样化、多类型的，已基本形成包括学术性、专业性、职业性三个基本类别的、各自发展目标清晰、比例协调的架构体系，与这一体系相对应，人才培养目标也是多层次的，学术性高等教育以培养高层次精英人才为目标，专业性高等教育以培养各行各业应用型高级专门人才为目标，职业性高等教育以培养技术型和高技能型人才为目标，不同目标决定了人才的不同规格和质量标准，人才培养模式只有以特定的培养目标为指向，与人才培养客观存在的层次、结构、类型相适应，才能有的放矢，才能培养出符合社会多样化需求、凸显院校自身特色的人才。

理念引领与教育实践相统一原则。人才培养渗透着人类文化和价值观念，具有明显的思维特征。高校人才培养模式是在现代大学理念和理论指导下建立起来的，由理念到实践是一个从价值引导到价值实现的内在统一过程。人才培养模式可分为三个层级，第一个层级是主导整个教育系统的模式。从世界历史长河看，整个高等教育系统在不同理念引导下生发出素质教育模式、通才教育模式和专才教育模式。如主张传授普遍知识、发展理性为大学之目的的自由教育理念使纽曼时代的英国采取了通才教育模式，但与此同时，在洛克、赫胥黎等另一些教育家的主张下，英国的专业教育和职业教育日益突出，实用人才培养模式在英国同样落地生根；德国大学有重研究的传统，但今日的德国不乏应用科技类大学；当代美国的大学，既继承了德国重研究的传统，也继承了英国大学重教学的传统，还发展出独特的服务社会的理念，成为如同克尔所说的"是一五光十色的'城市'……是许多个不同的社会，或者说是一个具有多种目的的多元性社会"[①]，可见，高等教育没有普适性的模式，其所体现的共同规律是有什么样的理念，就有什么样的教育实践模式。第二个层级是各高校所倡导的人才培养模式。美国先进大学的经验告诉我们，随着现代大学从经济社会的边缘走向社会发展的中心，大学必须建构起科学与人文有机融合的现代教育理念，在多元性社会中找准自身发展定位，继而建构起具有务实精神和独特风格的人才培养模式。第三个层级是指某具体专业的人才培养模式，其所体现的则是高校自身办学指导思想和专业实践的统一。

　　静态结构样式与动态运行机制相统一原则。一方面，根据一定的教育理念和人才培养目标，人才培养模式所要架构的人才的知识、能力和素质结构框架是相对稳定的，人才培养模式所具有的内在机制具有规范性和制度约束性，也是相对稳定的，这种稳定性保证了人才培养活动的延续性和连贯性；但另一方面，人才培养模式又是课程体系、教学计划、教学组织、教育评估等教育各要素的结合，这个结合不是一成不变的组织样式，而是一个随着经济社会对人才需求的变化、高校自身认识和实践的深化不断优化、不断创新、不断发展的动态运行过程。

三　人才培养模式的构成要件

　　人才培养模式是由诸多元素有机组合而成的体系或系统。广义而言，人才培养模式的构成要件包括了教育理念、培养目标、培养过程、培养评

---

① 孙冰红：《大学教育与社会发展论》，中国社会科学出版社2009年版，第15页。

价；狭义而言，人才培养模式的构成要件指为达到培养目标而为受教育者建构的知识、能力、素质结构及为达成这种结构的运行机制和方式，具体包括人才培养方案、课程体系、培养方式、培养制度和培养评价。这里仅阐释狭义的构成要件。

人才培养方案。人才培养方案是实现人才培养目标的总体计划和实施方案，是对人才培养知识、能力和素质结构的顶层设计，是在教育理念指导下对人才培养目标的具体化。人才培养方案以课程序列规划和教学进程设计为主线，围绕培养目标设置教学内容，围绕教学内容构建课程体系，围绕课程体系选择教学模式和方法，是学校组织教学过程、安排教学任务、确定教学编制、保证教学质量的基本依据。一份完整的人才培养方案应详细包括以下方面：培养目标（人才培养定位、基本要求）、培养规格（总规格要求和知识能力素质结构说明）、课程设置和学分要求（课程模块结构、各课程在整个方案中的地位作用）、实训实践安排（专业实训项目、实践教学环节及其比重）、学位论文（论文要求及学分）、毕业要求（学分要求和各类等级和资格证书要求）、教学进程表（按学期计划开设的课程）、设计思路（制定依据、教学理念、教改思路、主要特色等）。

课程体系。课程体系是根据专业人才培养目标，由相关学科知识和实践环节按一定比例的逻辑顺序排列组合而成的知识系统[1]，是在学校教育这个大系统下的次系统。课程体系的核心是课程结构，即各类课程之间的组织和配合。顾明远认为，课程结构又有广义和狭义之分，广义的课程结构是指学校课程中各组成部分的组织、排列、配合的形式，它要解决的是根据培养目标应开设哪些门类的课程及课程的编排，重点要考虑不同内容、类型、形态的课程的整体优化，具体体现为教学计划；狭义的课程结构是指一门课程中各组成部分的组织、排列、配合的形式，它要解决的是每门课程的教学目标、教学内容、教学组织及教学评价等方面的问题，具体体现为教材（主要是指教学大纲和教科书）[2]。课程体系是人才培养模式的核心部分，课程质量及结构的合理性决定人才培养的目标、规格、质量和水平，体现人才培养模式的优劣。受不同教育理念的影响，高校课程设

---

① 王建惠：《我国高校课程价值取向与课程体系构建研究》，兰州大学硕士论文，2010 年 6 月。

② 顾明远：《教育大辞典》（增订合编本），上海教育出版社 1997 年版。

置形成了三种不同的价值取向：社会本位主义的课程价值取向、知识本位主义的课程价值取向和人本位主义的课程价值取向①，不同课程价值取向使主体在制订和选择课程方案以及实施课程计划时表现出特定的倾向性，从而规定着教育对人才的培养模式。新时期高校课程体系的构建，关键在于根据特定的人才培养目标，遵循课程设置的整体性、层次性、多样性、开放性等特点，融合平衡好三种价值取向，关注几个方面的和谐统一：课程政治价值、道德价值与经济价值、文化价值的和谐统一，课程设置综合性与多样性的和谐统一，人才科学素质教育与人文素养培养的和谐统一，人才综合素质培育与创新力、个性化发展的和谐统一。

培养方式。培养方式是指人才培养的具体组织形式，既关涉教学组织过程，又关涉教育运行过程。组织教学是高校培养人才最重要的方式，高校人才培养通用的教学组织方式包括课程教学、学术活动和科学实验、实践教学三个有机组成部分，区别在于不同层次、不同定位的高校在课程教学、学术活动、科学实验活动和实践教学的教育投入、资源配置及教育实施的学分比例、教学侧重不同。除组织教学外，高校还采取非教学的形式培养学生，非教学形式包括一切被称之为"隐性课程"的教育环境和"产、学、研"结合的教育运行过程，如校园文化、学科竞赛、国际研学、名师沙龙、学术讲座、社会实践、公益服务等。教学组织和教育运行的诸多要素、诸多环节相互交织，有机融合，共同组成高校的人才培养方式。

培养制度。培养制度是指有关人才培养的重要规定、程序及其实施体系，是人才培养得以按规定实施的重要保证与前提。培养制度包括基本制度、组合制度和日常教学管理制度三个层次②。基本制度有学年制和学分制两种，学年制是以学年为计量单位衡量学生学业完成情况的教学管理制度，以读满规定的学习时数和学年、考试合格为学业标准，课程有严密的层次划分及先后顺序，结构化程度高。学年制由来已久，各国大学多数实行学年制，其优点是计划性强，便于管理，有利于保证一定的培养规格和质量；缺点是统得过死，不利于因材施教，不利于调动学生和教师双方的积极性和主动性。学分制则是把规定的毕业最低总学分作为衡量学生学习

---

① 刘志军：《课程价值取向的时代走向》，《教育理论与实践》2004 年第 10 期。
② 文汉：《人才培养模式探析》，《高等农业教育》2001 年第 4 期。

量和毕业标准的一种教学管理制度，以选修制为前提，以选课为核心，教师指导为辅助，通过绩点和学分，衡量学生学习的质和量，其优点是弹性教学计划和学制能充分调动教与学的积极性、主动性，有利于因材施教，有利于学生个性发展；缺点是强制性差，不利于教学组织管理和学生集体行为意识的培养。学分制首创于美国哈佛大学，进入中国后，形成了学年学分制、完全学分制、绩点学分制、加权学分制四种变式。组合制度指为学有余力的学生提供额外组合的培养制度，如双学位制、主辅修制等。日常教学管理制度是为维护正常教学秩序，使教学过程正常运转而制定的各种规章、规则等制度体系，包括教学建设管理制度、教学运行相关制度、考试制度、教学质量监控制度等。

培养评价。培养评价有广义和狭义之分，广义的培养评价指教育评估，即根据一定的教育目标和标准对学校办学水平和教育质量进行总体评价，包括合格评估、办学水平评估、选优评估及学校内部评估等形式；狭义的培养评价是指学校内部依据一定的标准对培养过程及所培养人才的质量与效益进行客观衡量和科学判断的一种方式。培养评价是人才培养的重要环节，贯穿于人才培养的全过程。它对指向特定培养目标的人才培养方案、课程体系、培养制度和教育教学运行过程进行监控和评估，评估课程体系能否充分体现培养目标、培养规格，评价教师课堂教学质量，评价学生学习能力、心理素质和学习效果，并及时进行反馈，从而促进教育主体对教学计划、课程设置、教学组织形式、教学方式方法进行调整、修正与优化，以更好地实现培养目标。科学的培养评价关键在于坚持现状评价与发展性评价相结合、形成性评价和总结性评价相结合、定量评价与定性评价相结合、学校评价与学生自我评价相结合。

第二节　中国行业特色院校人才培养模式改革的探索与实践

一　我国行业特色院校人才培养模式改革的主要经验

在我国高等教育的改革与发展过程中，人才培养模式改革始终是主要内容之一。特别是20世纪80年代以来，随着教育体制改革的深入以及社会教育需求的多样化发展，人才培养模式问题成为中国高等教育的重要议题，学者和教育工作者围绕人才培养模式，在理念、制度、内容、方法等方面展开了深入的探索和实践。

理念创新成为人才培养模式改革的先导。从高等教育发展的历史看，我国大学人才培养理念经历了由"通才教育"到"专门人才教育"再到"创新型高级专门人才教育"三次大的转变。1949 年以前，受西方高等教育理念的影响，中国大学本科教育以培养"通才"为主，强调通才教育，要求人才知识基础扎实，结构广博，大学以教授高深学术、培养硕学鸿儒、国民领袖为职志，大学虽然也分文、理、法、农、工、商、教育、医学等各科，但十分注重基础学科的学习，把文、理、法各科的基础学科定为必修课，然后主攻一科，使学生不因专门之研究有所偏废。新中国成立以后，百废待兴，为适应计划经济体制下国家社会主义建设和走工业化发展道路的需要，我国高等教育学习苏联模式，人才培养理念由培养"通才"向培养"专门人才"转变，1950 年政务院颁布的《高等学校暂行规程》规定，高等学校的具体任务是"培养通晓基本理论并能实际运用的专门人才，如工程师、教师、医师、农业技师、财政经济干部、语言与艺术工作者"，自 1952 年下半年起开始的全国一盘棋的院校大调整和专业修订，就是为适应专门人才培养而进行的教育改革。到了 20 世纪 90 年代末，经过 20 年的改革开放，科学技术和社会经济发展使人才的市场供求发生了很大变化，人民群众对高等教育的需求也日益多元化、多样化，"专门人才"的培养理念日渐显示出过窄的专业面、较差的可替代性、较弱的灵活性和创造性以及人才培养规格过于单一等缺陷，由此，1998 年始，在新一轮的教育教学改革中，教育部开始推行"创新型高级专门人才教育"理念，1999 年 1 月 1 日起施行的《中华人民共和国高等教育法》规定："高等教育的任务是培养具有创新精神和实践能力的高级专门人才"，这一理念与原来"通才"和"专门人才"培养理念的区别，就在于使人才培养既走出象牙塔，走进经济社会的中心，适应社会各行各业的需要，又纠正工具理性的偏颇，强调学科的联系性和实践的丰富性，避免过早、过度的专门化，其核心是高素质和创新型，这也成为行业特色院校新世纪初转制以来起主导作用的人才培养理念。

培养制度改革取得重大突破。制度改革是人才培养模式改革的纲，在世界高等教育改革浪潮中，制度改革成为主要内容之一。在我国，随着提高教育质量成为高等教育改革和发展的主要任务，培养制度改革就成为重点。培养制度改革体现在基本制度、组合制度、教学管理制度的方方面面，首先体现在学分制的改革上。学分制的主要特点是学习时限的弹性、学习内容的选择性、课程考查的灵活性和培养过程的指导性，充分体现以人为本，重视学生个性发展。我国的学分制改革自北京大学开始，至 20 世纪 50 年代因学习苏联模式而取消，1978 年以来重新成为改革的重点和热点。学分制改革以实行选课制为核心，南京大学、武汉大学等少数重点大学 20 世纪 80 年代初率先进行了选课制改革。1983年，全国教育工作会议提出要将试行学分制向纵深发展，1985 年《中共中央关于教育体制改革的决定》明确提出：要减少必修课，增加选修课，实行学分制。行业特色院校为在管理体制转变后取得新一轮的发展，很多高校加快推进学分制改革。现在学分制改革已在行业特色院校全面推开，多数学校实行的是学年学分制，部分行业特色院校实行了完全学分制，如 2000 年划转教育部管理的 22 所行业特色院校（见第一章）全部实行了完全学分制，这些学校的普遍做法是将所有课程性质分为必修、选修两类，所开设的课程分为通识通修课程模块、学科专业课程模块、开放选修课程模块，其中选修课程包括专业选修课程、专业实践类课程和公共选修课程，本科基本学制为四年，学生可根据专业人才培养计划、自己的需要和学习情况，自主安排学习进程，提前或延期取得人才培养计划规定的学分完成学业，可缩短或延长学习期限一般为3—6 年。培养制度的改革还体现在组合制改革上。伴随着学分制的推行，划转教育部直属的行业特色高校大多实施了辅修和双学位制度，如中国石油大学规定英语、计算机科学与技术、石油工程、国际经济与贸易、会计学五个专业可修为双学士学位专业，修业年限为 2—3 年，如果达不到毕业要求，但修满一定的学分，发辅修专业证书。在教学管理制度改革上，实施弹性教学管理制度成为行业特色院校改革的主要内容，如在考试制度上，改革考试的组织和形式，除传统的命题考试外，增加提交论文、实践作品、大作业等多种考查方式。

教学内容和方法改革取得明显成效。20 世纪 90 年代中期以来，随着计划经济体制向市场经济体制转轨以及高等教育改革的深入开展，我国高等学校教学内容和课程体系进行了较大的改革，教学内容的变化体现出三大重要趋势：一是教学内容不断推陈出新，表现为适应社会、知识、技术发展的现代化；二是双语课程、国际化课程、国外原版教材不断推出，表现为瞄准世界前沿的国际化；三是重新开设文理基础课和综合教育课，表现出纠正"专才教育"的基础化①。行业特色院校在课程编排上适应改革的趋势和潮流，以高素质应用型人才为目标，以培养学生的思维能力、创新能力、科学精神、实践能力为主线，加大力度建设双语课程、优质课程、精品课程和课程群，促进课程的多样化和现代化。在教学方法和手段上，行业特色院校不断探索案例教学、情境教学、讨论式教学、启发式教学、实验式教学，很多高校还结合新时期行业发展需求，推出了订单班、创新班、卓越班等特色人才培养班次，在开展学生导师制的探索中，有些行业特色院校还建立了业界导师制，如中国传媒大学、浙江传媒学院聘请传媒行业一线专家担任学生导师，给学生授课，促进学校教学与社会的接轨，提高人才培养的社会适应性。

二 我国行业特色院校人才培养模式存在的问题

我国行业特色院校人才培养模式经过多年的改革，积累了一些宝贵的经验，也取得了一些骄人的成绩，但存在的问题也是不容忽视的，主要有：

部分院校人才培养比较功利，培养模式仍显单一，缺乏个性和特色。长期以来，由于我国一直没能很好地解决分层次、分类办学的问题，高校都想成为具有硕士、博士学位授予权的研究型大学，都把成为金字塔尖部的大学作为办学目标，体现在人才培养目标上则是追求单一的高标准，研究型大学、教学研究型大学、教学型大学都以培养同种人才为目标，"千校一面、千人一面"。在转制初期，行业特色院校突然失去在行业部门中的核心地位，又由于长期与地方脱节，导致迅速被边缘化，一些行业特色院校为求生存、谋发展，在扩招的推动下迷失了方向，模糊了定位，在没有思考清楚如何既保持特色和发挥原有优势，又服务地方经济社会新需求的情况下，为改校名、升大学，快速增加没有基础的学科、发展了综合性学科，开办了不具备条件的新专业；经历十余年发展后，随着市场经济的发展，部分院校办学功利性强，在设置专业时以学历需求为导向，而不是以社会对人才的需求和教育自身发展的需求为导向，导致不同区域、不同生产力发展水平的地方、不同行业类型的高校学科建设雷同，专业设置贪大求全，如迎合社会上艺术类考试的旺需，一些既没基础又缺乏保障条件

① 胡建华等：《我国高等学校教学改革30年》，《教育研究》2008年第10期。

的非传媒类行业院校也纷纷举办编导、表演、播音主持等行业性很强的专业，结果导致这些专业招生数量庞大，人才培养模式简单复制，缺乏个性，缺乏特色，就业率低。

重知识传承，轻能力培养，应用实践能力弱化。有学者通过对我国高校人才培养进行实证研究，认为我国高等教育强调知识传承与规范，注重对知识的系统掌握，忽视学生主动学习能力和创新能力的培养，导致所培养的学生基本功好、书本知识好、考试成绩好，而创新能力、动手能力却远远比不上西方发达国家，即使是教育部所属的重点高校也不例外[①]。行业特色院校隶属行业管理时期，与行业一线联系密切，人才培养重视师傅带徒弟式的技能实践，但人文基础和综合素质培养未得到足够体现；转由教育部或地方管理后，多数行业特色院校适应大众化高等教育的发展进行了扩容，新兴学科、交叉学科不断发展，专业面不断扩大，学生学科知识面过窄之弊得到纠正，但综合性的过快发展及与行业联系的弱化又使行业特色院校丢了传统优势，加上有行业经验的师资得不到及时补充，人才的行业实践能力培养被忽视。重知识轻能力的培养倾向体现在人才培养模式的诸要素中，在人才培养方案的构成上，过于强调知识学习的体系化，忽视产学研的有机结合；在课程设置上，公共基础类课程比例重，能力技术和研究实践类课程比例轻；在培养方式和教学方式方法上，重课堂灌输和教师传授，轻课堂讨论和学生自主探究，注入式教学盛行而启发式教学不足，对学生的"问题意识"和创造性思维训练不足；在培养制度上，多数行业特色院校的培养制度其基本目的还是控制，强调学生学习和教师教学的标准化和制度化，缺乏弹性和灵活性，不利用学生个性的发展和创新意识的培养。在培养评价上，评价体系不健全，评价方式单一，仍然存在以考代评、缺少前置评价、形成性评价与发展性评价等问题；在评价导向上注重的是对知识的系统掌握，缺少对学习能力的评价。

知识体系更新慢，创新力度不够大，跟不上经济社会发展和行业产业的需要。伴随着信息时代的到来，新知识层出不穷，只有将最新成果及时地补充进来，才能跟上时代前进的步伐。行业特色院校教学内容和课程体系虽然不断充实完善，但内容老化、结构不合理的状况依然存在，课程设置和教学内容设计与市场需求、经济社会发展的现实脱节成为高等教育的

---

① 成中梅：《学习型高校的人才培养模式研究》，华中科技大学博士学位论文，2008年4月。

一个顽症。教材是课程的主要载体，所使用的教材的出版年限反映了所传授知识的时效性，根据对某高校的调查，高校使用当年出版的教材只占3.19%；出版1—2年的教材占17.69%；2—3年的占45.82%；4—5年的占19.16%；6—7年的占5.53%；超过8年的占1.6%，而教师能完全及时补充最新知识到教案或课件中的只有4.42%①。学生所学与前沿技术发展和经济社会所需相脱节，导致学生毕业即意味着失业。

三　我国行业特色院校人才培养模式改革的未来走向

作为高等教育的重要组成部分，行业特色院校必须继续深化教育教学改革，以改革促发展，不断提高教学质量，为国家和社会培养更多高素质专业化人才。新时期行业特色院校人才培养模式的改革和创新，要以高素质应用型为基本定位，以创新创业能力培养为基本导向，以产、学、研合作为基本路径。

高素质应用型是行业特色院校人才培养模式改革的基本定位。从高等教育适应社会发展的角度看，高素质应用型人才培养是高等教育在社会经济发展到一定阶段的必然结果。从广义上说，除高水平研究型大学主要培养基础理论原始创新的学术型人才外，其他大学应把人才培养主要定位在应用型上。应用型人才有不同的层次和类型，区别于职业院校的岗位技能型人才培养，行业特色院校应用型人才应以学科来设计专业，使人才具有更强的通用性和创新性，不仅能胜任某种职业岗位，而且具有技术创新和技术二次开发能力，同时又比学术型人才有更强的实践技能和岗位适应能力。在国际上，根据高素质应用型人才培养定位，出现了四种可资借鉴的人才培养模式，即：美国以跨学科选课为主要特征、在继续加强基础理论学习的基础上、关注向生产实践回归的MIT（麻省理工学院）经典工程教育模式；日本以学群、学类为组织进行综合知识教学的驻波模式；英国以资格证书为中心的实践教学模式和德国以企业和学校；理论知识和实践技能培训紧密结合为特色的"双元制"模式②。

创新创业能力培养是行业特色院校人才培养模式改革的基本导向。行

---

① 黄敬宝：《以就业能力为导向的高校教学内容改革》，《高等农业教育》2013年第3期。
② 北京市教育委员会高教处：《专业型院校人才培养模式的改革与创新——特色行业院校改革与发展论坛论文集》，北京体育大学出版社2010年版，第41页。

业特色院校主要面向现代社会的高新技术产业培养人才，这一培养面向要求人才必须具有创新创业能力。行业特色院校首先要重视学生创新素质的培养。创新素质包括创新精神和创新能力，创新精神属于科学精神和科学思想范畴，包括对自然、对科学、对社会的兴趣和好奇心，弃旧立新的勇气和智慧，自强不息的进取精神，以及严谨求实的科学作风等；创新能力是指发现新问题、提出新方法、建立新理论、发明新技术的能力。其次要重视学生创业能力的培养。创业能力主要指个体的创业技能和素质，包括社会能力、认知能力和实践能力等。培养大学生创新创业能力，不是让大学生毕业后都进行大的创造发明，都选择自主创业，而是要让学生体验科技创新的过程，培养对新事物的探索精神，今后能够在各行各业中开创新事业、创造新价值、从事创造性的工作，这是高素质应用型人才的应有之义，也是行业特色院校适应市场需要、增强学生就业机会的应然选择。在具体教育实践上，行业特色院校应通过设置创业课程、建立多样化的实习实训平台、开展探究式的课堂教学和实验式的创新实践、进行创新文化的熏陶等，着重培养大学生创新思维和意识、创业心理和技能。

产、学、研合作是行业特色院校人才培养模式改革的基本路径。《国家中长期教育改革和发展规划纲要（2010—2020年）》特别提出，要创立高等学校与科研院所、行业企业联合培养人才的新机制，"加强学校之间、校企之间、学校与科研机构之间合作以及中外合作等多种联合培养方式，形成体系开放、机制灵活、渠道互通、选择多样的人才培养体制。"行业特色院校以培养具创新创业精神和实践应用能力的高素质人才为主要教育任务。根据这一目标任务，加强实践性教学，开展产、学、研合作培养人才是行业特色院校的必然选择。这一人才培养模式要求行业特色院校充分利用校内、校外两种环境，学界和产业界两种资源，通过校企双方在人才培养、产品研发、成果转化等方面的广泛交流与合作，达到以服务求合作、以贡献求发展，培养引领和适应行业发展需要的高层次人才的目的。转制以来，针对人才培养中存在的问题，一些行业特色院校尝试产、学、研合作培养人才的路径，初步形成了三种类型：一是工学交替的行业实习实践模式，比较普遍的做法是院校到行业企业建立教学实践基地，学生根据教学计划集中或分散到基地开展生产实践和实习；二是高校创业园模式，主要做法是高校建立实验实训中心、创业研究中心、创业园，通过推出实验实训项目创投、开展大学生创业比赛、扶持大学生创业团队等为大学生提供科技成果转化和创新创业孵化服务，有些高校创业园允许在校学生创办公司，从而建立起校内产学研平台；三是政府推动下的政产学研合作模式，如政府推动在大学附近创办大学科技园，利用大学园区科技资源和人才资源创建经济开发区，通过政府支持、政策引导、高校和企业共同参与开展项目联合攻关等方式，鼓励大学的教学科研活动直接面向产业领域，同时为学生提供便利的创新创业实践环境。

第三节　中国行业特色院校人才培养模式改革案例

一　传媒类院校联手行业产、学合作培养广播影视人才的改革创新——以浙江传媒学院为例①

传媒类院校是以广播影视为特色，面向传媒行业，培养高级应用型人才为主的行业特色院校。20 世纪末转制的原部委属传媒类行业特色院校有两所，一所是浙江传媒学院；另一所是中国传媒大学，浙江传媒学院划转浙江省与国家广播电影电视总局共建共管，中国传媒大学划转教育部直属。仅从院校数量看，传媒类院校是小行业类院校，但由于一方面 21 世纪以来随着我国广播影视及新媒体的蓬勃发展，各类民办传媒院校如雨后春笋、综合性院校纷纷办传媒类专业；另一方面传媒类院校属准艺术类院校的范畴（中国传媒大学和浙江传媒学院大部分艺术类本科专业参照全国 31 所独立设置本科艺术院校艺术类本科专业招生），从而使得对传媒类院校人才培养模式的解析能为全国同类院校提供借鉴意义。

2004 年浙江传媒学院完成了由原行业属高校到省属高校、由专科院校到本科院校的转型。面对高等教育日趋激烈的同质化竞争，如何选择发展路径，培养适应社会发展需求的应用创新型传媒人才？基于这种思考，本着"坚持特色化与开放性协调发展"的办学理念，浙江传媒学院积极推进教育创新，不断更新教育思想观念，2004 年起提出产、学、研一体化的发展战略，在广播电视编导、戏剧影视文学、摄影、录音艺术、数字节目制作、动画、播音与主持等广电影视艺术专业实施联手行业产、学合作培养创新人才的教学改革，在教学方案研制、产、学合作教育平台构建、理论

---

① 相关资料来源于该校 2008 年省级教学成果"联手行业、产学合作、培养应用创新型传媒人才的探索与实践"以及与课题组与该校领导和教务处、相关学院领导的深度访谈。

性研究、师生作品创作等方面取得一系列创新性成果，从而构建起独具特色的创新人才培养体系。主要做法有：

一是与行业发展联动，全面修订人才培养方案。广播影视艺术作为建立在高科技条件上的现代艺术，其人才的智能结构中，操作技能是基础，但是真正的核心要素还是艺术创造意识和创造能力。为此，学校融合素质教育和专业教育思想，凸现能力本位理念，提出应用型、复合型、创新型人才培养目标，根据这一目标，优化培养方案，改变单一的"操作型"和"知识型"人才培养模式，代之以"复合型"人才培养模式，重点突出新时期广播影视艺术专业人才的创新能力培养，即在强化广播影视专业以及综合素质教育的前提下，不断强化实战环境下实践创作能力的培养。人才培养方案的优化主要通过模块化的课程体系改革来实现，学校根据不同专业的人才规格要求设置通识教育、职业素养、学科平台、专业主干、专业拓展、柔性专业、实践教学和隐性课程等课程模块。在课程设计中，一方面，注意理论知识与艺术创新能力的关系，既精心选择和规范知识的传播，精简压缩有关课程，为培养学生的艺术创新能力所进行的专业基本功训练争取到必要的时间和空间，又将旨在训练艺术创造力的专业基础课和专业课的部分内容提前到一、二学期上，使能力培养和知识传授同步；另一方面，注意通与专、博与约的关系，在广播影视艺术类专业中，既加大通、博类课程的选修比例，在学科基础课层面中增加新闻、新技术、心理学等交叉学科的学分，又通过开设隐性课程充分发挥学生的学习自觉性和主动性，激发和培养学生的艺术创造力，为日后的专业学习和艺术创作打下扎实的基础。

二是与行业开展战略合作，建立产、学一体化的工作机制和实践平台。学校发展与国内各大广电媒体良好的合作关系，通过搭建平台、架设管道，实现产、学合作、资源共享。浙江省政府与国家广电总局（现国家广电新闻出版总署）共建浙江传媒学院，浙江传媒学院与浙江省广电集团、湖南广电集团、河南广电集团、杭州文广集团、华数数字传媒集团等全国各类各级100多个广电机构开展多方位的深度合作，建立产学实践教学基地，并在基地建立了推进产学合作教育理事会的定期联络机制、项目管理的工作机制、优质资源共享机制等三大机制和双向聘任的师资共享平台、校内外实战环境的实践教学平台、联合开展项目研发的基地合作平台、项目制学生创新平台、公司化运作的学生创业孵化平台等五大平台。

浙江传媒学院注入资金与浙江广电集团共同成立浙江省广播电视研究院，投入人力、物力共同建设杭州文广集团少儿频道，学校与行业资源实现了有效整合，行业中大批优秀一线专家成为学校兼职教授和学生业界导师；学校繁重的综合实践、毕业实习等实践教学任务在行业实践基地完成，一线大量先进的广播影视制作设备通过共建管道向学生开放，成为他们增强才干的最佳场所；通过合作平台和管道，学生的作业、作品成为行业产业化的项目、节目和栏目；通过合作平台和管道，学校向行业输送了大量毕业生，每年70%以上的毕业生留在广播影视行业内。

三是以创新创业园区为基地，打造独具特色的校内产、学合作教育平台。浙江传媒学院斥资1.2亿元建成22层的学生创新中心和创业园，筹措资金设立创新创业教育专项基金，鼓励学生申请项目入园建设；成立以学生为主体的覆盖杭州下沙高教园区的实验电视台，全面推进学生创新活动；在校内搭建产业孵化园区，成立管理公司，为学生自主创业提供政策、资金等全方位的扶持；组织师生申报浙江省"文化精品工程"，完成《孝女曹娥》系列动画片、电视电影《明月前身》、电视剧《五月槐花香》和《大工匠》的拍摄，采取独立或与行业合作的方式产业化运作播出。2004年以来，浙江传媒学院师生共创作并播出短剧、纪录片、动画等影视作品200余件，发表各类文学作品500多万字，其中电视电影《明月前身》、电视剧《大工匠》等获全国电视金鹰奖。

四是利用校内与校外两种资源、学校与行业两种环境，积极尝试多方合作的多规格分层教育模式。浙江传媒学院规定每个学生在选择专修专业之外还可以自主在学校所在高教园区7所本科院校中选择一个辅修专业；在每个人才培养方案中包含三个以上的柔性专业方向，供学生自由选择；开设各种选修课程，选修学分占总学分的35%左右。2006年起，学校和浙江省广电集团联合进行播音主持专业的"未来主打星"合作教育试点，在全省各本科院校的二年级学生中通过电视选拔有一定基础和较好潜质的其他专业的学生进入播音主持专业并与电视台签订就业协议，由学校和相关电视台共同制订人才培养方案并且实施教学，实施订单式培养。2007年起，学校与中国广播电视学会联合举办"中广班"，在全校一年级中择优选拔学生，每年末位淘汰，实践又一"精英式"人才培养模式，从而建立起多规格、多层次、多样化的人才培养模式。

浙江传媒学院联手行业产学合作人才培养模式充分体现了四大结合：

产与学结合、校内与校外结合、应用与创新结合、就业与创业结合。这一人才培养模式具有多方面的创新意义和借鉴价值。首先，它回答了以应用型定位的行业特色院校的办学定位、发展道路和特色培育等问题。在新的高等教育管理体制下，划转地方为主管理的行业院校"以服务求支持、以贡献促合作、以实力赢地位"，以主动服务努力争取行业支持和资源，增强学校的核心竞争力的做法，对行业特色院校的发展具有较强的借鉴意义。其次，在行业性应用型人才培养中，通过联手行业、产、学合作增强学生职业素养，突出行业性教育特色，用产、学、研合作教育模式培养学生实践能力和创新精神，培养受行业欢迎的高素质创新人才，通过这一探索和实践，丰富了国内应用型人才培养的模式选择。最后，它丰富了产、学合作的时代内涵，产、学合作不仅停留在学校的方针、政策上，而且具体地体现在人才培养模式上，形成了学校与行业在学科上的全面对接，在人才培养、理论研究和节目产生研发的全面合作，较好地体现了产、学合作教育互利性原则、协调性原则和教育性原则，从而具有重要的推广应用价值。

二　工科类行业院校卓越工程师培养的实践创新——以重庆科技学院为例[①]

我国高等工程类教育规模位居世界第一，在原行业部委管理期间，为适应新中国成立后工业化建设的需要，行业特色院校比重最大的是高等工程教育，不仅理工类行业院校以工程教育为主，医药、财经、政法等行业院校都办有本行业相关的工科类专业。工程教育以服务部门行业需要为主要目的，基本围绕行业的产业链设置专业，在课程体系、实验条件、培养模式等方面具有较强的行业专门性特点，学科数量较少，专业面窄，与新中国成立初期工业化迅速铺开需要大量应用技术人才相适应。经过35年的改革开放，进入21世纪以来，随着我国工业发展环境、比较优势和内部动力机制的深刻变革，走新型工业化道路成为关系我国经济发展全局的战略选择，转制后的行业特色院校面临工程教育的转型问题。

在工程教育发展的关键时期，2010年起，教育部以推动培养各行业高

[①]　相关资料主要来源于该校网站、宣传资料以及课题组成员2012年访问该校时与学校领导和相关部门的座谈。

质量创新型工程技术人才为目标，先后启动三批"卓越工程师教育培养计划"（以下简称"卓越计划"），其中包括"985"大学、"211"建设学校、地方重点建设大学、一般学校四种不同类型，实施层次包括工科本科生、硕士研究生、博士研究生，第一批共 62 所，第二批共 134 所，第三批学科专业名单学校 158 所。不同实施层次"卓越计划"的战略重点不同，但有三个共同点：一是行业企业深度参与培养过程；二是学校按通用标准和行业标准培养工程人才；三是强化培养学生的工程能力和创新能力。

重庆科技学院位于我国西南重镇重庆，于 2004 年由两所部委属院校原重庆工业高等专科学校和原重庆石油高等专科学校合并组建而成，组建之初，冶金和石油是学校的传统优势学科专业，经过 10 年发展，学校已形成以工为主，以石油与化工、冶金与材料、机械与电子、安全与环保为特色，涵盖理、工、经、管、法、文、艺的多学科协调发展的高等学校。重庆科技学院的成功转型得益于学校转制组建以来的准确的发展定位，校门口的群组雕塑寓意学校牢牢立足于原有石油和钢铁行业学科优势办学，从而形成了鲜明的工科为主的办学特色和办学风格。2010 年，重庆科技学院跻身于国家第二批"卓越计划"，目前，石油工程、冶金工程、油气储运工程、无机非金属材料工程和自动化五个专业获批"卓越计划"专业，这使重庆科技学院遇到新一轮发展契机，在"卓越计划"引领下，学校不断增强主动服务行业企业需求的意识，联合行业企业，改革人才培养模式，努力提升学生工程实践能力和创新能力，人才培养质量不断提高，给升本转型不久的同类行业院校提供了宝贵的可借鉴经验。主要做法可概括为三方面：

一是依托行业、面向世界、面向未来确定人才培养目标。"卓越计划"与传统工科人才培养相比，更加强调人才的国际化、创新意识和工程实践能力。为此，重庆科技学院依托"两业两域"（石油行业和冶金行业，安全领域和重庆地域），瞄准国际前沿和真实工程实践需要，在确定"行业性、地方性、应用性、开放性"总体办学定位的基础上，进一步厘清和明确人才培养目标，并把培养目标细化为知识、素质和能力要求。如进一步明确石油工程专业的培养目标是"培养适应石油工程学科发展和石油工业国际化市场需求、掌握石油工程理论和专业技能、能基本胜任油气钻井工程、开采工程和油藏工程领域的工程设计、工程监理、应用技术研发和现代油藏经营管理等工作，具有较强的创新意识和显著工程实践能力的高级应用型专门人才"[1]；冶金工程专业的培养目标是"培养适应社会和冶金行业发展需要，创新意识强、工程能力突出、综合素质高，掌握冶金工程基础理论、生产工艺与设备及冶金工程设计方面的专门知识与关键技术，具备分析、解决冶金生产过程中存在的工程问题的能力，从事冶金工程及相关领域的生产、管理及经营、工程设计与技术开发，具有良好的沟通与组织协调能力的应用型高级专门人才"[2]。

二是根据人才培养目标构建理论、实践、素质三大教学体系。理论教学体系采取工科通识教育加专业模块加国际化模块的形式，在专业模块上，在传统人才培养方案设置专业基础课和专业技能课的基础上，增设专业强化课程，如石油专业，学校按油藏、钻井、采油三个方向构建课程体系，将需强化的专业理论和实践技能整合成综合性专业课程专门设置。在国际化模块上，主要强化外语课程和经营管理课程。实践教学体系包括基本技能培养、专业技能培养、综合能力培养三方面，强化学生工程意识、工程素质和工程实践能力培养，如自动化专业，实践教学包含了基本技能训练（大学物理实验、工程综合训练等6周）、机械工程技能训练（课程设计等8周）、机械设计制造综合训练（基于项目的综合训练5周）、专业技能综合训练（专业方向实习、教学实验、企业培训等10周）等完整的课程体系[3]。素质教学体系包括政治思想、身心健康、科技创新、职业生涯等方面的教育，从而构建了适应"卓越计划"需要的比较全面、比较完善的教育教学体系。

三是根据人才培养目标和教学体系，学校与行业企业共建灵活多样的人才培养模式。人才培养目标和专业教学体系确定后，重庆科技学院更加注重专业人才培养与行业企业的共建与合作，探索并创建了灵活多样的人才培养模式，主要有：阶梯式综合实践教学模式，即与行业共建先进的实验教学平台和技术研究中心，建立含基础性、综合设计性、研究探索性实验的阶梯、多层次、模块化、个性化的实验教学课程体系，并逐步提高

① 罗沛、李文华：《石油工程卓越工程师培养探索与实践》，《教育教学论坛》2013年第11期。

② 吕俊杰、杨治立、朱光俊：《应用型冶金工程专业卓越工程师教育计划探索》，《教育与职业》2012年第14期。

③ 任连城等：《"卓越工程师"培养模式初探》，《重庆科技学院学报》2012年第24期。

综合设计性和研究探索性实验的比例;"3 + 1"人才培养模式,即三年在校进行基础理论和实践技能学习,一年到行业单位开展顶岗实习或实践;订单式人才培养模式,组建"中原(油田)班"、"鄂钢班"、"重钢班",聘请企业界人士担任专业指导委员会委员,参与专业建设和人才培养方案制订;"卓越计划班"人才培养模式,学校集中一定的人力、物力和财力资源,开展卓越工程师培养改革试点,组办了工程创新人才培养模式改革班,简称"卓越计划班",如冶金专业从冶金与材料工程学院各专业遴选优秀生组建卓越计划班进行钢铁冶金方向的卓越人才培养,以积累经验,逐步推广。

通过立体式、系统性、多样化人才培养模式的实践,重庆科技学院既培养了学生科技实验技能,又培养了其创新能力,收到了很好的效果,学校的社会美誉度不断提升,近年来,毕业生初次就业率一直保持在90%以上。当前,学校正朝着建设高水平行业特色院校的目标奋力迈进。

三　农林类院校立足区域培养实践创新型农业人才的改革探索——以华中农业大学为例①

农林类院校是行业特色院校的一个重要类别。体制划转前,我国高等农林院校管理有三个层次:一是由中央农业部和林业部主管主要为全国农林部门培养人才的高等农林院校;二是由地方政府主管的主要为某一地区培养人才的高等农林院校;三是由地方有关业务厅、局主管的专科性高等农林学校。20世纪末21世纪初,根据国家高校管理体制变革的要求,原部委属农林院校或划转教育部管理,或划转地方实行省部共建。就农业类院校来说,通过"共建、调整、合作、合并",我国有农业高校从1984年的61所调整发展到2008年的38所,调整后高等农业教育相对规模缩小,但资源得到合理配置和利用,38所农业院校实力得到提升。其中,教育部直属6所,除宁夏、青海、广西、海南、重庆、贵州等六省(自治区)原独立设置的7所农林院校相继被合并或与其他院校合并重组成综合性大学外,其他省市(自治区)至少有一所独立设置的高等农业本科院校②。我

---

① 相关资料主要来源于华中农业大学2006年本科教学工作水平评估自评报告、2013年本科毕业生就业质量报告、学校网站以及2013年课题组与该校相关学院、学科教师的深度访谈。

② 沈振锋:《我国农业大学办学模式研究》,华中科技大学博士学位论文,2010年,第86页。

们选择其中一所对农林类院校人才培养模式进行专题研究，既有特殊意义，又有普遍意义。就特殊性而言，高等农业教育在转制后虽得到跨越式发展，但由于对农业的传统偏见，农业高等教育办学条件仍然相对较差，生源相对不足，可持续发展能力弱，相对于其他行业特色院校面临生存和发展的困难要大得多，对其人才培养模式进行专题研究有利于推进新时期农业高等教育的发展、社会主义新农村建设和现代农业发展；就普遍性而言，农业院校在行业特色院校中所占份额较大，将成为培养新时期农业创新创业人才的重要基地，在满足新时期行业需求的应用创新人才培养上具有共性规律。华中农业大学是农业高校中进入"211工程"建设中的一所，办学百余年，体制划转以来该校抓住机遇，突破农业院校人才培养瓶颈，在立足区域培养实践创新型人才上走出了成功之路，对行业院校培养高精尖人才和高素质应用人才都具有借鉴意义。

华中农业大学位于湖北省武汉市武昌南湖狮子山，前身是清朝光绪年间湖广总督张之洞1898年创办的湖北农务学堂，办学历史悠久，是国家首批具有博士学位和硕士学位授予权的学校，2000年由农业部划转教育部直属。学校基础条件优良，名师才俊荟萃，国家级、省部级实验室、研发基地集聚，大学科技园是国家级武汉东湖高新技术开发区核心园，学校人才培养体系健全，学科优势明显，农科是其传统优势。尽管有着悠久的历史、良好的基础和雄厚的实力，华中农业大学同样面临着农业类院校发展所共有的困境和问题。划转教育部直属以来，华中农业大学主动适应国家经济结构战略性调整和人才市场需求，明晰应用型、研究型、复合型人才培养定位，依托传统学科优势，积极发展特色新学科专业，以提高人才培养质量和创新创业能力为核心，以本科教育为主，大力发展研究生教育，通过最近十余年来的加快转型发展，已建设成为以农科为优势，生命科学为特色，农、理、工、文、法、经、管等多学科协调发展的教学研究型大学。其人才培养的主要做法是：以市场需求为导向，立足区域发展、紧跟时代创新、切实加强实践，以创新人才培养模式为着力点，全面构建实践创新型人才培养体系。

立足区域发展。与其他产业不同，农业作为第一产业表现出较强的区域性。为此，农业院校立足区域发展特色学科专业，培养区域农业产业急需人才，是农业院校办学取得成功的重要法门。美国的威斯康星大学，在20世纪20年代之前，还是一个名不见经传的、层次很低的一个大学。

1921 年前后，该校确立了"成为本州人民的头脑，为本州老百姓服务"的理念。威斯康星是个农业州，威斯康星大学就把在全州开展农业技术推广和函授教育作为学校最鲜明的特色和使命，在为本周服务中，它的学科如畜牧学、细菌科学、生物科学等在美国成为最好的学科，这个学校也在美国公办学校里面排在前列。华中农业大学深谙其道，在服务面向上，牢固确立立足华中、辐射全国的定位，特别重视服务于湖北地方经济社会发展，围绕湖北重点产业和现代化农业发展拓展学科专业和培养人才。湖北是农业大省，但湖北农业大而不强，调整优化农业经济结构是湖北经济社会发展的重要目标，为此，在充分开展市场调研的基础上，华中农业大学重点围绕区域对现代农业建设人才、农业产业化经营人才、农业科技人才三类人才的迫切需求，调整优化专业结构；学校还通过与政府和市场主体开展战略合作联盟，为政府提供决策服务，为区域经济发展服务，2013年，学校先后与湖北省 19 个县市区和企事业单位签订产、学、研合作协议 288 项，与 30 多家湖北省知名企业签订就业基地协议，为企业订单式培养人才；学校"111"计划与"双百"计划直接服务以华中地区为主的社会主义新农村，学校为大众提供科技讲座，把大学办到了人民当中，在为本区域服务的同时，学校积累了坚实的发展基础和良好的社会声誉。

紧跟时代创新。随着社会主义新农村建设的推进，农业产业结构得到了大幅度的调整，农业劳动力问题、环境问题、生态问题、能源问题逐渐成为新时期农业科技革命关注的焦点，高科技农业、设施农业、生态农业、工厂化农业得到广泛应用，现代农业、农业观光园等新农业产业形态蓬勃发展，高等农业教育将从经济舞台的幕后走向前台。为此，农业院校以传统农业种植、养殖为基础的知识结构体系必须得到及时调整，现代化农业及相关的经营管理知识必须得到及时补充。华中农业大学十分重视教育观念和思想更新，重视确立具有鲜明时代特征的办学观、发展观、质量观和教学观。学校为适应国家经济结构战略性调整和人才市场需求，采取了一系列对策和措施，一是瞄准科技发展前沿，依托重点优势学科调整优化学科专业结构和布局，做优农科、做特生命科学，大力发展信息科学、信息管理等高新技术类学科专业，重视发展与市场化、产业化相关的经济管理、国际贸易、设施农业科学与工程、城市规划（风景园林）等应用型交叉学科专业。二是优化人才培养方案，深化传统专业课程设置体系改革，体现一个重点——以培养学生创新精神为重点；四个增加——增加新知识丰富专业内涵，增加选修课促进个性发展，增加通识教育课推进素质教育，增加实践教学课培养实践能力；一个整合——整合优化课程体系，形成公共课、学科类群基础课、学科专业基础课、专业课共同组成的理论和实践教学课程体系。三是深化课堂教学改革，提升教学质量，大力开展精品课程和教材建设，不断推进教学方法、考试方法和教学手段改革，积极开展双语教学，依托优秀人才、科技创新团队及教师承担的科研项目培养学生的创新精神和实践能力。

切实加强实践。农业学科是一门实践性很强的科学，农科毕业生必须具有指导"三农"、服务"三农"、发展"三农"的实际本领。华中农业大学一向重视学生动手能力培养，20世纪40年代，时任湖北省立农学院院长管泽良提出"学行兼优"的培养目标，要求学生"学做合一，手脑并用，具备科学之头脑，农夫之身手"；50年代，许子威院长号召师生"一手拿书本，一手拿锄头，勤耕苦读，又红又专"；进入21世纪，学校弘扬"勤读力耕，立己达人"等办学传统，坚持"育人为本，崇尚学术"的办学理念，着力培养学生的学习能力、创新能力和实践能力，高度重视实践教学体系建设。主要做法是：突出实践教学环节，强化课外学术科技活动，重视社会实践活动。一是突出实践教学环节。在课程和学分设置上，规定农学、理学、工学等专业实验学时不得少于课内总学时的20%，超过30学时的实验课单独设课；实践性教学环节，自然科学类专业30周以上，人文社科类专业25周左右，农科类专业安排学生参加一个完整生产周期或两个生产过程的主要生产环节。在教学资源建设上，重视建设校内校外两种实践教学资源，植物生产类、动物生产类、水产养殖类、食品工程训练类等校内教学实践基地齐全，现有的国家重点实验室、国家工程技术研究中心等校内研发基地为学生毕业设计、科技创新提供优秀的指导队伍、先进的仪器设备和良好的创新环境；校外实践基地包括五个层面：认知和基本技能训练教学实习基地、科研技能训练基地、校外课程教学实习基地、产、学、研结合基地、野外综合教学实习基地。二是强化课外学术科技活动。学校2001年起设立创新学分和大学生科技创新基金（SRF），建立"早进实验室、早进课题、早进团队"的实践育人模式，鼓励大学生提前进入科研和创新活动。三是重视社会实践活动。学校依托专业，服务"三农"，教师参加以科教兴农、科研蹲点等实践锻炼为主的实践教育，倡导好的教授他的鞋子上面必须沾上牛粪，教授应该到农田去，到老百姓中间去；把学生参加社会实践作为人才培养的重要环节来抓，组织学生深入农村、农户，推行订单式服务、项目化运作、基地化建设、规范化管理，开展农技推广、文化宣传、义务支教。

立足区域发展、紧跟时代创新、切实加强实践的人才培养模式，使华中农业大学的人才培养质量得到社会广泛认同，学生基本理论与基本技能扎实，实践创新能力强，创业就业能力强，在近年来我国高校就业形势严峻的情况下，就业质量高，就业专业相关度高，学校于2009年入选教育部首批发布的"毕业生就业50所典型经验高校"，成为湖北省首批大学生创业示范基地。

第八章 行业特色院校社会服务模式的
改革与创新

　　社会服务是高等学校的重要职能，行业特色院校划转以来，及时调整办学思路，努力提高办学能力，为国家、行业和区域作出了新的重要贡献。但也存在诸多问题：一方面，行业特色院校与原主管部门脱钩后，学校与行业的联系进一步弱化，在行业重大科研活动中的参与度和贡献率不断下降，行业竞争力和话语权不断缺失；另一方面，一些行业特色院校在体制转轨后，未能在社会服务上与地方社会经济文化发展有效结合，在立地服务上存在着较大的落差与断层。为此，在科学技术发展日新月异、高等教育改革深入推进、地方经济与社会发展加速转型的大背景下，行业特色院校应同时面向行业和地方经济社会文化发展，更好地厘清社会服务工作的战略重点、实施原则、实施策略及相关政策保障等，探索一条新时期社会服务的创新道路。

第一节 行业特色院校社会服务的使命和原则

一 新时期行业特色院校社会服务的使命

　　行业特色院校管理体制改革后，基于"行政隶属关系"的行业特色院校不复存在，转而形成的是一批除部分由教育部直属外，主要以地方管理为主、具有鲜明行业办学特色和行业竞争力的行业特色院校群体。如何依托行业特色，一方面，探索与行业合作、为行业服务的新机制；另一方面，寻找和拓展与区域经济发展的结合点和附着平台，就成为新时期行业特色院校社会服务的重要使命。

　　行业特色院校肩负着为行业培养高素质应用人才和开展科技创新服务的使命和责任。行业特色院校有着依托行业及为行业开展社会服务的传统，转制以后如果离开行业发展，就会成为无源之水、无本之木，失去竞争的优势和特色，失去核心竞争力。同时，日新月异的行业科技发展和产业形态变化也使各行各业对相应的行业人才和技术需求变得更加迫切。为此，行业特色院校必须更好地面向行业，积极探索为行业服务的新机制、新渠道，主动担负起为行业培养适用人才、服务行业技术创新和产业升级、引领行业发展的使命和责任。首先，行业特色院校服务行业的传统优势是为行业培养创新型专门技术人才，新的时期，行业特色院校应积极应对行业新需求，进一步整合和发展学科专业优势，通过开展产、学合作教育等方式，培养高素质应用人才；其次，行业特色院校服务行业的另一优势是科研、技术等智力因素，行业特色院校应及时发展与原行业部门的共建关系，开拓学校与行业之间扁平化合作、项目化管理的新渠道，建立与行业企业松散化组织、制度化运行的联系商讨新机制，以共建为新平台，在学科上与行业全面对接，在应用研究、技术开发、经营管理和生产服务上与行业开展全面合作，通过合作和联合攻关，解决制约行业发展的重大科技问题，帮助企业成为科技创新的主体，直接为经济服务。

行业特色院校肩负着为区域经济社会发展服务的使命和责任。高等教育与区域经济社会发展的关系越来越密切，行业特色院校划转教育部和地方管理后，其建设发展水平将对当地社会经济发展产生重要持久的影响，反之，能否为所在区域经济社会发展服务，也直接决定行业特色院校在区域中的地位以及自身的生存和发展。为此，行业特色院校必须不断深化改革，主动围绕区域经济社会发展需要确定目标、建设专业、培养人才，比如，同样是农业类大学，华南农业大学侧重于茶学、动物医学、农学（农业昆虫与害虫防治、作物遗传育种、信息技术、农业经济管理方向）、森林资源保护与游憩（旅游管理方向）等学科专业；西北农林科技大学侧重草业科学、酿酒工程、植物保护、旱区农业与节水技术、黄土高原水土流失综合治理等学科专业和研究领域；东北农业大学则在土地资源管理、农业机械化及其自动化、农林经济管理、农村经济发展等领域形成鲜明特色和优势，这都是行业特色院校根据区域经济特色、发展水平、生活水平、生态环境所做出的应有选择①。此外，推动经济转型升级的核心是提高自

---

① 资料来源：秦磊、吕作民：《高等教育必须主动为区域经济发展服务》，《白城师范学院学报》2006 年第 3 期，并综合各校网站介绍整理。

主创新能力，关键是通过产业优化升级实现由粗放型增长向集约型发展转变，行业特色院校由行业划转地方管理后，必须根据地方经济社会转型升级和产业结构调整的整体布局，主动面向国民经济和社会发展主战场，发挥自身科研优势，切实解决区域发展实践中的大量科技问题，在服务区域建设的同时，实现自身的跨越发展。

二　当前行业特色院校社会服务中存在的问题

当前行业特色院校社会服务中还存在一些问题，主要有：

一是行业特色院校的定位偏差使社会服务在立地上失去现实依附平台。行业特色院校长期在相对封闭的行业体系内办学，如何实现与区域经济文化的协调发展是其面临的一个全新命题。部分行业院校在划转到地方办学后，面对区域高等教育的竞合格局，急于摆脱原有的行业特色，盲目向综合性大学转型，特色学科的资源供给持续弱化，原有的办学特色和优势削弱，而新建学科的竞争力建构仍然需要一个过程。定位偏移使社会服务在立地服务的方向遴选上存在着较大的不确定性，产业贡献及其学科支撑之间的断层裂痕日益明显。而与此同时，个别行业特色院校仍然机械固守其原有的学科体系，缺乏新文化、新技术背景下学科生长点的发掘与培育，缺乏学科优势与区域经济转型升级的衔接与互动，有"转制"之名，却乏"立地"之基。

二是行业特色院校社会服务的政策机制有待健全。行业特色院校划转后，办学资源供给方式、管理机制与运行模式、人才培养模式与社会服务手段等都面临着全新变革。行业特色院校与原行业部门的关系有待重建，在区域高等教育布局中的"角色地位"有待确认，地方政府"分层分类管理、特色化发展"的相关政策需要进一步明晰，行业特色院校与区域社会经济文化发展相对接的扶持性、调适性政策体系亟待健全。当前行业特色院校社会服务孵化、激励、保障性政策的缺失，驱动、调控以及约束机制的建设滞后对其社会服务职能的发挥形成极大的制约。

三是行业特色院校转制后的"适应性"迟滞严重影响其社会服务在"立地"职能的发挥。"定位"是战略层面的方向问题，"适应性"迟滞是行业特色院校在内部教学改革、科学研究、社会服务等方面发展质量与发展速度上的不足，内部治理结构的调适与优化不能有效适应行业特色院校与区域经济文化发展的磨合诉求，导致行业特色高校在立地服务能力上存在不足，在区域经济文化发展重大理论与实践命题上的话语权缺失，对于区域经济文化发展贡献率的不足。

四是转制后行业特色院校"新文化建设"的不足影响面向行业和面向区域双向服务共识的形成和潜能的激发。不可否认，原来行业特色院校长期的行业办学积累了特殊的行业气质与文化精神，这种积累体现了行业特殊的奋斗轨迹和发展脉络。新的时期，我们需要将行业文化精神与区域文化源流、文化特色更好实现交融，将行业传统文化精神与行业新发展更好实现传承和对接，既丰富行业特色院校的文化内涵，更让这种富于包容性、开发性的文化精神的打造激发师生员工对行业新发展的认识、对区域文化的认同、服务区域经济文化发展的热情。比如浙江在经历江南文化长期熏陶以及海洋文化的冲刷和洗练后形成的精致、优雅、豁达、和谐的文化气质，对于浙江属地的行业特色院校培养和形成融合行业文化与区域文化的独具特色的校园生态文化，从而更好地服务于行业和区域，具有重要的启迪意义。相对于原行业属院校和原有地方院校而言，划转后行业特色院校在这方面有更多的工作要做。

三 行业特色院校社会服务的原则

新时期，行业特色院校社会服务应遵循以下原则：

"顶天立地"原则。新时期行业特色院校社会服务既要上接行业发展的"天时"，又要下联区域经济转型升级的"地气"；既要强调行业精神、行业文化的浸染与渗透，又要强调区域文化特色要素的开发与融入。在"顶天"服务行业中，行业特色院校要切实担负起相关行业发展的人才培养、知识创新和社会服务的重任，通过国际合作、校企合作、人才引进等途径，重点围绕特色学科特色专业特色优势研究方向大幅提升办学水平，使行业性学科成为服务行业的"单打冠军"，让行业特色性服务成为推动行业发展不可替代的中坚力量，如南京信息工程大学在综合实力上与一些老牌综合性大学相比有差距，但在气象行业专项立项数一直高居全国高校榜首，大气学科群在国内外气象界享有美誉，在服务气象行业上其他高校无法与其比拟；北京物资学院以物流和流通为特色的专业体系和学科群在服务行业上鹤立鸡群；北京电影学院是我国电影人才的顶尖学府。在"立地"服务地方的模式建构中，既要坚持内部治理结构、资源开发与供给模式、人才培养机制与社会服务手段等"制度硬件"层面的对接，提供相对完善的政策框架体系，同时更要注重对于区域文化特质、文化精神等"软件要素"的开发与植入，改变传统的简单技术层面对接的模式，拓展立地服务的文化土壤，增加文化共识，激发文化潜能，凝聚文化动能，形成立体化的促进"立地服务"的文化氛围。

"优势环绕"原则。行业特色院校经过长期的行业办学，大多在某一学科领域形成了鲜明的办学传统与特色，具备了较强的竞争能力。体制划转后，在社会服务进程中，行业特色院校要避免简单、片面迎合区域经济文化的发展热点，随意置换办学目标、学科建设与发展方向等，而要始终围绕和立足原有的学科特色与优势发掘与萃取面向区域经济社会服务的项目、集成立地服务的优势。即使是原有的学科平台与区域经济文化重点存在结构性差异，也要通过特色与优势学科的合理化延伸，寻求与区域经济文化互动的嫁接要素与平台，来探求立地服务的潜在机遇。"优势环绕"原则从逻辑起点上明确了行业特色院校固有的办学优势与特色是其可持续发展之基，是其社会服务的主要支撑平台。如传媒类院校，在体制划转前，中国传媒大学、浙江传媒学院办学传统和特色主要是围绕广播电视采、编、导、制、播流程发展学科、设置专业，体制划转后，这些学校仍要进一步发展好既有优势，紧贴传媒行业办学，在此基础上结合区域特点延伸发展相应的新媒体、动漫设计、文化创意、文化管理等新兴学科、交叉学科，为区域经济文化服务。

"准星校验"原则。行业特色院校在社会服务项目的选择中，要避免"大小项目兼得、眉毛胡子一把抓"的趋势，意图通过简单项目数量的累加烘托社会服务绩效的外在观感，反而造成有限科研与人才资源的分散，影响社会服务竞争力的建构。"准星校验"原则就是要通过科学的项目遴选与论证机制，在综合权衡行业特色院校现实基础与行业和区域经济文化发展诉求的基础上，反复比照内在资源供给、竞争力配比以及市场竞合状况等各项指标要素，确立行业特色院校服务行业服务区域的主要方向和项目载体，将资源与研究力量集中在具有重要创新价值、对行业和区域经济文化发展具有牵引与驱动作用的理论与实践命题研究、重要原创性应用性技术开发与主导产业的转型升级以及行业发展咨询、人才素质的培训提高上。通过大项目、大平台的建设更好地引领和服务行业、推动区域社会经济文化的发展。如浙江传媒学院近年来把承担国家广电总局重大规划课题、研发媒介资产管理系统、承办全国播音主持人和新闻教育编辑资格考试出卷与阅卷工作、服务全国广电局台长培训、承办中国国际动漫节产业高峰论坛等作为服务行业、服务地方的重点，就是对这一原则准确把握后的选择。

"合纵连横"原则。行业特色院校由于经历了长期的行业办学，与地方关系相对疏离。在新的历史时期，要实现行业特色院校的可持续发展，孕育、建立与形成具有牢固根基的立地服务机制，就是必须坚持"合纵连横"原则，发展与地方政府、骨干企业、科研院校乃至产、学、研合作中介机构之间的全方位合作关系，构建人力、信息等各种软硬件资源的交互、共享平台。既现实地扩大行业特色院校资源供给渠道，形成集聚优势，催生新的项目内容与项目载体，又极大增强行业特色院校区域附着的基础。上海交通大学依托主体区域上海闵行区，深入探索并实践了大学校区、科技园区、公共社区三区联动融合发展的模式，大学为科技园区提供创新人才、项目和手段，为整个区域经济社会发展提供智力支持；科技园区架起学校与社会联动的桥梁，为大学师生和城区市民创新创业及就业提供场所；公共社区为大学和科技园区发展提供公共服务和创新创业空间，为行业特色院校新时期"合纵连横"发展提供了一种可资借鉴的模式。

第二节　行业特色院校社会服务可持续发展的策略和路径[①]

一　行业特色院校社会服务的具体策略

根据上述原则，新时期行业特色院校开展社会服务必须认识和处理好四对关系，采取具体的有针对性的策略：

注重处理社会服务中大与小的关系，不断凝练特点。行业特色院校在精英化教育阶段相比综合性大学一般规模都比较小，随着高等教育的大众化，行业特色院校既要抓住机遇，扩大规模，乘势而上，又要把握好发展的节奏，处理好服务"大众"与服务"小众"的关系，凝练自身办学特点，努力实现规模、结构、质量、效益的协调发展。服务"大众"，指行业特色院校要建设一定的规模，要强化追求真理、培养人才、创造知识、

---

① 本节主要内容已公开发表，详见李文冰《地方性行业院校科学发展的策略及其举措》，《中国高教研究》2010 年第 4 期。

服务社会的大学理念，要把人才培养的宗旨、规格、标准统一到培养为社会主义现代化建设服务、为人民服务，德、智、体、美全面发展的社会主义事业的合格建设者和可靠接班人上来；服务"小众"，指行业特色院校必须在原有优势和特色的基础上，准确判断和把握经济社会和人民群众的多样化需求，紧贴行业发展前沿，创新教育观念，在办学层次、学科专业门类设置以及人才培养模式、培养目标、培养方法和质量标准上，科学定位，办出特色，办出水平。

注重处理社会服务中条与块的关系，牢牢把握重点。服务条状的行业企业与服务块状的地方经济是新时期行业特色院校需同时注重的两个服务方向，这两个方向是互相交叉、互相融合的，行业特色院校要善于找到交叉点、融合点，把握好服务的重点，加强服务的针对性和有效性。行业特色院校是由原行业部委按行业布局进行布点建设的，其属地一般而言就是该行业最集中、发展程度最高的地区，区域的行业性质鲜明，区域经济发展与行业发展高度契合，如辽宁省是我国老工业基地，该区域就集中了一批工科类行业特色院校，在1998—2000年三次较大规模高等教育体制改革调整中，辽宁省属地涉及原中央部委属高校有20所，这些学校中66.67%是工科院校[1]。体制划转后，这些学校只要牢牢把握原行业发展的新趋势和区域支柱产业的新发展，在加强与地方经济联系的同时，面向行业和区域产业发展需求，围绕产业链的基础研究和技术攻关目标，做好老工业基地的科技创新这篇文章，就能成为服务区域经济的生力军和服务行业的主力军。

注重处理社会服务中远与近的关系，争取抓住焦点。远近包括地域上的远近和时间上的远近。地域上的远近，指行业特色院校在社会服务中既要服务本地区本行业的发展，又要服务外区域全行业的需要；时间上的远近，指行业特色院校既要有前瞻性的眼光，有开展先导性研究、引领全行业发展的长远考虑，又要从所处区域行业发展所需的就近着眼，找到焦点，形成自身清晰的定位，布局科学发展的方向。行业特色院校由行业部委创办，建校之初就面向全国招生，经过多年办学，已形成全国性的优质生源基础和社会美誉度，毕业生遍布全国同行业技术、管理、领导各个岗

---

[1] 吴爱萍：《辽宁省省属行业划转院校科技创新能力研究》，《中国高教研究》2010年第7期。

位，行业学科领域具有全国性的影响。这些都使行业特色院校相比一般性地方院校具有明显的比较优势。管理体制转型后，行业特色院校在尽可能满足地方性高等教育需求的同时，对生源结构进行全局规划；在积极争取地方政府办学支持的同时，集聚自身资源和优势，为全国本行业发展服务。

注重处理发展中新与旧的关系，努力解决难点。学科与专业建设是行业特色院校发展中的难点，也是服务社会的基点。凭借与行业的天然联系，该类院校长期以来为适应行业传统领域需要，建设了若干代表同领域全国领先水平的优势学科专业，也正是这些学科专业，使行业特色院校建立了自身服务社会的特色和品牌。当前，传统行业农、林、地、矿等不断推陈出新得到发展，以高科技为先导的传媒等新兴行业更是蓬勃发展。行业特色院校要取得可持续发展，除需继续保持服务行业传统领域的优势外，必须始终关注行业最新发展动态，在理论探索、科技研发、人才培养上紧跟行业发展步伐。

二 行业特色院校社会服务的可持续发展路径

建立与完善行业特色院校社会服务的政策体系。地方政府要把行业特色院校的发展纳入到区域高等教育发展版图进行统筹规划，把行业特色院校社会服务工作纳入到区域产、学、研合作的整体规划。尤其要针对长期行业办学所形成的体制不对接、项目需求不对口、人力资源不流动等问题，建立政府、企业、高校之间的三方协调会商机制。立足行业特色院校的发展特色与学科基础，围绕区域经济文化转型升级的目标，企业技术创新、管理改革等的诉求等开展全方位的对接，积极协调解决体制壁垒与障碍、厘清合作方向与目标、科学设计与规制产学研合作政策口径、扩充合作途径与通道、集聚与整合多方资源、挖掘与拓展项目潜力，使行业特色院校社会服务能够落地，正式进入到区域经济文化发展的议程设置环节。同时，政府部门也要建立行业特色院校立地服务的经费保障机制，通过建立财政专项扶持基金、项目贴息贷款等方式，缓解与解决行业特色院校与原行业企业"行政输血"断供后带来的一系列不适应症，为体制调适与项目遴选、孵化提供物质保障。建立分类、分层管理与评价机制，活化资源考评杠杆，充分兼顾到行业特色院校学科设置、人才培养、服务面向的特殊性，避免以"大一统"的评价标准与原则架空行业特色院校转制后"国民待遇"，收窄其资源获得渠道。尤其是要结合其社会服务项目生成、实施等的特殊性，充分参考行业评价要素与标准，建立符合实际的考核与奖励机制。建立符合实际的、动态人力资源保障机制。比如在评定职称时，适当兼顾产、学、研合作项目及其对于区域经济贡献率在整体绩效评价中的权重，或对教师职称实行分类评审，在科研型、教学科研型的基础上另辟社会推广与服务型类别；建立校企双向人才流动机制，在教师聘任上更加多样化；允许专业人才骨干以知识产权入股的形式分享研究成果收益；动员社会各方面力量，加强高校教师子女求学、生活等方面的保障等。

加强行业特色院校自身建设，夯实社会服务基础。行业特色院校自身的发展质量与发展水平，决定着其在社会服务中的作为和在行业发展和区域经济社会发展中的地位。一是发展目标的科学化与精准性。长期行业办学历史所积淀下来特色学科和优势学科始终是行业特色院校发展之基。在社会服务进程中，行业特色院校必须始终从自我优势出发，去发现与挖掘合作之"机"。但优势并不是"固本保守"的优势、特色也不是低水平徘徊的特色。在新的历史时期，行业特色院校要特别注意在传统优势学科的基础上，积极挖掘学科建设的新生长点，积极发展交叉学科等，不断丰富原有的学科内容、学科内涵。比如传媒学院等行业特色院校，就必须关注新媒体技术发展、跨媒介传播等对原有的新闻传播学科带来的挑战与机遇，积极延伸发展新媒体专业。在管理体制调整后，传媒学院等行业特色院校要在继续服务全国传媒产业发展的同时，要积极探索如何实现服务全国传媒产业发展与服务区域文化产业发展的统一，探索如何在学科布局中实现"广播影视"与"文化创意"关联度极高的一体两翼格局，而不是片面追求文、经、工、管等学科布局的齐备。二是要加强人才培养模式的创新与改革。长期的行业办学使大多数行业特色院校形成了规格统一、相对封闭的人才培养模式。在推进社会服务工作的进程中，我们必须要兼顾到产业转型、区域经济文化发展对人才素质的全方位要求，在培养学生过硬的专业技能的同时，更加注重通识技能的养成训练，形成"专业技能＋综合素养"的培养结构，使其具有更强的社会适应能力。在注重人才培养统一性的同时，更加注重多样性原则，积极推行分层分类教学，因材施教，为具有不同专业特长、个性特色的学生提供全面的发展平台，也更好地满足区域经济文化发展对于各个层次、类型人才的需求。更加注重学生知识转换和知识牵移能力、终身学习能力的培养，增强其可持续发展能力，更好地适应快速变革的社会潮流与趋势。行业特色院校在人才培养上要特别注意创新性、应用性特征，要改变一段时间以来向理论型、综合性人才培养模式转型的不良倾向。要创新人才培养的评价机制，合理界定专业理论与专业实践之间的比重，以实践适应力、专业创造力作为重要的权衡指标，将学生社会服务的能力作为衡量人才培养成绩的重要评价指标。

建立全方位的对地沟通、互动、协调机制。行业特色院校社会服务是一项系统工程。除承接区域经济文化发展的重大项目、为区域经济文化发展提供强有力的人力资源保障外，加强各个层面的互动与交流也将有助于行业特色院校更好地融入区域经济文化发展。比如面向属地的学校形象包装与学校品牌推介活动，非定向的人员互派挂职活动，联合承接或参与区域社会重大主题活动，开展常态化社会服务、社会实践活动等。有些行业特色院校在划归地方管理后，通过校庆等重大主题活动的开展，通过学校视觉形象系统的设计与集中推介、学校形象介绍片在地方各级媒体的播放，邀请地方人大代表、政协委员和普通群众参观校园，开展各种社会联谊活动等，较快地建构起了全新的形象，为更好地融入区域经济文化发展浪潮打下了扎实的基础。同时，分散化、立体化、动态化的社会服务、校地合作的活动的开展，也为校地重大合作项目、合作契机的孕育和培养提供了一定的社会基础。从某种层面上而言，全方位的对地沟通、互动、协调机制的建立体现了行业特色院校除实质性"项目落地"以外的"姿态落地"，而这是新时期行业特色院校可持续发展的"题中之义"。

行业特色院校社会服务是一个相对复杂的命题。转制后也有个别行业特色院校限于空间经济容量以及可持续发展前景的原因实现迁址办学。而近些年西部地区的行业特色院校与东部经济发达地区的行业特色院校也面临着迥然不同的发展境遇。但是无论如何，把握自身的优势与特色，厘清区域经济文化的发展特征与趋势，进而寻求两者的最佳结合方式与途径则是行业特色院校社会服务的基本逻辑轨迹，片面服从区域发展重点或者视区域经济文化发展于不顾都将对行业特色院校的可持续发展带来深刻的影响。

第三节　中国行业特色院校社会服务能力建设案例

——以浙江省 5 所行业特色院校为例①

浙江省涉及原国家行业部门所属院校共 5 所②，它们是：中国美术学院、浙江传媒学院、中国计量学院、浙江理工大学、杭州电子科技大学。这 5 所普通高等学校在 20 世纪 90 年代末至 21 世纪初由中央划转地方管理，这些院校划转后，及时调整办学思路，努力提高办学能力，为国家、行业和区域作出了重要贡献。但也应看到，这些院校划转后在发展战略、办学定位、人才培养、产、学、研合作等方面还存在一些问题，这些问题影响了行业特色院校社会服务功能的发挥。本节集中考察浙江省 5 所行业特色院校发展现状与问题，在此基础上提出新时期浙江省行业特色院校社会服务的战略和策略选择，供其他行业特色院校参考借鉴。

一　浙江省行业特色院校发展历程

浙江省地处中国东南沿海、长江三角洲南翼，历史上经济较为发达，丝绸、制瓷、造船、信息和文化艺术等居当时中国领先地位。为培养行业性专门人才，新中国成立初期和改革开放以来，根据全国院系布局，浙江省属地 5 所行业特色院校中国美术学院、中国计量学院、浙江丝绸工学院、杭州电子工业学院、浙江广播电视高等专科学校先后诞生或进行归口管理，至全国院校管理体制调整前，这些院校分别隶属于文化部、国家质量技术监督局、纺织部、信息产业部、国家广播电影电视总局管理。几十年来，这些院校凭借与行业的天然联系，努力发展行业性学科专业，在工业、计量、广播电视、文化、艺术领域为国家培养了大批高级专门技术人才和德艺双馨的艺术人才。

改革开放以来，经济社会的发展带来了高等教育的大发展，过去条块分割的管理体制弊端日益明显，由此，20 世纪 90 年代，我国高等教育在

---

① 本节主要内容已公开发表，涉及有关数据根据《浙江本科高校科研师资学科 2013 年度报告》进行了更新统计，发表论文为：李文冰：《行业特色院校立地服务能力研究——以浙江省 5 所行业特色院校为例》，《中国高教研究》2011 年第 11 期。

② 本文案例只统计原国家部委划转行业院校，原属浙江省行业部门管理的院校如浙江农林大学、浙江水利水电学院等不在研究之列。

"共建、调整、合作、合并"方针的指导下开展了新一轮大规模的院系调整，形成了中央和省两级管理、以省为主的新的高校管理体制。1998年，浙江丝绸工学院隶属关系由原纺织部直属改由中央和浙江省共建共管，以浙江省管理为主，1999年更名为浙江工程学院，2004年更名为浙江理工大学。随着高等教育步入大众化阶段，为使区域形态分布更趋合理，2000年，国家全面实施行业院校大调整，涉及原行业部门所属普通高等学校161所，其中实行中央与地方共建、以地方管理为主，并由地方统筹进行必要的布局结构调整的97所，浙江省属地的另4所行业特色院校也在其列①。杭州电子工业学院2004年更名为杭州电子科技大学，浙江广播电视高等专科学校2004年升格更名为浙江传媒学院。

经过转制以来十余年的发展，浙江省5所行业特色院校办学条件得到了前所未有的改善，学科专业得到了跨越式发展，办学实力得到了跨越式提升，已成为浙江省高等教育发展的主力军。中国美术学院先后建成水墨画般的南山校区、象山校区、张江校区三大校区，地跨杭、沪两市，形成了独具特色的"一人双环六学科"多层次的办学格局，美术学被列为全国重点学科，艺术学被列为浙江省人文社会科学重点研究基地，设计艺术学、电影学、建筑学、广播电视艺术学被列为浙江省重点学科，艺术学一级学科获准设立博士后科研流动站；其他4所院校搬迁至杭州下沙高教园区发展，其中浙江传媒学院还在嘉兴桐乡市建设了校区，办学空间普遍翻了数倍。根据《浙江省高等教育"十二五"发展规划（2011—2015年）》，浙江省启动"高水平大学建设工程"，坚持以重点工程推进为抓手，通过政策扶持、资源优配、重点投入等举措，建设一批不同层次、不同类型的高水平大学，中国美术学院被列为建设世界一流大学的支持院校，杭州电子科技大学、浙江理工大学被列为重点建设的教学研究型大学，中国计量学院、浙江传媒学院被列为跻身全国行业大学前列的扶持对象。5所学校不断强化主动服务社会意识，紧密结合浙江产业带和区域产业集群建设，通过建立高校、科研院所、企业科技资源共享机制和扎根于浙江土壤的产学合作机制，强化学科群的集聚效应，努力实现学校办学与行业诉求的协调，既为浙江信息产业、文化产业、新型制造业等区域经济大发展更好地

① 资料来源：中华人民共和国中央人民政府网（http://www.gov.cn/gongbao/content/2000/content_60667.htm）。

发挥了智囊团、思想库作用和科研创新、成果推广转化的直接助推作用，又获得了自身全面协调可持续发展的生命力。

二　浙江省行业特色院校立地服务能力的现状分析

截至 2013 年底，浙江省共有普通高等学校 106 所（含独立学院及筹建院校），其中普通本科高校 35 所（其中大学 15 所、学院 20 所），独立学院 22 所、高等专科学校 2 所、高等职业学校 47 所。5 所行业特色院校全部位于浙江省省会城市杭州市，作为浙江省高等教育发展的重要区块，划转十余年来，立足浙江经济发展需求，适度扩大招生规模，不断优化学科结构，努力提升服务能力，有力地促进了区域核心层经济社会的发展。

1. 人才培养能力分析。

据统计，目前浙江省 35 所普通本科高校全日制在校生数 58 万余人（含研究生），其中 5 所行业特色院校普通全日制在校生数 9 万余人（含研究生），占比约 16%①。毕业生就业区域主要集中在长三角和珠三角地区，以浙江省为主。浙江理工大学、杭州电子科技大学、中国计量学院专业布局以工为主，电子信息和工程技术类专业、机械设计制造类专业、经济管理类专业在这些学校具有悠久的办学历史。中国美术学院和浙江传媒学院以培养文化艺术人才为己任，专业设置覆盖所有艺术门类学科和文学门类学科。浙江是我国改革开放先行区，行业特色院校工科创新人才的培养契合了浙江区域经济发展对产业技术和经济管理人才的需求。21 世纪初，浙江省委从战略的高度作出了建设文化大省的决定。中国美术学院建校以来聚集和培养了众多杰出文化艺术人才，浙江传媒学院则是目前全国培养广播影视及其他传媒专门人才的两个主要基地之一，新的历史时期，两所学校植根浙江，立足传统，着眼于新兴文化业态的发展，为推进浙江文化创新，构筑与浙江经济社会发展相适应的文化发展格局做出了重要贡献。

2. 学术生产能力分析。

"十二五"期间，浙江省共有省高校重中之重一级学科 14 个，其中 5 所行业特色院校共 3 个；共有重中之重学科 20 个，其中 5 所行业特色院校共 6 个；共有重点学科 318 个，其中 5 所行业特色院校共 37 个；省人文社会科学重点研究基地 19 个，其中 5 所行业特色院校共 6 个。

---

① 资料来源：文中五所行业特色院校官方网站和浙江省教育厅官方网站。

在人才方面，截至2014年5月，浙江省行业特色院校有国家"千人计划"引进人才7人，长江学者特聘教授、讲座教授1人，国家杰出青年科学基金获得者6人，"新世纪百千万人才工程"国家级人选13人，教育部"新世纪优秀人才支持计划"入选者18人，浙江省特级专家6人，浙江省"千人计划"引进人才21人，浙江省钱江学者特聘教授23人，浙江省"新世纪151人才工程"重点资助培养人才21人，浙江省"新世纪151人才工程"第一层次培养人员48人，浙江省宣传文化系统"五个一批"人才13人，占全省上述各类人才总数的10.2%，除浙江大学外（在浙江省高校中国科学院院士、中国工程院院士、国家"万人计划"人选等人才中，几乎由浙江大学一家囊括；在本文统计的上述各类人才中，浙江大学占了57.9%），这些行业院校是浙江省学术生产的重要人才库。

从科研情况看，2013年，浙江省35所普通本科高校科研经费共计69.51亿元，其中浙江大学34.8亿元，占50%；5所行业特色院校7.96亿元，占11.5%；其他30所占38.5%。从项目立项情况看，2013年，浙江省35所普通本科高校获批国家级各类项目、课题1921项，其中浙江大学846项，占44%；5所行业特色院校获批182项，占9.5%；35所普通本科高校获批教育部各类项目、课题212项，其中5所行业特色院校37项，占17.5%。

从学位建设情况看，2013年浙江省高校拥有博士学位授予单位10所，其中行业特色院校占了3所；硕士学位授予单位18所，其中行业特色院校有4所。在学科建设方面，5所院校共拥有文、艺、工、经、管、理、法、教育、医（药）、哲十大学科门类，其中文、艺、工、经、管等学科在全国同类院校中呈现出明显的比较优势。2013年，浙江省35所普通本科院校拥有博士学位一级学科授予点83个，其中浙江大学58个，占70%，5所行业特色院校有9个，占11%；硕士学位一级学科授予点256个，其中浙江大学72个，占28%，5所行业特色院校共41个，占16%；硕士专业学位授权点88个，其中浙江大学25个，占28.4%，5所行业特色院校共10个，占11.4%；服务国家特殊需求人才培养硕士项目3个，其中行业特色院校1个。行业特色院校正日益成为浙江省开展学术生产和提升文化力的重要基地。

3. 产业贡献力分析。

近年来，5所行业特色院校根据浙江省产业发展需求，发挥自身优势，

注重与各类产业合作开展应用性研究。2013 年，整个浙江省共有国家
"2011 协同创新中心" 1 个，省 "2011 协同创新中心" 15 个，其中 5 所行
业特色院校牵头了 5 个省级中心：中国美术学院分别牵头区域发展类和文
化传承类的 "浙江省文创制造业协同创新中心" 和 "视觉中国传播协同创
新中心"，浙江理工大学牵头 "浙江省现代纺织技术协同创新中心"，杭州
电子科技大学牵头 "浙江智慧城市区域协同创新中心"，中国计量学院牵
头 "质量检测技术及仪器协同创新中心"。这些学校依托协同创新中心和
原来基础深厚的各类工程技术中心、实验室、重点研究基地、试验基地、
大学科技园，与地方政府、企业开展全面合作，取得显著成果。2013 年，
35 所普通本科高校共获得国家科学技术奖 20 项，省科学技术奖 115 项，
省哲学社会科学优秀成果奖 183 项，上述奖项中浙江大学共 129 项，占
40.6%，5 所行业特色院校 51 项，占 16%；省部级以上政府部门采纳成
果 47 项，其中行业特色院校 12 项，占 25.5%。5 所行业特色院校在加快
浙江省信息化与工业化融合促进经济转型升级、加快浙江省文化大省建
设、浙江省文化创意产业发展等方面，日益发挥着重要的作用。

三　浙江省行业特色院校社会服务存在的问题及原因

浙江省 5 所行业特色院校体制划转后，对地方经济社会发展作出了重
要贡献。但也应看到，浙江高校在社会服务上仍存在浙江大学独家占了大
半壁江山的现象。行业特色院校在学科、专业发展上未能完全走出同质竞
争的怪圈；在人才培养上与区域经济社会的发展需求仍存在落差；在与地
方政府、社会、产业合作推动经济社会发展方面仍存在明显不足；学校对
行业重大科研活动的参与度和贡献率有所下降。这些问题都不同程度地影
响了这些院校社会服务功能的发挥。

1. 办学目标趋同的情况不同程度存在，降低了社会服务的核心竞
争力。

最近 10 年，我国高等教育的快速扩张与国家科学规范的分类管理机
制尚未建立的矛盾，使高等教育一定程度上出现了趋同竞争的无序局面。
很多高校在发展战略、办学定位上思路不清，主要是不顾主客观条件放弃
特色，盲目求大求全，以综合性大学作为发展标杆。浙江省几所以工科为
传统的行业特色院校也不例外没有走出这一藩篱。如前所述，5 所行业特
色院校涵括了十大学科门类，但医（药）、哲、教育等学科门类显然并非

中国计量学院、浙江理工大学等院校所长。学科门类求齐求全既稀释了校内的优质资源，影响了原有特色学科专业的发展；与其他高校学科专业的同质竞争又暴露了行业院校基础性学科的劣势。另外，这些行业特色院校在人才综合素质培养上也没能完全跟上经济社会发展的步伐，毕业生规格在市场极为看重的创意、策划、创新能力和发展后劲上仍显欠缺，与政府、社会、产业合作的不足造成的信息不对称也使行业特色院校未能及时开设起与经济社会发展相匹配的教育资源。如前所统计，浙江省高校在人才培养、科研立项、学术生产、重点学科建设等方面，浙江大学都居于垄断地位，行业特色院校社会服务的核心竞争力还有待于提升。

2. 行业支持和行业话语权的弱化影响了社会服务功能的发挥。

体制转轨后，浙江省行业特色院校重新建立了省部共建的机制，浙江省人民政府与国防科工委正式签署共建杭州电子科技大学协议，与国家广电总局签署共建浙江传媒学院协议，根据协议，尽管双方承诺从规划、项目建设、资金投入和政策等多方面向共建高校倾斜，支持高校特色学科、优势专业、重点实验室、工程技术中心、师资队伍建设和人才引进、科学研究，但这一共建机制是松散的，没有行政上的约束力，行业特色院校获得原部委的各项支持缺乏刚性的政策和制度，相比原来获得相关行业的支撑而言，要弱化得多、支持要减少得多，如无法获得原行业主管部门的直接经费投入和办学上的直接指导等；院校自身由于发展定位的调整对行业的服务意识、服务水平也有不同程度的降低，在行业重大科研活动中的参与度和贡献率不断下降，行业话语权削弱，从而关联到行业院校在服务地方经济社会中的影响力和话语权，影响了社会服务整体功能的发挥。

3. 产业结构调整和经济转型升级给行业特色院校社会服务能力的转型提出了新课题。

自改革开放以来，浙江省一直是市场化活跃程度非常高的经济大省，专业市场与块状经济、民营经济一起构成浙江经济发展的一大特色，浙江模式由此成为中国内生性经济发展的一个典型模式。但这一模式实质上是劳动密集型的产业结构，当前，经济发展阶段正在发生重大变化，新能源、生物技术、物联网、移动互联网、3D 打印等各类技术突破和商业模式创新，对传统经济模式正在形成一轮颠覆性的影响，浙江产业结构和经济发展模式也面临着由劳动密集型向资本密集型和知识密集型的转型，如在信息产业方面，浙江省确立了在电子信息制造、软件与信息技术服务、物联网、云计算与大数据、电子商务、信息消费、智慧城市、信息安全等方面的重点发展方向，产业结构的调整、企业的技术变革、管理创新和商业模式的再造都需要大量具有新型知识结构、素质和能力的专门人才来支持，但上述5所行业特色院校当前对这类专门人才的培养规格和数量都还难以满足这一需求，同样面临着结合自身优势和特色的学科专业结构调整、人才培养模式改革、科学研究和行业服务的创新和转向等问题。

四　提升浙江省行业特色院校社会服务能力的战略策略选择

1. 在办学定位和发展战略上，坚持特色办学，走差异化发展道路，以差异化发展增强社会服务特别是立地服务的实力。

浙江省5所行业特色院校不宜把目标定位在综合性研究型大学上，应立足自身发展历史和办学积淀，充分挖掘比较优势，发展成有特色的多科性应用型大学。在多科性学科门类中，又有所侧重，有所集中。中国美术学院提出"巩固和增强美术学、设计艺术学高点，营造和拓展电影学、建筑学亮点，构筑和凸现艺术学一级学科的视觉文化特点，整体建设以视觉文化为核心的艺术人文学科群"的学科发展策略，浙江传媒学院在"十二五"规划中提出"以广播电视和文化创意为重点，以艺术类专业为主干，文、艺、经、工、管多科性协调发展"的办学格局，这种突显自身优势，有所为有所不为的办学定位和发展战略值得借鉴，其他几所工科类行业特色院校也应充分发挥原行业性优势，在区域范围内与浙江工业大学等形成行业专业差异化竞争、优势互补的发展格局，在行业领域则与同行业院校形成区域化差异发展的竞争态势。

2. 在人才培养上，准确设立人才规格，调整和优化专业结构，构建与经济社会紧密对接的教育体系，以强有力的人才输送提升行业特色院校社会服务的核心竞争力。

多科性应用型大学的人才培养应有别于综合性研究型大学。后者人才培养规格定位于厚基础、高层次、创新型，在培养模式上重通识教育；多科性应用型大学则定位于培养实基础、强能力、高素质、个性化的应用型、复合型、创新型人才，应用型是核心，指人才规格的专门化、实践性、适用性，复合型、创新型是应用型的必要补充。具体而言，浙江省5所行业特色院校应紧扣浙江产业结构和人才结构需要，在文、艺、工、经、管等领域建立完整的专业学科链，面向信息技术产业、新型制造业、文化产业等浙江省主导产业着力培养基础理论扎实，注重知识复合，应用能力全面，有较好的综合素质和一定创造能力的高素质人才。总体而言，5 所行业特色院校人才培养较为注重人才的综合能力特别是实践应用能力，就业情况较为乐观，杭州电子科技大学、中国美术学院、浙江传媒学院毕业生就业薪资水平较高，杭州电子科技大学还成为全省唯一一所同时获得"全国普通高等学校毕业生就业工作先进集体"、"全国毕业生就业典型经验高校"两项荣誉的高校，但各校不同专业仍存在发展不平衡的情况，特别是普通文史类专业，各校要在专业优化、人才规格等方面下更多的工夫，在重视基础理论教育的同时，要进一步强化特色，加强创意创新能力和应用能力培养，使之更好地面向市场，面向社会。

3. 在社会服务策略上，建立市场主导、政府推动、行业联动、合作共赢的政、产、学、研合作教育新机制，提升行业特色院校社会服务的可持续发展能力。

行业特色院校应综合应用和发挥行业优势与区位优势，主动开放办学，积极争取政府、行业、社会的支持。浙江省教育主管部门在搭建产学研联盟平台服务地方经济转型升级方面已经有了成功案例，如组建了浙江产学研联盟台州中心、高校产学研联盟下沙工作站等，通过开展校企互访、专题对接、科技难题会诊，组织高校力量服务于企业产业，各类协同创新中心的建立进一步提供了政、产、学、研合作的平台。浙江省行业特色院校一方面要积极参与政府已经搭建的立地服务平台；另一方面，要充分发挥行业性学科布局的综合优势和专项性突出的科研能力，主动联合地方政府，强化与行业主管部门的联系，积极争取省部共建，找准服务地方和服务行业的重点与核心，建立健全点面结合、布局合理、开放高效的社会服务平台与网络，以共同建立产学研战略联盟的方式在文化服务、成果转化、产业辐射、人才培训等方面参与和引领地方、社会和行业科技创新体系构建和经济文化建设，以服务求支持，以贡献促发展。

第九章　行业特色院校校园文化建设的改革与创新

党的十八大报告指出，文化是民族的血脉，是人民的精神家园。全面建成小康社会，实现中华民族伟大复兴，必须推动社会主义文化大发展大繁荣，兴起社会主义文化建设新高潮，提高国家文化软实力，发挥文化引领风尚、教育人民、服务社会、推动发展的作用。高等教育具有人才培养、科学研究、社会服务、文化传承四项职能。校园文化建设是高等教育的重要内容。

第一节　校园文化概述

一　校园文化的含义

校园文化是指以校园为空间，以师生为主体，以精神文化为核心，在长期的办学过程中共同创造而形成的物质文化、制度文化、行为文化和精神文化相统一的具有时代特征的一种群体文化。国内外高校的实践证明，校园文化是高等学校核心竞争力的重要组成部分，是大学精神和大学品牌的重要体现，也是学校可持续发展的有力保证和引导学生成长成才的内涵保证，更是学校特色办学的个性基础。

二　校园文化的功能

校园文化具有教育功能、导向功能、凝聚功能、激励功能、约束功能、辐射功能六大功能。

教育功能。校园文化的首要功能是教育功能。"近朱者赤、近墨者黑"，学校通过有形或无形的育人环境，发挥育人功能，对个体和群体都会有着"润物细无声"的影响。这不同于常规的课堂教学以单向灌输为主的教育，也不同于以强制手段使学生接受教育，而是一种潜在的、隐蔽的、自我的教育，犹如"无声润物的三月春雨"，在耳濡目染、潜移默化之中感染熏陶师生，从而内化于心，外化于行。

导向功能。校园文化有明确的教育导向。一个学校的校园文化一旦形成，就会建立起自身系统的价值导向和规范标准，直接或间接地把师生的思想和行为引导到学校确定的目标上来，克服思想上的模糊性和行为上的盲从性，在多元中确立主导，在多样中凝聚共识，在多变中高扬主流，从而增强师生员工对学校发展的认同感、归属感和责任感。

凝聚功能。校园文化是一种无形的凝聚力量，它把师生员工的共同利益、共同理想、共同追求紧紧联系在一起，形成一种共同意志。这种凝聚力量主要体现在校园精神文化上，作为校园文化的核心，校园精神可以凝聚学校各方面力量，形成一种无形的不可低估的凝聚力、感召力和向心力，提升师生员工的大局意识、集体意识和奉献意识，共同推动学校的发展、师生的成长、事业的成功。

激励功能。优良的校园文化能营造一种自我激励、互相鼓励的激励环境，形成一种舍我其谁、你追我赶的激励机制，引导师生强化先进意识、竞争意识和责任意识；提升师生发现自我、发展自我、成就自我的能力；增强师生的事业心、责任心和进取心；激发师生的主动性、积极性和创造性；充分发挥师生员工的主体作用，化外部压力为内在动力，为学校的发展做出积极的贡献。

约束功能。校园文化的约束功能是指校园文化对每个学校成员思想观念、思维方式、精神状态、心理素质、行为方式和价值取向的显性与隐性塑造，使师生自觉约束和规范自己的行为，向正确的方向发展。一般表现为"硬约束"和"软约束"两种形态。"硬约束"主要是通过校园内的制度文化建设表现出来，如校纪校规、行为准则等；"软约束"则是通过校园文化氛围来制约，如校风、校训、舆论等。

辐射功能。高等院校既是社会文明的聚集地，又是社会文明的辐射源。校园文化一旦形成较为固定的模式，它不仅会在校园内发挥作用，对本校成员产生影响，而且也会通过人才培养、人才输出、社会服务等各种渠道对社会的精神文明、物质文明产生重要的影响和推动作用。并且高等院校思想活跃、人才荟萃、富于创新、引领潮流，所以"学校文化场"对"周围文化场"的辐射具有其他文化无法比拟的功能优势。

三　校园文化的构成

校园文化是由物质文化、制度文化、行为文化和精神文化四个相互联结的内容构成的一种文化，为学校的发展注入了新鲜的活力和不竭的动力。

物质文化。校园的物质文化主要是指校园的物质环境，它为人们的感官所直接触及，具有直观形象的特点。物质文化是校园文化的表层部分、物质载体和外在表现，是校园文化的物质基础和依托实体。具体包括：大学校园的地理位置和地形风貌等自然环境；大学校园的各种建筑、教学科研设备、文化设施和生活设施；布局合理的大小园林、草地、花坛、道路等各种人造景观。良好的物质文化能为学校师生员工的学习、工作、生活提供重要的物质保障，使师生员工教有其所、学有其所、乐有其所，在求知、求美和求乐的过程中受到潜移默化的启迪和教育，从而达到"环境育人"的目的，正如苏霍姆林斯基所说的要"让学校的每一面墙都会说话"①。

制度文化。校园的制度文化主要指学校根据国家社会对高等院校发展的客观要求，并结合自己的办学理念、办学规律和实际需要制定的，以文字形态表达、以条文形式存在的，要求其成员共同遵守的行为规则的文化形式。具体包括：大学章程、现代大学制度、校纪校规、行为规范及约定俗成的习俗等。作为校园文化的中间层次，制度文化是精神文化在制度上的体现，是物质文化的工具，行为文化的结果，是维系学校运转的保障机制和校园文化建设的保障系统，确保校园文化做到"有法可依、有章可循"，为高等院校的人才培养、科学研究、社会服务和文化传承等活动提供了制度保障，使师生员工和学校组织的行为具有规范性、组织性和秩序性。

行为文化。校园的行为文化是学校的师生员工在一定的学校物质文化、制度文化和精神文化的熏陶下，内化为个人素质后在行为上表现出来的一种文化形式。具体包括：师生员工的教学科研、群体活动、后勤服务、生活方式和行为习惯等在内的一切动态行为，以及在此基础上表现出

①　［苏］B. A. 苏霍姆林斯基：《帕夫雷什中学》，赵玮等译，教育科学出版社1983年版，第32—33页。

来的校风、教风、学风和班风等。它是校园文化的动态层面，是校园文化在师生员工身上的生动实践和行为体现，是校园精神的人格化，有什么样的校园文化就会在师生员工的行为中表现出来，这种表现就会形成校园的动态文化氛围，而这种文化氛围反过来又会推动校园文化的建设与品味的提升，熏陶和塑造师生员工的内在素质。

精神文化。校园的精神文化是指师生员工在学校长期的办学过程中形成的精神信念、价值观念、文化传统、道德情感、思维方式、心理倾向以及人生态度等，它是校园文化的重要组成部分，集中反映了一个学校的特殊本质、个性品质及精神面貌，是校园文化的核心与灵魂。作为一种内在的理性文化，它是校园文化的最高层次和领导层次，是校园文化建设的最高目标。具体表现为办学目标、办学理念、学校精神、校训、校徽、校风等。

校园文化是物质文化、制度文化、行为文化和精神文化不可分割的有机整体。在校园文化建设中，四个组成部分各有特点。物质文化是校园文化的物质基础，是实现校园文化建设目的的途径；制度文化作为一种内在的校园运行机制，是校园文化建设的保障系统；行为文化是推进校园文化建设的良好载体和外在体现；精神文化作为一种理性文化，是校园文化的核心和灵魂，也是校园文化建设的最高目标。四者相互作用、相互依存、缺一不可。

第二节　行业特色院校校园文化建设现状分析

一　行业特色院校校园文化建设的特点

行业特色院校作为相对较为独特的高校群体，其所创建的校园文化应当既具有普通高校校园文化共有的共性特点，又具有其独有的个性特点，其更具有明显的行业性、明确的导向性、明晰的地域性、主体的独特性和文化的再造性。

明显的行业性。行业特色院校大多依靠行业部门举办，服务于行业发展，办学具有鲜明的行业特色。这就要求其校园文化的建设要体现行业特色，凝练行业品质，在办学理念、办学特色、学科建设、专业设置、教学改革、实践实训、师资建设、日常管理等方面都要体现出明显的行业特性。同时也就决定了行业特色院校必须在校园文化建设中融入行业文化要素，较早地让学生感受行业文化氛围，接受行业文化熏陶，培养良好的职业道德和职业素养，最大限度地缩短或消除毕业生的培训期和磨合期，提高毕业生的工作适应性，成为受行业企业欢迎的人才。实践证明，只有在行业特色院校的校园文化中融入行业文化，才能凸显行业特色院校的行业特性，才能真正形成行业特色院校的办学特色，才能全面培育和提高学生的行业认知、行业技能、行业情感、行业态度、行业道德和行业理想等，以适应和满足就业市场和行业企业的需要。

明确的导向性。行业特色院校具有明确的导向性。一是人才培养导向明确。此类院校拥有特定领域的就业市场，一般是行业需要怎样的人才学校就培养怎样的人才，岗位需要什么学校就教学什么，培养的学生主要是满足于行业对人才的需求，在行业竞争中具有巨大的优势。二是学科建设、专业设置导向明确。此类院校在原行业部门的体制下成立，学科结构和专业设置比较单调，但与行业结合比较密切，发展水平较高，从某种意义上来说，学校的学科优势、传统专业就是这个学校的特色和品牌。三是科技研发导向明确。此类院校重点致力于行业的科技进步和理论研究，在产学研合作等方面发挥着重要作用，为行业的发展升级起着引领、助推作用。四是师资建设导向明确。此类院校注重"双师型"师资队伍建设，通过校企合作、师资互聘、交流任教（职）等方式来强化优化师资队伍建设，实现行业与学校人才共享、效益共赢。因此，行业特色院校的校园文化建设在历史传统、办学定位、学科优势、人才培养、教学科研、师资建设等方面凸显出明确的导向性，强化办学特色，优化内涵建设，固化办学品牌。

明晰的地域性。"城市孕育大学，大学滋养城市"，一个区域的社会传统文化与其所属院校校园文化有着极为密切的互"哺"关系。尤其是20世纪90年代末以后，全国大部分行业院校改制为属地管理或地方与行业部门共建，这就意味着行业特色院校从原来的"办在地方"过渡为"由地方举办"，校园地域的相对稳定性决定了校园文化必然印有地域的痕迹，具有明晰的地域性。一方面，校园文化的品位往往是地域文化的品质象征，校园文化发展的取向成为地域文化发展的风向标，校园文化发展的水平对地域文化发展具有促进和引领作用；另一方面，地域社会文化的精髓、特质等对所属院校校园文化也有着持久而深远的影响。在市场经济条件和高等教育大众化背景下，高校开放办学是必然趋势，地域文化与校园文化的联系比以往任何一个时期都更为紧密。因此，高校作为地域文化的中心，它的校园文化始终是包含在区域文化中的，多少都带有区域文化的印记①。

主体的独特性。校园文化的主体泛指学校的师生员工，一般分为管理群体、教师群体、学生群体等三个层面。行业特色院校因为与行业有着千丝万缕的联系，因此校园文化的主体具有独特性——融合教育性与行业性的统一体。一是从管理群体来看，体制划转前行业特色院校的领导管理岗位一般由上级行业部门聘任，更多地表现为行业内部的交流任职，而不是院校之间的交流任职；二是从教师群体来看，行业特色院校的专业教师更多地来自行业一线或更高层次的同类型院校（高职称教师和高学历毕业生），具有较强的行业素养和行业技能，在站好讲台的同时还活跃在行业一线；三是从学生群体来看，能考入行业特色院校的学生一般具有一定的行业潜质和强烈的专业追求，专业思想稳固，专业目标明确，就业去向一般为行业系统。

文化的再造性。20 世纪末，随着我国市场经济的深入发展，高等教育的发展也从精英化阶段向大众化阶段过渡，传统的计划经济体制下建立起来的高校办学模式已经不适应时代的发展要求。我国高等教育体系提出了"共建——调整——合作——合并"体制改革，为了响应这一体制改革，行业特色院校进行了新一轮的改革，主要表现为：一是属地管理，大多数行业特色院校归学校所在地的省市区管理为主，行业部门管理为辅；二是合并升格，地方政府实现所属辖区的同类型的行业院校合并，且完成办学层次的升格；三是扩建校区，大部分行业特色院校为了缓解办学空间紧张，扩大教育资源，优化布局结构，采取"整体置换，重新建设"的模式建设新校区，有的院校拓展了分校区，还有的甚至在建设新校区的基础上又开辟了分校区。然而，在转制时间短、规模扩张快的同时，也给行业特色院校的校园文化建设带来了新的冲击、新的思考和新的课题，如新老校区、主分校区的校园文化如何融合？新校区多数建在远离老校区的城乡接合部，如何传承老校区多年的办学精神？新校区如何通过传承与创新的结合提升校园文化品位，实现育人目标？合并型院校如何在新校区将原本不

① 赵军：《地方大学引领区域文化发展的路径选择》，《三峡大学学报》（人文社会科学版）2009 年第 1 期。

同特色的办学思想、办学理念、办学目标、办学定位统一起来，将原本不同的学科文化、学术文化和管理文化融合在一起？如何消除师生员工的怀旧情结，促进师生员工的真正融合，共创共同的校园文化氛围等，这些都要求行业特色院校校园文化在传承中重塑、再造。

二　行业特色院校校园文化建设存在的问题

当前，行业特色院校校园文化建设呈现出校园环境设施日趋美化，管理机构制度日趋完善，校园文化活动日趋丰富，校园文化载体日趋多样，发展方向目标日趋明确，文化价值取向日趋认同的良好态势，但就如何结合行业特色院校的办学理念、办学目标、办学特色创建特色校园文化还存在一些亟待解决的问题。

一是重物质文化建设轻精神文化建设。

校园物质文化是校园文化尤其是精神文化的物质载体和外在标志。行业特色院校为了抢抓高等院校改制扩建的机遇，且随着办学规模的扩大和招生人数的增长，在学校物质文化建设方面采取"短、平、快"的发展模式，表现出"投入大、速度快、品质高、设施全"的态势，盖大楼、扩道路、建花园、挖湖泊、购设备，投入了大量的人力、财力和物力，形成了现代化的校园环境，为校园文化建设奠定了良好的物质基础。然而，正如罗家伦先生所说的：办好一所大学，光盖房子是不够的，建筑物内必须有学术的灵魂，才是一个有生命的东西①。一些行业特色院校在校园整体规划建设中，没有认识到物质文化建设与精神文化建设同步规划的重要性，导致精神文化建设的高度、深度、厚度让渡给了物质文化建设的速度，没有实现物质文化与精神文化的有机融合，物质文化没有充分体现和反映学校独特的精神文化，在物质文化建设中缺少能体现学校精神的标志性建筑和具有象征性的校园景物，并且缺乏对物质文化进行精神层面的深入挖掘和宣传，师生员工只能感受到校园物质文化的现代感，难以感受到精神文化的厚重感，可谓"只见其形，不见其神"，造成精神文化建设发展滞后。

二是重共性文化建设轻个性文化建设。

校园文化有其共性的一面，但因各个学校的历史背景、学校结构、办

---

① 陈华：《高等教育大众化阶段高校新校区校园文化建设的分析研究》，西安科技大学，硕士学位论文，2006年4月。

学理念、办学定位、培养目标的不同，使其具有鲜明的个性特征，这正是校园文化具有无限的生命力，对学校成员具有巨大的号召力、向心力、凝聚力的根源所在。正如美国比较高等教育学家伯顿·克拉克在论述院校特色时所说："院校的希望与其说产生于彼此的共同点，不如说产生于相互之间的差异。"① 行业特色院校多是行业性或者微综合性学校，随着外部环境的变化，学校规模的扩大，办学层次的提高，不少行业特色院校出现了贪大求全、好高骛远、急功近利、盲目跟风、照搬模仿等现象，在办学规模、办学理念、办学定位、办学目标上趋于雷同，办学规模追求"大而全、小而全"，办学理念追求"高、大、上"，办学定位追求"研究型、综合型、国内一流、国际一流"，没有充分考虑自身的历史渊源、发展趋势、优势特色、学术追求等方面的因素，出现了"千篇一律、千校一面"的现象，在校园文化建设过程中出现了定位不清晰、特色不明显、制度不健全、管理不到位等综合性症状，呈现出形式化、表面化、空泛化、趋同化等弊端，在展现学校个性魅力，打造特色校园文化，提升核心竞争力等方面激情多于理性，想法多于办法，眼前多于长远，最终导致目标不明、措施不力、效果不显。

三是重行业文化建设轻地域文化建设。

校园文化具有其生成的长期性、作用的潜在性、存在的延续性和改变的迟缓性等特点。虽然行业特色院校多数改制为地方院校，但此类院校还没有像融入行业文化一样把地域文化融入到校园文化中来，校园文化在凸显地域文化方面还非常欠缺，不能充分体现地域文化的优势和特色。第一，行业特色院校的师生员工的归属认同需要一个长期的艰苦过程，部分老的师生员工还在纠结于自己到底是算行业体制内的人还是行业体制外的人；第二，行业特色院校在校园文化建设过程中紧盯着同行业的高层次院校，在人才培养、学科专业建设、优势学科群的培育上紧跟行业发展步伐，却体现不出地域的特征和需求，学校的人才培养、科研成果、智力支持等还不能很好地服务于地域经济、政治、社会、文化的发展，在推动地域文化软实力的提升方面还有很大的努力空间；第三，行业特色院校校园文化与地域文化互动意识缺乏、互动机制缺位、互动介质缺失，行业特色

① ［美］伯顿·克拉克等：《高等教育新论——多学科的研究》，王承绪等译，浙江教育出版社 2001 年版，第 289 页。

院校与地方沟通不够，合作较少，联谊有限，缺乏必要的宣传和展示，这必然会影响行业特色院校对地域文化营养的吸收和自身校园文化优势的充分发挥，难以在地方形成规模效应和品牌效应，知名度低，影响面小。这些都严重地影响了校园文化、行业文化和地域文化的和谐发展。

四是重文化叠加拼凑轻文化融合创新。

如前所述，随着我国高等学校布局结构调整和高等教育管理体制改革的深入，高等院校包括行业特色院校进行合并、重组、扩建，这必然会造成多校区办学的局面，而多校区的校园文化建设对行业特色院校也提出了新的挑战和课题。

第一，文化传承出现断层。一方面，对于合并的行业特色院校而言，由于合并前各学校都是独立建制，已形成了一套自我完善的独具特色的运行系统，所以，不论是办学传统、办学层次还是学科结构、管理风格等都存在显著的差别，这就为合并后多校区的校园文化的融合提出了挑战。另一方面，学校在长期办学过程中积淀和提炼而成的校训、校风和学风及师生员工价值观念、道德准则、情感气质等精神文化在新校区、分校区体现还需要有个过程。对于新老校区或主分校区而言，新校区、分校区往往建在远离老校区、主校区的城郊地带或异地，缺乏老校区深厚的文化积淀，加之通常入住新校区、分校区的学生大都是新生，缺乏高年级老生的传、帮、带，新生难以通过与老生的交流熟悉学校的校风、主流价值观念、历史传统和规章制度等，因而在文化传承上呈现传承和移植不畅的问题；同时，老校区与新校区之间、主校区与分校区之间一般都有准点的班车，教职工来来去去踩着钟点赶班车，与新校区、分校区学生接触的时间少，老校区、主校区悠久的文化传统难以通过教师移植于新校区、分校区的土壤中。由于缺少新老校区、主分校区文化传承和移植，行业特色院校新校区、分校区难免成了事实上的"文化孤岛"。

第二，文化目标缺乏规划。大部分行业特色院校没有校园文化建设的整体规划以及具体的推进措施，校园文化建设缺乏创造力。首先，重整合、轻融合。简单地以行政管理方式整合，忽视了校园文化的融合过程，致使校园文化重构的基础不牢。其次，重本部、轻分部。一些行业特色院校重视主校区、老校区校园文化建设，忽视其他校区校园文化建设，严重阻碍了这个学校校园文化的整体建设。最后，重表层，轻深层。部分行业特色院校注重表层实物的合并，但对校园文化深层次的、实质性的融合还不够到位，仍然存在一些貌合神离的现象。

第三，文化融合存在困境。随着行业特色院校办学层次的提高，办学定位的转变，办学目标的提升，不可避免地遇到了文化冲突，难以实现文化融合。首先是办学定位的冲突。有部分行业特色院校是由原来的高等专科学校甚至是中专学校经过合并、升格而来的，这些学校原有的办学层次和培养目标都是以专科为主，学校合并或升格后，必然面临学校定位、办学理念的调整。然而，有的行业特色院校重新组建后，并没有意识到或解决好这个问题，尽管校名改了，但学校定位和办学理念并没有做出与之相适应的调整，没有实现实质上的融合。其次是培养目标的冲突。随着学校办学层次的提升以及学科、专业的调整，原有对人才培养的规格定位之间不可避免地发生了冲突。先前行业特色院校以培养应用型人才为主，而合并升格后的行业特色院校兼顾培养应用型人才和研究型人才。最后是情感认同的冲突。行业特色院校经历了管理改制、合并升格后，在办学思想、教学模式、价值观念、管理方式等方面很难统一。从原有的行业管理变为属地管理，学校建制也被打破，学校内部按学科专业对院系进行调整，在一定程度上引起了部分教职工思想和情感上的强烈震动，产生不适应感甚至是排斥感，难以融入新的学校环境中来。这就要求行业特色院校统一认识，理清思路，明晰理念，凝聚力量，尽快营造一个和谐的校园文化生态体系。

五是重文化建设形式轻文化建设内涵。

行业特色院校的校园文化活动存在着目的不明、层次偏低，设计欠妥等问题，活动文化建设呈现浅表化、形式化、庸俗化、商业化趋向，具体表现为：娱乐性活动多，教育性活动少；文体性活动多，学术性活动少；时尚流俗性活动多，高雅艺术性活动少；反映前卫的活动多，继承传统的活动少。表面上看起来热闹无比，但实际内容匮乏、形式单调，缺乏高质量、高品位的活动项目来满足师生的精神需求和引领校园文化建设，对活动的主题性、思想性、学术性缺乏深刻的思考和精准的凝练，活动层次有待提高，使校园文化还处于自娱自乐的低层次状态，缺少有深厚的文化底蕴、有高度的文化引领和有热度的文化追求。

六是重学生主体参与轻教师主体参与。

教师本身的职业角色决定了其在主导、引领、保持与巩固校园文化建设中的重要作用，他们是校园文化最主要的创造者、继承者和传播者。但当前行业特色院校的校园文化建设没有构筑全员共建的校园文化体系，作为校园文化建设主体之一的教师群体在缩小，难以形成全员育人、全过程育人、全方位育人的合力。究其原因，主要有主观和客观两个方面。就主观方面而言，有的教师认为校园文化建设是学校领导、相关职能部门、团学组织和学生的事情，况且学生文化活动通常安排在晚上或者周末，那是个人的休息时间，没有义务去参加指导。就客观方面而言，一是行业特色院校扩招造成师生比例失调，教师教学任务加重，同时还肩负学历深造、职称晋升等压力，没有时间精力去参加校园文化活动；二是随着行业特色院校新校区重建、分校区扩建，许多教师候鸟般穿梭在新老校区、主分校区之间，把新校区、分校区当成工作的地点而非生活的地方，上课就来，下课就走，和学生缺乏正常的充分的交流与沟通，难以达到育人效果；三是行业特色院校属地管理后，招生、就业、教学、科研等具体的办学条件作为了评估一个高校的硬性指标，因此也就成为了院校发展关注的核心，导致作为隐性的、软性的校园文化建设地位下降；四是由于绩效工资的改革，教师的主观能动性和工作积极性得不到充分调动，在完成规定工作量的基础上，那些专业强的教师在行业领域从事副业，无暇涉及校园文化活动。上述因素导致作为校园文化主体之一的教师在校园文化建设中的主导作用无法充分发挥，直接影响教书育人、管理育人、服务育人的效果。

第三节　行业特色院校校园文化建设的路径研究

一　凝练精神文化

确定办学理念。大学理念是关于大学的基本性质、理想模式、目标追求、社会责任方面的系统思想。其主要探讨的是大学本质的问题，即大学是什么？目的在于揭示大学的客观属性和客观规律，对大学的发展具有定向作用，有什么样的大学理念，就有什么样的办学行为和办学结果。清晰的办学理念是规划校园文化建设的灵魂。对于行业特色院校来说，首先需要面对和亟须解决的问题就是办学理念的确定，因为只有确定了办学理念，才能形成办学目标、办学模式和办学特色。这就要求行业特色院校重新审视自身发展的历史历程，深入分析自身所处的社会经济政治文化背景，明确自身在全国和所在区域以及行业领域高等教育结构中的位置和作用，找准自己的学科优势和办学特色，从而在对历史积淀、办学特色、学科优势、人才培养以及产业转化模式等进行综合分析的基础上，提炼具有时代性、行业性、地方性的办学理念，并组织全校师生员工开展各种形式的学习、讨论，树立与学校相适应的价值观念和思想理念，确定办学定位，确立办学目标，用科学的理念、精神、目标、思路引导全校师生员工，为学校的发展指明方向，同时也为校园文化建设奠定基础。

培育学校精神。如果说一所学校的办学理念是校园文化建设的内核，那么学校精神就是校园文化建设的精华。学校精神，是指一所学校在一定的社会历史条件下，基于对学校办学历史、办学理念、办学规律和办学特色的认识，在长期的校园文化建设过程中积淀、整合、提炼出来的，反映学校广大师生员工共同的理想目标、精神信念、文化传统、学术风范和行为准则的价值观念体系和群体意识，是激励全校师生员工为自己的美好目标积极进取的精神动力，体现在全校师生的共同理想信念、道德品格、价值准则、思维方式、行为方式和生活方式之中。学校精神是校园文化建设的核心内容和最高境界，其贯穿于学校校园文化的各个方面，具有独特的感染力、凝聚力和向心力。19世纪末，洪堡创建的柏林大学就是以其"教学和研究相结合"新理念为核心的大学文化使柏林大学乃至整个德国成为20世纪初"世界大学的耶路撒冷"；北京大学在蔡元培先生时期形成的"思想自由"、"兼容并包"的精神，在北大的发展中发挥着重要的作用，引领北京大学傲然前行、卓尔不群；清华大学以其"自强不息，厚德载物"的清华精神成为学子向往的学术殿堂；竺可桢先生在浙江大学建校时即确定"求是"为校训，倡导求是学风，培植求是精神，是浙大师生一直追求的共同目标，在这种校园精神熏陶下，浙江大学一时人才辈出，蜚声海内外，被誉为"东方剑桥"。这些无不见证着学校精神对学校发展、校园文化建设方面所发挥的巨大作用。行业特色院校在校园文化建设过程中应当践行办学理念，培育大学精神。在进行校园文化建设规划时应遵循"理念目标——方案设计——实践探索"的路径，从理念目标入手，精心规划方案、落实组织保障、持续建设推进，努力培育全校师生认同和共享的独特的学校精神，并升华为一种文化自觉，凝聚成一种精神力量，不断推进学校发展和校园文化建设。

明确办学特色。如前面章节所述，办学特色是指一所学校在发展历程中形成的比较持久稳定的发展方式和被社会公认的、独特的、优良的办学特征。从长远来讲，办学特色是一所学校生存和发展的支柱，明确办学特色是学校校园文化建设的内在要求。行业特色院校一定要明确自己的办学定位，不能一味地模仿和抄袭其他高等院校，从而走入追求"大而全、小而全"的误区。而是应该结合自身的办学实际，实施差异化发展战略和特色办学战略，根据学校的发展历史、学科优势、行业优势、专业特长等，总结和归纳本校的办学经验和办学特点，准确把握自身在国内同类院校中所处的地位，明确办学理念，找准办学定位，强化办学特色，拓展办学思路，整合办学资源，确立自己的个性，打造自己的特色，树立自己的品牌，形成一系列特色学科、特色专业、特色课程和特色文化，从而扩大办学的影响力、增强办学的吸引力、提升办学的竞争力，彰显办学的品牌力。

二　融合行业文化

行业特色院校融合优秀的行业文化有利于校园文化的内涵提升、特色凝聚、品牌塑造，有助于形成"植根于行业、养成于校园、结果于社会"的开放式校园文化系统①。

优化元素融入。首先，校园环境中融入行业元素。行业特色院校应紧跟行业发展动态，充分利用学校的网站、橱窗等宣传窗口和宣传平台，及时介绍行业发展动态、前沿技术、先进人物、优秀榜样、文化建设等；用行业相关的术语用语冠名于学校楼名、路名，在校园内竖立具有象征意义的雕塑；设立行业奖助学金等，积极营造环境育人的优良氛围。其次，文化活动中融入行业元素。积极举办各种与行业相关的知识竞赛、技能大赛、模拟训练、行业培训等活动；在校内设立行业研究院所，开展行业研讨会、高峰论坛等；积极采取"走出去、请进来"的形式，一方面组织学生赴行业企业参观学习、见习实习；另一方面邀请业界专家、学者、行业标兵、先进人物来校开展各类讲座、报告会等活动；重视行业型、专业型学生社团建设，积极指导开展活动，使学生在社团活动中体悟专业魅力、感悟行业文化。最后，课程设置中融入行业元素。加强课程改革，开设一批提升学生行业道德和行业素质的课程，在教学计划、教学大纲制定，教学方法安排和课程管理上融入行业精神，形成以课堂为前沿，以讲座、研

① 夏洁露：《高职校园文化与行业文化对接路径探讨》，《浙江交通职业技术学院学报》2009年第 1 期。

讨为延伸，以活动为补充的教学体系，把行业精神、行业文化、行业特色融入学生的专业实践、职业规划、学习生涯。

深化校企合作。校企合作、工学结合、产教融合是行业特色院校融合行业文化最有效的途径和载体。首先，形成学科专业调整的共建机制。学科与专业是人才培养的基石。行业企业要根据产业的发展方向，充分利用市场、技术与平台优势等，积极参与行业特色院校学科专业的调整，形成双方的共建机制，实现行业与学校共同制定人才培养方案、共同组建学生见习实习实训基地、共同组建专业委员会、共同编写校本教材、共同进行课程改革，从而形成对接紧密、特色鲜明、动态调整的行业教育课程体系。在条件成熟的情况下，可以牵头组建行业技术研发中心，发挥行业特色院校的优势，整合行业部门的力量，开展重大技术创新研究，以重点技术的突破引领学科专业的创新与升级。其次，完善师资队伍提升的共享机制。要加强"双师型"教师的培养，行业企业与行业特色院校要建立师资的双向流通与培养机制，一方面，组织教师到行业企业挂职锻炼，参与生产管理、技术开发等专业实践活动；另一方面，鼓励行业高管、资深技术人员或经营人才成为学校的兼职教授或客座教授，参与课程开发和实践教学，优化学校的专业设置及课程设置，创新学校的教学方法和内容，使产业的最新发展动态能够很好地运用于行业特色院校人才培养模式的改革与完善。最后，推进培养模式改革的共管机制。行业企业要根据行业人才需求的状况，推动行业特色院校建立特色化、分层性的教育教学模式。行业企业可以探索合作组建人才培养中心，利用行业的产业特色、经营特色等开展"双导师制"、"产学研结合"、"教学做合一"等具有对口性、特色性的人才培养模式，推行项目教学、案例教学、工作过程导向等教学模式。要引导行业特色院校打通原有的"一二三"课堂的界限，根据实际教学需要，科学配比理论学习与实践锻炼的比重，遵循"校内基地生产化、校外基地教学化"的思路，院校与行业企业共建兼具生产与教学功能的公共实训基地，设立学生实习岗位，开展仿真教学，鼓励行业特色院校把课堂建在企业创新研发一线，允许学生以参与产学研协作，参与重大项目研发与实际转化作为课业成绩评价标准，在实践中培养学生的能力，以一线的运用转化能力提升牵引理论学习的创新与变革，从而使人才培养更具有针对性、灵活性和开放性。

强化品牌打造。首先，打造品牌项目。积极推行政府、院校、行业、企业联动，促进技术技能的积累与创新，通过共建研发中心、实验实训平台、技能大师工作室等平台，培育具有时代特征、行业特色、学校特点的科学研究、教学改革、人才培养、校园文化、行业赛事、专业活动等方面的品牌项目，不断提升行业特色院校的业界知名度和社会美誉度。其次，打造品牌师生。树立人才强校理念，积聚人才优势，积极开展"名师培养计划"、"业界导师引入计划"、"卓越人才培养计划"、"未来之星打造计划"等项目，大力培养行业发展所需要的"大师"、"名师"和优秀的行业人才，使行业特色院校的师生成为行业热捧、社会欢迎的一张张"响亮名片"。最后，打造品牌专业。行业特色院校要确立"错位竞争、差异竞争"的意识，评析自身办学实力，瞄准行业发展动态，找准学科发展定位，明晰专业发展段位，明确学科专业发展目标，整合行业优质资源，举全校之力重点扶持具有发展潜力和发展愿景的优势学科、传统专业，把其打造成为国际有巨大影响力、国内有强大竞争力的品牌学科和品牌专业。

三 融入地方文化

地方文化是一个地区在长期社会生产实践中形成的特定群体意识、价值观念、精神风貌、文化形态、各种范式等因素的总和及其物质载体。它既包括反映地方特色的文化典籍、文学艺术、建筑风格、风俗习惯，也包括在长期历史积淀中形成的地方性社会意识、思维方式和行为方式[①]。随着行业特色院校属地管理进程的推进，地方文化与行业特色院校的校园文化的联系也越来越紧密，为学校的专业设置、学科建设、人才培养、社会服务等提供着源源不断的精神支撑。因此，行业特色院校要树立"建设具有地方特色的校园文化"的观念，加强与地方政治、经济、文化的结合，这有利于行业特色院校发挥对地方的积极作用，也是形成校园文化特色的重要途径。

一要依托地方出特色，丰富文化内涵。行业特色院校要处理好地方文化与校园文化的关系，充分利用本地文化资源，开展丰富的校园文化活动，使校园文化与地方文化良性互动。首先，要加大对地方文化的研究和引进力度，深入研究地方文化蕴藏的历史积淀和当代价值，通过专题讲座、研讨会、报告会、高层论坛等形式汲取地方文化精髓，丰富校园文化

---

① 罗先奎：《芜湖地域文化的内涵与特征》，《芜湖职业技术学院学报》2011年第3期。

内涵；其次，将地方文化教育纳入学校教学计划，构建与行业特色院校相适应的人文教育课程体系，开设地方文化校本课程，传播地域文化知识，力促地方文化进课堂、进活动、进头脑；再次，建立学校专业实践、志愿服务、社会实践等基地，引导师生积极开展参观学习、调查研究、采风鉴赏等活动；最后，充分发挥网络优势，在校内积极宣传地方文化，让师生深刻体会地方文化的深刻内涵，通过对地方文化的吸收、提炼、整合、创新，形成行业特色院校独特的校园文化。

二要引领地方创品牌，发挥导向作用。首先，积极融入地方，充分了解地方文化的历史传统、自然资源、民众需求和产业结构等状况，及时调整学科专业设置和人才培养方案，适应地方文化建设发展的需要；其次，依托行业特色院校的校园文化资源，积极开展与地方文化的共创共建活动，使校园文化与地方文化实现优势互补、相得益彰，让校园文化引领地方，辐射社会；最后，积极开展各类学术研究、志愿服务、社会实践等活动，做好地方文化的挖掘、传承和创新。让行业特色院校真正成为地方的一张文化名片，让行业特色院校校园文化真正成为地方文化的桥头堡、示范区和辐射源。

三要服务地方树形象，凸显社会效应。首先，行业特色院校应坚持"服务地方"的理念，重点根据地方经济结构特征和文化资源筹划学科建设、确定专业设置、从事课程开发，力争专业建设中蕴含地域经济特色，学科发展中加强地域特色研究，使学校真正成为地方人才培养中心和文化教育中心；其次，鼓励师生积极参与地方民间艺术和文化遗产的保护、拯救，为地方文化产业发展及历史研究提供咨询服务和决策支持；最后，发挥行业特色院校的人才优势和行业优势，通过建立地方文化研究机构等形式，着重开展地方特色文化的研究和传承，积极参与地方文化产业建设、文化用品开发、民间艺术传承等活动，提升地方文化品位，打造地方文化品牌。使行业特色院校校园文化在服务地方文化中提高融合度，扩大辐射面，增强竞争力。

四　聚合校区文化

正如前文所述，如今的行业特色院校多为分校区办学，所以如何加强多校区的校园文化建设聚合校区文化也是行业特色院校不可回避的一个话题。

确立共同愿景。首先，要审视多校区文化的共有基因。行业特色院校不能简单以某一个校区的文化来取代其他校区的校园文化而成为共同文化，而是要在承认、尊重多校区多元文化并存的基础上求同发展，通过对各校区优良文化的提炼，找出校园文化建设的共有基因，结合学校建设与发展实际创新来发展校园文化。其次，要确立多校区文化的共同目标。在审视多校区共有文化基因的基础上，要加强对异质文化的协调和管理，引导异质文化向共同的发展方向创新发展，从而在各个校区确立校园文化建设的共同目标，力争在制度内容上相互配套，在思想内涵上相互协调，在价值导向上相互一致。最后，要打造多校区文化的各自特色。各个校区之间还要处理好存异与求同的关系，在立足共有文化基因和共同文化目标的基础上，要倡导鼓励符合本校区的特色校园文化的创建与打造，使其成为行业特色院校校园文化的重要组成部分。

打造系统工程。首先，标识体现整体意识。行业特色院校要规范学校形象标识，逐步完善各个校区的标识系统，大力推广使用学校标识，例如：建造统一的学校大门，张贴统一的校训、校标，选择统一的校歌，佩戴统一的校徽，印制统一的名片等，从文化的物质外壳入手体现"同一学校"的整体氛围，让师生耳濡目染，受到学校精神的熏陶和激励，增强师生的凝聚力和向心力，提高师生的认同感。其次，管理体现规范意识。行业特色院校要推进规范化、科学化管理，实现"五个统一"，即各个校区统一领导、统一机构、统一制度、统一财务和统一规划，保证全校师生员工政令统一，资源共享，从而提高管理效益和办学效益。最后，活动体现合作意识。校园文化活动是校园文化建设的重要载体和实现形式。行业特色院校要充分发挥校级组织对校园文化活动的统筹和协调作用，加强对分校区校园文化活动的统一部署和指导，实现分校区校园文化活动多种形式的合作，实现思想统一、统分结合、协同合作、形式灵活的一体化局面。

运用网络媒介。一方面，行业特色院校要充分利用网络不受时空限制的优点，积极克服校园文化在多校区构建过程中遇到的困难，努力提高多校区校园文化建构的深度和广度；另一方面，对于当代大学生而言，随着手机成为可以随身携带的口袋终端，新媒体已成为一种主要的生活方式，微文化已成为一种主要的校园文化。这就需要行业特色院校充分利用网络媒介，加大校园文化建设、学生工作、教学管理服务、行政管理服务、后勤管理服务等网络平台的建设力度，利用网络平台做好师生员工的思想引导、心理辅导、专业向导、生活指导等工作，发出好声音，弘扬主旋律，传递正能量，积极创建行业特色院校的校园网络文化。

五　培育校友文化

校友文化是校园文化中的一个特殊的组成部分，是指一所学校在长期的育人活动中形成的母校与校友、校友与校友、校友与社会之间的情感维系、价值取向、网络沟通、合作交流和服务回馈等。其一般呈现出具有大学精神的深刻烙印、具有学缘关系的特殊情感、具有荣誉维系的共同心理、具有渴望互相了解的强烈愿望、具有回报母校的价值取向等特点[①]，是传承学校精神、扩大学校影响、增强学校合力、促进学校发展的重要载体。校友是母校的名片，是学校办学历史中的宝贵财富和特殊资源，是大学精神和学校优秀文化传承和发展的细胞载体，是树立母校品牌、弘扬大学精神、体现办学质量、彰显母校形象的"品牌资源"。作为行业特色院校的校友，其最大的特殊性在于有相对固定的就业行业和工作领域，这为学校加强交流、凝聚资源、传承文脉、培育文化创造了天然的优越条件。

创建服务平台。服务平台具体包括"一办一会一网一刊一库一月一日"。"一办"是指学校要成立校友工作办公室，配备专职人员，设立专项经费，全面负责学校校友工作；"一会"是指要建立校友总会和校友分会，成立校友会工作小组，设置岗位配齐人员；"一网"是指要创建校友工作网，使其成为集工作平台、信息平台、交流平台和服务平台为一体的综合阵地；"一刊"是指要编印校友会刊，并定期刊出；"一库"是指要建立校友信息数据库，并及时更新；"一月"是指要设立校友走访月，每年固定某一个月走访校友，加强交流联系；"一日"是指要确定校友返校日，每年确定某一日欢迎校友返校，并使其成为学校的一个传统节日。

创建宣传平台。首先，重视校史馆建设，开辟"校友"专区，充实内容建设，提升内涵建设，扩大宣传效应；其次，重视宣传平台建设，通过网络、报刊、广播、橱窗等宣传校友的先进事迹、突出成就、成长经历；最后，重视在校生与校友互动，积极开展诸如"'请进来'听校友感言、'走出去'访校友足迹"、评选"金校徽奖"等活动，用校友的成人之举、成长之路、成功之道、肺腑之言引领在校学生立足青春梦、追逐行业梦、

---

① 周健：《高校校友文化建设刍议》，《高教与经济》2005 年第 9 期。

共筑中国梦。

创建反哺平台。首先，推进智力反哺。聘请资深校友为学校发展咨询委员会、专业建设委员会委员，定期对学校的发展规划、专业建设等方面提出意见和建议；聘请杰出校友为业界导师、客座教授、兼职教授等，让活跃在行业一线的既具有扎实理论基础又具备丰富实践经验的校友回母校参与教学指导工作；邀请知名校友回母校参加开学典礼、毕业典礼，举行各种报告会、恳谈会、座谈会、校友沙龙等。其次，推进资金反哺。举行校友捐赠活动，设立校友基金、奖教金、奖助学金，为学校营造"乐教乐学"的良好氛围提供经费支持。最后，推进项目反哺。举办校友单位专场毕业生双选会，与校友所在单位共建见习实习基地、开发多层次的产学研合作，实现优势互补、共同发展、多方共赢。

第四节　行业特色院校校园文化建设案例①

我国早在 20 世纪 80 年代中期开始，就对校园文化进行研究，而且研究的内容在不断更新，研究的领域也逐渐扩大，研究的层次更是由浅入深，呈现出良好的发展状态。目前各个高校都积极探索校园文化的新载体、新途径、新形式，涌现出一大批特色鲜明、意义深远的优秀校园文化实践范例。本节主要选取浙江省五所行业特色院校在校园文化建设过程中的实践与探索。

一　时代画卷——中国美术学院积极探索红色主题教育活动

中国美术学院一贯重视将校园文化与学院历史、学院精神相结合，与专业特点相结合，近年来，学院提出了开展以"时代画卷"为主题的红色教育。经过几年的发展，"时代画卷"红色主题教育活动已经成为融历史性、时代性、开放性、独特性于一体的校园文化品牌。

（一）工作目标与思路

源起。从中国美术学院创立之始，以林风眠先生为代表的"中西融合"和潘天寿先生倡导的"传统出新"两条学术脉络，始终互相砥砺，并

---

①　本节研究案例分别由中国美术学院、浙江理工大学、杭州电子科技大学、中国计量学院、浙江传媒学院提供。

行不悖。富于变革理想和文化使命的青年艺术家集群，在这里践行着以"美育代宗教"的思想。革命战争时期，以江丰、莫朴为代表的艺术家，经受了红色革命洗礼的变革，以延安《讲话》精神为引领，投身革命，成为革命现实主义美术创作的中坚力量和领导人。新中国成立初期，艺术家们肩负起艺术为人民服务的重任，以崭新的艺术形式展现了社会主义建设的动人景象。改革开放以来，学院倡导"多元互动、和而不同"的思想，开拓创新，培育人才，用艺术的手法描绘和塑造了全面建设小康社会、中华民族走向伟大复兴的历史新形象。这些作品不少被各大博物馆、美术馆收藏，或被印刷出版，广泛传播，成为中国现代美术史上的经典作品，成为激励当代共产党员和人民群众坚定信念、追求理想的宝贵精神财富。同时，这些作品也演绎了中国美术学院 80 余年办学历程中与时代、与祖国同命运、共呼吸的使命精神，它们已然成为中国美术学院重要的精神财富，内化为中国美术学院校园文化的核心价值所系。

目标。中国美术学院承续深厚的学术底蕴和文化传统，将 80 余年来师生校友绘制的时代画卷融入在校园文化的建设之中，将师生的文艺思想观教育融入师生喜闻乐见的活动之中，通过丰富的展览展示、创作实践和学生活动，潜移默化地引导师生树立崇高的理想和信念，引导师生以强烈的社会责任感和历史使命感，坚持正确的文艺方向，树立正确的文艺观，引导师生了解学院历史，继承学院传统，弘扬学院精神。"时代画卷"红色主题教育活动，旨在进一步推进全校师生的核心价值体系建设，加强理想信念教育、思想道德教育，弘扬以爱国主义为核心的民族精神；进一步梳理学院历史，理解学院精神，增强全校师生的认同感和凝聚力；进一步加强师生的文艺思想观教育，引导师生以强烈的社会责任感和历史使命感，创作出更多富有时代精神的艺术精品；进一步凸显美术学院校园文化的专业特点、特长与特色，提升校园文化的内涵品味，以校园文化活动促进学生专业知识和技能学习，推进良好学风养成。

思路。在"时代画卷"红色主题教育活动中，中国美术学院通过"三大平台"、"五个结合"，努力实现全员育人、全方位育人和全过程育人的三全育人模式。三大平台："时代画卷"红色主题教育活动通过展览展示、创作实践和学生活动三大平台开展，以展览展示感悟名作品质，以创作实践承续时代精神，以学生活动拓展品牌内涵，形式多样，涉及范围广，辐射力强；五个结合："时代画卷"红色主题教育活动在开展过程中，注重与重大节庆事件相结合，与课堂教育相结合，与专业创作相结合，与校史教育相结合，与社会实践相结合，将活动纳入"两课"的课堂教学中，纳入党校的特色课程中，纳入新生的入学教育中，纳入师生的专业创作中，纳入深入社会、深入生活的实践中。一件件艺术精品，成为中国美术学院对青年学生进行爱国主义、革命传统教育的校本教材，成为学生了解现代中国美术史上主题性美术创作和美院校史的读物，也成为全院师生共同的精神财富。

（二）实施方法与过程

"时代画卷"红色主题教育活动主要通过展览展示、创作实践、学生活动三大平台体现。

展览展示。展览展示是师生接触名作、感悟名作最直接的方式。中国美术学院数次将师生校友创作的历史题材作品，以图片展览、书籍出版、歌咏颂唱等方式进行展示，让师生们在观摩与体味中，产生心灵的震撼，追寻名师名作的足迹与力量。如：2005 年 9 月，"先锋颂——中国美术学院师生校友美术作品图片展"在中国美术学院美术馆展出，该展览是开展保持共产党员先进性教育活动的内容之一。展览展出了全院师生校友创作的 60 余幅历史题材作品，展示了土地革命时期、抗日战争时期、解放战争时期、新中国成立后不同历史阶段的重大历史事件。2006 年 10 月，在纪念红军长征胜利 70 周年之际，中国美术学院举办"永远的丰碑"主题晚会，师生同台，以歌咏的形式，追寻那段惊心动魄的远征，收获学习长征精神的意义。2009 年，中国美术学院先后举办了"钱塘拂晓——今艺社庆祝杭州解放 60 周年美展"、"丹青中国——中国美术学院师生庆祝新中国成立 60 周年歌会"、"时代画卷——庆祝新中国成立 60 周年美术作品图片展"等，以主题晚会访谈、视频展示、展览展出等多种形式展示了 60 年来中国美术学院的师生校友紧随时代的脚步创作的优秀美术作品，其中有不少现已成为共和国美术史上的经典之作。2011 年 6 月，"党在我心中"中国美术学院纪念建党 90 周年红歌赛举行。2011 年 6 月，中国美术学院推出"画说党史——中国美术学院师生校友主题作品图片展"，该系列图片共 120 余幅，以中国共产党建党 90 周年波澜壮阔的历史为主线，以中国共产党发展史上各个重大历史事件为内容，配以作品解析和作者简介，它们散布在校园的每一个橱窗里，是一个形散神不散的"展览"。2012 年 5 月，中国美术学院与省委宣传部、省文联联合主办"百花沃土——纪念毛泽东《在延安文艺座谈会上的讲话》发表 70 周年浙江省美术作品特展"。同期,《时代画卷——中国美术学院师生校友主题性美术作品集》由中国美术学院出版社出版。该书选取的 160 余件美术作品均出自中国美术学院师生校友的创作,每件作品都配以简短的史实介绍、艺术评析及作者简介。

　　创作实践。近年来,中国美术学院结合国际国内的重大事件、社会热点等,组织了多项主题创作活动,激发师生的创作热情,引导师生的创作方向。比如:2003 年,美院师生拿起画笔和刻刀,投入到"抗击非典"的主题创作之中,创作出了国画、书法、版画、海报等 200 余幅作品。2005 年,中宣部、文化部、财政部共同主办的国家重大历史题材美术创作工程,中国美术学院教师承担了 14 件作品,数量在全国各单位名列前茅。2008 年,汶川大地震发生后,中国美术学院举全院师生之力,创作了一大批以抗震救灾为主题的海报、版画、雕塑作品和艺术短片,并在杭州吴山广场举行"大悲大志同心同歌:汶川震难祭艺术展",表达全院师生与灾区同胞同渡难关、早日赢得抗震救灾胜利的愿望。120 多幅主题海报和 12 件雕塑作品被集结成册,赠送给广元市委宣传部。2009 年,中国美术学院开展了以"深入学习实践科学发展观活动"为主题的海报创作、比赛活动。2011 年,浙江省委宣传部、省文联和中国美术学院联合主办"最前线——庆祝中国共产党成立 90 周年浙江省美术作品展",中国美院广大师生赴舟山、义乌、庆元、安吉、仙居等 12 个浙江省发展建设的"最前线",围绕跨海大桥交通建设、跨海电缆工程建设、海洋综合开发试验、经济贸易发展、城镇建设等方面进行了调研和采风,创作了一大批优秀作品。2012 年,为纪念雷锋同志牺牲 50 周年,中国美术学院的师生着手开展电视动画片《雷锋》的创作。2012 年,为纪念毛泽东同志《在延安文艺座谈会上的讲话》发表 70 周年,中国美术学院和浙江日报联合发起重访圣地的活动,师生共赴延安杨家岭、南泥湾等地,追溯历史和思想的源头,开展写生创作。

　　学生活动。丰富多样的海报创作、暑期社会实践、采风写生、社会考察等学生活动拓展了"时代画卷"红色主题教育活动的辐射面,更多的师生在生动、多样、贴近生活的活动中有所感、有所思、有所悟。在一次次的亲历中,深化"时代画卷"红色主题教育活动的内涵,扩大"时代画卷"红色主题教育活动的覆盖面,增强"时代画卷"红色主题教育活动的影响。

（三）成效与经验

中国美术学院打造"时代画卷"红色主题教育活动，秉承学院育人无痕的理念，深挖学院历史文脉，紧扣师生热爱专业、向往名家名作的特点，切实发挥校园文化对师生潜移默化的影响，加强学生的思想道德素质和文化专业素质，培养德艺双馨的艺术人才。

宣传经典，增强责任感。红色经典艺术作品是支撑新中国成立60多年美术成就的一个重要方面，也是中国革命和建设进程中的重大历史事件和英雄人物的具象表现。以红色经典艺术作品为依托，开展"时代画卷"红色主题教育活动，有利于师生了解人民群众的英雄业绩，了解中华民族的精神风貌，继承和弘扬以爱国主义为核心的民族精神，牢固树立中华民族伟大复兴的共同理想，牢固树立中国特色社会主义的理想和信念，自觉担负起社会责任，投身到建设有中国特色的社会主义的伟大实践。

弘扬校史，加深认同感。中国美术学院有着光荣的革命传统和浓厚的历史使命感，主旋律创作一直是学院学术发展中的一条重要的脉络。一代代美院人把自己的艺术追求与祖国的命运紧紧联系在一起。"时代画卷"红色主题教育活动通过翔实的资料、实物展示和丰富生动的学生活动，学院发挥名校所长，承续学院学术传统，增强了师生对学院的归属感和认同感。

紧扣专业，彰显学术性。"时代画卷"红色主题教育活动紧扣艺术院系专业特点，营造了浓郁的校园文化氛围。一系列的展览展示、创作实践和校园文化活动，激发了师生参与活动的自觉性和积极性。同时，活动还为师生充分发挥创造性思维能力提供了创作和展示的空间，让他们深入社会、深入群众，在艺术创作中，了解国情，认识社会，展示才华，树立正确的文艺观和社会责任感。

依托社团，确保持续性。在"时代画卷"红色主题教育活动的实施过程中，中国美术学院十分注重发挥学生社团的重要作用，成立了校史研究会、国美之路宣讲团等学生社团，开展暑期社会实践，鼓励话剧社等社团开展校史剧的编演，确保了活动的长期可持续开展。

注重宣传，扩大影响力。中国美术学院注重"时代画卷"红色主题教育活动的宣传，积极策划，利用校网、校报，对各项活动进行全方位的报道。活动也受到了各大媒体的关注，《人民日报》、新华网、浙江卫视、

《杭州日报》、《钱江晚报》、《浙江教育报》等多次予以报道。

走出校园，体现辐射性。"时代画卷"红色主题教育活动不仅在校园里，也扩展到了校园外，主题创作、海报等作品，多次走进社区、乡村和兄弟院校，进行展示。美院的师生通过手中的画笔、刻刀，为社会提供了生动形象的宣传教育材料，扩大了学院的社会影响。

中国美术学院"时代画卷"红色主题教育活动把文艺思想观教育涵融于活动之中，丰富了育人内涵，拓展了育人空间，创新了育人理念，形成了具有美院特色、反映专业特点、体现时代特征的校园文化品牌，做到了活动与校史结合，创作与育人相结合，校内与校外相结合，使校园文化的时代性与独特性共存，显性与隐性互见，开放性与辐射性共生，凸显了艺术传承、育人无痕的思政教育理念。

二　传承　创新　致远——浙江理工大学"T台文化"特色育人

浙江理工大学前身是 1897 年杭州知府林启创办的蚕学馆。110 多年来，蚕学馆数易其名，历经浙江丝绸工学院、浙江工程学院等发展时期，直至今日的浙江理工大学。学校从单一的钻研育蚕之道到发展丝绸教育，继而扩展到丝绸、纺织、服装设计等多种门类，并成为现在以工为主，理、工、文、经、管、法、教育等多学科协调发展的省属重点建设大学。学校传承百年文脉，创新文化载体，润育文化特色，提升文化品位，实现文化育人。T台文化就是其中一道闪亮的风景。

作为浙江理工大学独具特色的校园文化，T台文化扎根学校百余年的办学特色和传统，结合时代和社会发展，以丝绸文化传承为基础，以纺织服装研发为依托，以审美素养提升为内核，以T台作品展示为载体，形成了培育创新创业型人才的文化特色。

T台文化历经学校师生数十载的探索、挖掘、凝练，逐渐涵盖了始业教育、专业教学、校园活动、毕业展示等教育教学环节，融合传承和创新，贯穿专业与应用，连接校园与社会，具有广泛的参与性和影响力。

（一）T台文化建设的主要历程

浙江理工大学T台文化共经历了三个阶段。

第一阶段：自发组织，蝉联蚕绪。创办于 1897 年的中国第一所官办纺织学校——蚕学馆（浙江理工大学前身），开辟了中国近代纺织教育的先河。1979 年，学校开始招收研究生，并先后开设了艺术类和经济类等专业。1980 年学校成立我国第一个丝绸史研究室。1982 年，学校在浙江省率先设立服装设计专业并招生；1985 年成立服装系，同年 6 月学校服装 83 级（专科）毕业生作品时装秀，引进了"步鑫生"时装表演队演出，T 台文化建设开始起步；1986 年开始，学校服装专业的学生 T 台表演就作为一项学生活动项目而逐渐常态化；1989 年，服装系学生自主组建了服装表演社团，成为浙江省第一家在 T 台上展示学生服装设计作品的学生社团，定期展示学校服装设计、面料研发等方面的最新成果。其后三年间，社团规模从建团时的 10 多人，逐渐壮大到 100 多人，这里面既包括服装专业学生，也有来自全校各学院的时尚骄子，甚至于杭州市多所学校的艺术类学生慕名加入。随着社团影响力的不断扩大，浙江理工大学的 T 台表演也从校园走向社会。这不仅为广大学子触摸艺术时尚、提升审美素养提供了舞台，也为学校探索转型期校园文化建设提供了新思路。

第二阶段：循序渐进，聚丝成茧。1994 年，学校在浙江省率先设立时装表演与营销专业，同时，校内纺织品设计、服装营销、橱窗展台设计、丝绸文化研究等学科的发展和资源互惠，标志着理工大学的 T 台文化建设进入专业化、系统化的阶段，这也是 T 台文化形成的重要时期。从此，T 台展示的作品不断丰富，从原来传统的丝绸服装到学生最新作品展示，到每届学生毕业设计作品展示，到 T 台外的商业洽谈合作、文化论坛研究，形成了一个比较完备的体系。学校规定，从 1994 年起服装设计专业学生的毕业作品必须经过专业模特的 T 台展示，由专业教师和企业老总评分，作为毕业设计的成绩。由此，日益深入人心的 T 台文化在引领校园艺术风尚的同时，更是持续受到了社会各界特别是服装界的广泛关注。

第三阶段：特色凝练，破茧成蝶。1997 年，学校迎来了 100 周年校庆。百年校庆典礼以 T 台展示秀为依托，展示了学校 100 年来的发展变迁办学特色和人才培养成就，受到业内专家和社会的高度评价。此后，学校通过每年坚持的始业教育秀、毕业展示秀等重要活动，把 T 台从校内搬到校外，到北京、上海等多个城市去展示。从 2000 年开始，学生每年带着自己设计的服装到被称为"时装界的哈佛"的纽约时装技术学院、日本大阪服装博览会和日本杉野服饰大学等时尚高地展示 T 台文化，从而使 T 台文化从国内走向了国际舞台。

（二）T 台文化建设的主要举措

自 1985 年 T 台文化开始正式起步的 30 年来，T 台文化已经成为校园内一道靓丽的风景线，从一个系、一个学院，延伸发展为全校性的特色文化品牌。学校通过多项举措、多种途径，对 T 台文化不断加以提炼和完善，借助各种资源，提高其影响力和美誉度。

传承丝绸文化，夯实 T 台文化基础。从林启创办蚕学馆，到辛亥革命后升格为高等蚕桑学堂；从抗战时西迁办学，到新中国成立后院系调整，直至体制划转后迁址高教园区完成跨越式发展，浙江理工大学虽历尽沧桑，但传承丝绸文脉的历程不断。每年新生入学，要首先接受校史校情教育，参观校史馆、林启纪念馆、中国丝绸博物馆等，聆听校史校情讲座，学习先辈们励精图治、内强根本、外辅民生的蚕校精神。每年暑假，学校都会组织学生参与社会实践，重走抗战时期西迁之路，送先进文化下乡，为浙江省中西部地区的发展特别是丝绸纺织服装行业的发展出谋划策。

提供有力保障，拓展 T 台文化空间。T 台文化形成和发展离不开专业的扶持和学术的带动。学校开设的"时装表演基础"、"形体美仪"、"公关礼仪"等课程，不但让专业学生受益，课程也向其他学院学生开放，使其获得相应的提升。T 台秀兴起后，学校在专业课程中不断创新，建立了服饰鞋包模块课程，在服装设计、服装面料基础上，还学习设计鞋包、提包，并融合多个学院资源开设了服装营销、展台设计等课程，使 T 台内容更丰富多元。2004 年，学校又与韩国水原女子大学共建人物造型专业，从此形成了学生自己设计服装、自己化妆美发、自己上台走秀这样系列完整的 T 台秀。在学术研究方面，学校在 2007 年集合多个学院的资源，成立了国内高校首个致力于丝绸、服饰文化研究的科研机构——丝绸文化研究中心，2010 年 5 月，学校成为浙江省首批非物质文化遗产传承人才培养基地。为保障 T 台文化健康发展，学校建立了专项经费。仅毕业设计 T 台展示，每场从 20 世纪的 10 万—30 万元，到近十年来的 50 万—100 万元；学校还投入专项经费装修了可容纳 400 人的 500 多平方米的 T 台表演厅和 1300 多平方米的人物造型基地。为鼓励学生创新创业，学校特别开设了 10 多个工作室，提供给服装、纺织、设计、营销、文化产业类学生申请入驻；与下沙经济开发区管委会共建"浙江理工大学创意产业园区"，更大程度为校内师生创新创业提供平台。

创新活动载体，丰富 T 台文化内涵。学校将 T 台文化发展与校园文化活动紧密结合，不断创新形式，丰富内涵。近几年，学校突出"时尚"、"创新"主题，培育出了"T 台文化之星评比"、"T 恤彩绘大赛"、"彩妆秀"、"创意市集"等多种类型活动，紧扣行业趋势和学生需求，启迪学生的创新创业意识、提升审美品位。这些活动在组织过程中充分体现了学生主体性，也扩大了活动的受众面，同时也由学校在专业指导、经费支持、场地条件上给予必要保证。学校将相关专业赛事作为提升 T 台文化发展水平的突破口，花大力气引入校内外优秀教育力量，浓郁竞赛氛围。跨多学科在校内举办面料设计大赛、服装设计创意赛、服装营销设计赛等台前赛事；组织学生参与日本大阪时装设计大赛、中国时装设计新人奖、中国针编织时装设计大赛等国内外知名比赛；有机联动相关学科赛事，如动画专业学生连续多次获得"中国 COSPLAY 超级盛典"全国总决赛钻石金奖，其作品中的形象及服饰设计均依托 T 台得以亮相。一系列赛事有机结合日常教育教学，获得了良好的专业支撑，也提升了学校作为知名时装学府的 T 台文化特色。

融通学校社会，尽显 T 台文化魅力。学校不断强化 T 台文化的功能，将其定位为超越校园文化的人才培养工程，架设起学生走向社会的通道。通过毕业服装展、毕业造型展、纺织面料毕业成果展等环节，不仅全面展示了毕业生的创新设计、研究成果和纺织服装行业的流行趋势，也为校内外文化艺术舞台提供了视觉盛宴。在毕业展示秀上，一半以上的嘉宾是来自纺织服装领域的专家和相关企业的老总。毕业展示秀为他们提供了吸收创意、招才纳贤的平台，许多企业老总在现场就直接选定毕业生，买断毕业作品创意。近年来，学校推动 T 台成果展示走出杭州市、浙江省，走向全国，为纺织服装人才搭建了更加广阔的展示舞台。

（三）T 台文化建设的主要成效

多年来，浙江理工大学通过推广弘扬 T 台文化，传承历史传统文脉，强化纺织服装创新型人才培养，紧密结合浙江省委省政府"创业富民，创新强省"总战略的实施，在促进学校特色文化发展的同时，也为地方经济及文化发展做出了积极的贡献。

学校文化底蕴得到充分传承和积极提升。T 台文化演绎了一部理工人艰苦奋斗、开拓创新的奋斗史，承载着学校办学和发展历程的基本脉络，其丰富的内涵渗透到了学校精神文化、学术文化、行为文化、实践文化等诸多层面，一系列 T 台文化的展示及活动，在普及丝绸、纺织、服装专业知识的同时，引领着广大师生不断提升艺术欣赏水平和能力，确立了学校的美育领先优势，学校于 2001 年成为浙江省首个高教园区文化素质教育基地。

学校人才培养成效得到快速显现和长远拓展。面对日趋严峻的就业形势，学校纺织服装类的毕业生就业率一直高居 95% 以上。学生在全国及国际性比赛中成绩斐然：仅近五年来，就有 200 多人次在全国及国际性纺织服装设计大赛中获大奖；50 多位专业模特在全国及国际性各类模特大赛中获奖。学校还有许多毕业生在企业中成为首席设计师或设计总监，做出了不俗的成绩。尤其可贵的是，在杭州服装行业的几百个品牌中，近 50% 是浙江理工大学毕业生自主创立的。2008 年，学校还被评为"全国创业教育示范高校"。

学校办学特色得到有效凝炼和广泛认可。随着 T 台文化与专业教学的深入结合，学校纺织服装的办学优势和人才培养的模式日益得到社会各界的肯定。学校的纺织工程、艺术设计、服装设计与工程和轻化工程四个专业成为国家高等学校特色专业；《成衣工艺学》、《时装工业导论》、《纺织品 CAD》和《基础设计》成为国家精品课程；学校服装艺术设计团队教师参与的"坚持三个结合，培养具有创新能力的设计人才"教改项目荣获国家级教学成果二等奖；先进纺织材料与制备技术教育部重点实验室成为省部共建的实验教学平台，服装实验教学中心成为国家级实验教学示范中心。

三　红色家园工作室——杭州电子科技大学为创建大学生的精神家园不懈努力

（一）基本情况

为进一步加强以网络为载体的思想政治教育，运用网络资源和网络技术优势构建大学生共建共享的网上精神家园，2000 年 12 月，杭州电子科技大学党委结合学校的学科优势，创建了红色家园工作室，并依托工作室设计开发了思想政治教育专题网站——红色家园。红色家园以"服务广大师生、繁荣校园文化、活跃学术氛围、加强思政工作"为目标，融新闻时事报道、思想政治教育、学术文化交流于一体，以家园主页、家园论坛、红色联盟为载体，搭建网络思政教育新平台，探索校园文化建设新路子。

伴随着微时代的到来，红色家园工作室敢破敢立，敢闯敢试，于 2010 年 4 月在新浪微博开设了"杭电红色家园"微博，目前粉丝数量达到了 11000 多，随着智能手机的普及和微信的兴起，为了给全校师生提供更加全面、方便、快捷的服务，红色家园于 2014 年 2 月开设了"在杭电"微信公众服务号，为师生提供课表查询、教室查询、图书馆业务办理、网上选课等服务，短短一个学期，关注数量有 10600 余人。

"红色家园"设立以来，先后被评为"浙江省高校思想政治工作优秀主题网站"、"浙江省文明办网示范网站"、"浙江省高等学校优秀教育网站"。2008 年，"红色家园"被评为浙江省高校校园文化品牌项目和全国高校校园文化建设优秀成果一等奖。2013 年，"红色家园"获得了全国高校百佳网站荣誉称号。

（二）特色做法

一是完善制度，建立网络思想政治教育新格局。

学校建立完善网络稳定安全责任制，设立网络思想政治教育岗位，落实专人负责；完善了实名注册制、舆情收集制和网络预警制。

实名注册制，保障网络稳定。为加强论坛的管理，网站推行论坛注册实名制度，红色家园工作室的工作人员自主开发了学生注册平台。

舆情收集制，掌握师生动态。在加强网络安全监控的基础上，建立健全网络舆情收集、报送机制。

网络预警制，确保网络安全。建立有网必有监控的制度。特殊时期进行 24 小时值班，值班期间密切关注网络动态，以确保网络安全，维护校园稳定。

二是创新载体，构建网上育人新体系。

家园论坛——学生思想动态的"晴雨表"。"家园论坛"2004 年 3 月正式开放注册。至今注册人数 3.6 万多人，平均每日发帖数达 5000 帖左右，成了学生反映问题、宣泄情感的一个重要场所。学校在加强正面引导的同时，也把它看作是反映学生思想动态的"晴雨表"，通过及时收集汇总网络舆情信息，为学校的各种决策和有效的思想政治教育提供依据。

领导信箱——学生消极情绪的"减压阀"。网站专门设立了"书记信箱"和"校长信箱"，倾听学生对学校教学、管理、后勤服务等各方面工作的意见和建议，及时解决学生的实际困难和问题，有效地避免了因个别学生消极情绪扩大化带来的负面影响。

网上党校——学生政治进步的"领路人"。为解决学分制和选课制下难以集中安排党校学习的难题，工作室专门开发了网上党校，由学生自主安排学习、考试时间。同时设置"入党导航"、"专题教育"、"党建参考"、"网上考试"等栏目，实时解答学生在进步中遇到的问题，积极引领优秀青年向党组织靠拢。

网络服务——学生解决难题的"好帮手"。为解决学生在学习、生活中遇到的各种问题，网站、论坛、微博、微信提供了讲座信息、成绩查询、课表查询、教室查询、图书馆业务办理、网上选课、学术交流、招生就业和心理辅导等服务，深受学生的喜爱。

三是构建队伍，实现工作室健康可持续发展。

学校选拔了一批政治素质高、网络技术好、上网经验丰富的学生组成红色家园工作室学生工作人员队伍，包括：负责网站日常维护的技术队伍、对版块内所有内容的合法健康负责的版主队伍、有较高思想觉悟和舆论引导能力的网络评论员队伍、以贫困党员学生以勤工助学的方式组成的网络安全监控队伍。通过每年的纳新、培训、辅导、考核，不断充实四支队伍的力量，把对网络感兴趣、有特长的同学都吸引到红色家园工作室的大家庭里来，使红色家园工作室成为学生自主管理的"责任田"，成为学生自我教育和服务的基地。十几年来，工作室共培养数百名学生，许多同学毕业后都利用网站所学成为各条战线上的网络建设骨干。

四是注重实效，引导校园舆论。

红色家园结合校园内外的热点问题，策划、设置论坛讨论主题、版块热点话题，发布正面观点，引导学生关注社会、关注时事，增强学生的社会责任感。比如，毕业季期间，红色家园策划了"对还没有毕业的你说"专题讨论，引起了毕业生的广泛参与。

红色家园网络评论员以即时性评论、跟帖及时、适当的发引导帖等方式，批驳反面声音，在潜移默化和思维碰撞中进行思想政治教育。

论坛管理人员及时删除有害信息，维护论坛稳定。有网友曾经在论坛上发表了传播基督教教义的帖子，论坛管理人员立即删除了该帖，同时查询到网友的实名信息后，通报相关学院，并与相关学院一起对该网友进行说服与教育，帮助其认识到在校园中进行传教是错误的行为。

（三）经验成效

红色主题，奏响网上主旋律。网络思想政治教育阵地，马克思主义不去占领，非马克思主义和反马克思主义就会占领。"红色家园"工作室自创立以来，始终坚持以马克思主义为指导，在"红色家园网"开辟了思政要闻、理论学习、党史沉钩、红色文艺、人物风采、国情纵览等栏目。同时结合国际国内形势，从学生关心的热点焦点问题入手，及时制作学习十八大、历年两会、关注灾区、社会暑期实践、践行群众路线等专题，在提高网站吸引力的基础上，将党的声音传到网上，以学生乐于接受的形式宣传党的路线、方针、政策，奏响网上主旋律，提升学生政治素质。

绿色网站，倡导网络新文明。在建设红色主题网站的同时，学校还积极推行"绿色校园网络"计划，通过多种手段规范学生的网络行为，拓展绿色网络空间，营造绿色网络环境，倡导绿色网络文明。主要有：确保网络信息安全。学校运用自行研制开发的防火墙过滤、垃圾邮件处理等技术，在校园网的入口上构筑了一道"信息海关"，还了学生上网一片"纯净的天空"。倡导文明上网行为。学校通过"网上"《论坛管理办法》、《版规》的发布实施，结合"网下"疏导性的思想政治教育和网络伦理教育，促使学生自觉遵守网络道德，规范网络行为。培养网络责任意识。学校用"网上"与"网下"相结合的方式，教育学生正确理解网络的虚拟性，正面引导大学生树立正确的网络观和网络自律意识，促使他们以理性负责的态度发布信息。提高信息甄别能力。学校将提高信息甄别能力作为素质教育的重要内容之一，通过网上正面信息的引导，结合部分专业知识的教学，从思想和技术两方面培养和提高学生对有害信息自觉抵制的意识和能力，让学生学会在信息时代去粗取精，去伪存真，及时获取有效健康的信息。

发挥育人功能，促进学生成长成才。服务学生课堂内外学习。校园网络文化的立足点和出发点在于促进学生更好的学习。红色家园利用网络的互动优势，创建平台，供广大师生进行课业、学术交流，以及教学课件的共享。拓展学生文化素养。红色家园工作室更多的时候以学生社团的面貌出现，参与学校许多大型活动。如每年举办的"校园书画作品网络展"、"校园文化建设精品展"、"学校十佳教师评选"、"校园十佳大学生评选"、"校园辩论赛人气辩手评选"、"女生节展示"等都是人气很高的网上活动，精彩纷呈，拓宽了学生的知识视野，拓展了学生文化素养。

优化网络环境，维护校园稳定。十多年来，红色家园工作室在促进学校平安校园建设、和谐校园建设方面起到了积极作用。通过设立"领导信箱"以及论坛的"校务立交桥"版块及时解决师生学习、生活中的热点、难点问题，有效维护校园稳定；根据网络动态，使学校能及时掌握师生的思想动态，为学校一些方针、政策的制定提供参考。

四　传承计量文化　思量国计民生——中国计量学院特色校园文化建设的探索与实践

中国计量学院是我国质量监督检验检疫系统唯一的一所本科院校。充分利用自身的计量学科优势，以计量文化教育、感染、激励师生，是学校坚持先进文化方向，建设独树一帜，具有独特魅力和强大影响力、深远辐射力的校园文化的根本途径。

作为一所只有 33 年历史的年轻学校，学校一直在考虑如何在文化建设中做好挖掘、传承、丰富、弘扬传统计量文化这篇大文章。特别是从 2002 年搬迁至下沙高教园区后，学校把"计量"特色全方位渗透于学校文化建设全过程，在加大校园文化设施投入的同时，精心设计高雅的文化情境，构建起独具特色的校园文化体系，使沐浴在"计量文化"中的学生，成为学校校园文化建设真正的受益者。

（一）目标与思路

中国计量学院因国家计量事业的发展而创建，随国家标准化事业与国家质量振兴事业的发展而成长，是国家质量振兴事业高素质人才培养的重要基地。在中国计量学院现有的 45 个本科专业中，特色专业和具有明显特色的专业数占专业总数的 38.24%，学生数占在校生总数的 49.99%。无论是学校的特色学院、特色学科群、特色专业的建设，还是人才培养方案的特色化、课程体系的特色化和实践能力培养体系的特色化建设，都打上了深刻的"计量"烙印，为建设"计量文化"提供了坚强扎实的基础。

中国计量学院坚持以"计量立校、标准立人、质量立业"办学理念和"精思国计、细量民生"校训为核心内涵的校园精神为基础；以建设能体现学校特色与精神的校园文化设施为支撑；以形成科学、合理、严谨的规章制度体系为保障；以倡导师生形成正确价值取向、自觉行为规范、严谨治学精神、高雅行为方式的校园文化活动为舞台，着力打造独具特色的"计量文化"。

（二）方法与过程

"计量立校、标准立人、质量立业"——熔铸"计量文化"的核心。

在办学历程中，学校由自发到自觉地逐渐确立起"计量立校、标准立人、质量立业"的办学理念（以下简称"三立"理念）。学校在依据这"三立"理念办学的实践中，广泛征集，群策群智，进而凝练出了"精思国计、细量民生"的校训、"严格严谨、求实求新"的校风、"尚德乐业、博学善教"的教风和"励志笃学、求真诚行"的学风。"精思国计，细量民生"的校训蕴涵着高标准的行为方式、对社会的责任感和对事业的使命感，体现了学生在职业生涯中"形成精思细量的职业行为习惯、厚实关注国计民生的社会责任感、升华贡献国家质量振兴事业为己任的崇高使命感"的不懈追求。这些校园风气逐步凝结为强大的中国计量学院校园主体精神。

"梦里多少计量，心中无限春晖"——烘托"计量文化"的氛围。

行走在校园中，"计量文化"的气息会扑面而来。"精思国计、细量民生"的校训石碑，教室里"一训三风"的立体刻字，图书馆的人文长卷浮雕，都充分体现了学校的校园精神和办学特色。学校设立了"计量史馆"和"校史馆"，将参观两馆作为新生入学教育的一项重要内容，让所有中国计量学院的师生对"计量"二字，知其然，同时知其所以然。在校长林建忠为校友总会成立所题写的"思源"纪念碑上，镌刻着"梦里多少计量，心中无限春晖"的诗篇，体现了校友对母校的深深眷恋，成为计量文化的生动写照。

"严格严谨、求实求新"——内化"计量文化"的要求。

"一丝不苟"是计量文化最显著的特征。基于对计量文化中"严格严谨"的理解，学校建立起"严格严谨、求实求新、绩效激励"的管理理念和体系，完善教学质量保证与监控体系，完善学生"自我教育、自我管理、自我服务"的管理模式和教职工"教书育人、管理育人、服务育人"的身教行为，完善"育人为本、院系为本、师生为本"的管理准则和强化"党委领导、校长负责、教授治学"的管理体制。

"精思国计怀天下、细量民生勇作为"——升华"计量文化"的内涵。

每年新生一踏进校园，就会收到学校精心准备的《量院文化简明读本》，在第一时间了解学校发展历史、计量文化史，感受计量特色与文化，从此正式成为计量文化建设者中的一员。读本已改版 4 次，先后发放40000 余册。学校坚持每年举办各类主题系列活动，形成校园文化的精品活动和品牌活动；通过举办学科竞赛、创业计划大赛、学生课外科技项目立项、学生申请专利等形式开展科技学术与创新创业素质教育；通过举办"嘉量讲坛"、"翔宇论坛"、"启明讲坛"等活动，培养和塑造学生的人文精神。学校在学生社团的建设上，特别注重培育"精品社团"，尤其是质量标准化协会、消费者协会等具有鲜明计量特色的社团。在 3 月 15 日国际消费者权益日、5 月 20 日世界计量日、10 月 14 日世界标准化日等相关纪念日，学校都会举办相关活动，使同学们了解计量在日常生活中的作用，了解计量工作面临的新形势、新任务。学校还经常举办计量文化主题论坛、"我眼中的计量文化"主题摄影展、计量文化知识竞赛等，在拓宽学生知识面的同时，强化学生的爱校荣校意识。学校通过社会实践、志愿者行动，把青年学生成才报国的理想与社会发展的实际需要结合起来，着力培养学生强烈的诚信意识、服务意识和社会责任意识。学校注重在社会实践活动中注重发挥计量特色，深入企事业开展科技服务。如组织暑期社会实践小分队为企业制定 ISO9000 质量体系；对杭州市食品安全技术标准的实施现状进行调研；开展以"食品安全知识下乡"宣传为内容的实践活动。学校倡导"人人都做志愿者"的理念，注重组织开展有"计量特色"的服务，比如每年 3 月 15 日和国际计量日都组织志愿者开展配合工商行政管理部门"打假"、"质量万里行"，广场咨询、法律法规宣传等活动。

（三）成效与经验

通过计量文化建设，全校师生对计量文化的内涵和意义都有了更加深刻的理解和更加自觉的实践，质量意识深入人心。

学校凝聚力显著提高。"计量文化"的建设使学校校园文化建设向前迈进了一大步，全校师生对计量文化的内涵和意义都有了更加深刻的理解和更加自觉的实践。师生员工对学校的自我认同度不断提高，在校生和毕业生的家长对学校办学质量普遍认可。

特色人才培养成果卓越。学校获得国际标准化组织颁发的全球首届唯一的 ISO 标准化高等教育奖。2006 年以来，学校学生在各类学科竞赛中成绩逐步提高，各类竞赛尤其是 A 类学科竞赛项目取得了优异成绩，如 2007 年"挑战杯"大学生课外科技作品竞赛中获得国家金奖；2010 年的数学建模竞赛获得 3 项国家一等奖，成绩在所有参赛的 1197 所高校中跻身前 22 名。2010 年学生全年共获专利授权 405 项。近五年，学校毕业生就业率始终名列省属高校前列。

学校社会影响不断提升。"计量文化"的打造使学校以更加直观、深刻的印象进入社会公众的视野，学校的社会声望不断提升。2007 年，《计量立校 标准立人 质量立业——中国计量学院"计量文化"》被评为首批浙江省高校校园文化品牌项目。

责任奉献意识绵延传承。经过校园文化的熏陶，社会实践的砥砺，成长起来的是积极进取、富有责任、勇于担当、甘于奉献的新一代大学生。学校先后有近150位优秀大学生参加大学生志愿服务我国西部计划和浙江省欠发达地区计划，并圆满出色地完成了各项志愿服务任务，受到服务地的一致好评。

特色文化的创建过程，就是学校核心竞争力的提高过程。校园文化必须与学校办学特色密切相关。中国计量学院在"计量立校"的办学实践中持续地培育着"计量文化"，从而使"计量文化"成为学校的"金名片"。计量文化的倡导不仅仅局限于中国计量学院，在当今社会也具有普遍的现实意义。近年来社会上的急功近利之风盛行，要克服科研上学风不正的弊端，纠正教学上敷衍应付的倾向，除了加强教师与学生的学术道德建设、营造良好的恪守学术道德和师德的氛围、建立行之有效的法律机制和学术管理体制之外，也要大力弘扬计量文化。"临浙江以北脊，壮沧海之宏流。"中国计量学院着力打造的"计量文化"，在学校以"培养适应国家质量振兴事业需要的高素质创新人才"为目标的办学实践中发挥了历史性、实质性、指导性、持续性的重要作用。

五　大影弘道　大视育人——浙江传媒学院以"影视文化"彰显育人特色

浙江传媒学院作为全国培养广播影视及其他传媒专门人才的主要基地之一，为传播社会主义先进文化，陶冶学生道德情操，帮助学生树立正确的人生观和价值观，学校立足校园，贴近实际，不断探索，逐步形成了具有鲜明特色的校园文化品牌。其中，以"大影弘道，大视育人"为代表的校园"影视文化"系列活动就是突出典型。

（一）目标与思路

"欲致其高，必丰其基；欲茂其枝，必深其根。"要培养优秀的广播影视人才，必先丰厚其文化底蕴。随着知识经济和信息社会的迅猛发展，"大影视"理念已经成为影视产业创作和影视文化人才培养的普遍共识。

影视文化建设的理念是：强调对真善美世界的不懈追求和人类现实命运的终极关怀，时刻体现人文精神。

影视文化建设的目标是：培养积极、乐观、向上的心态，寻找生命的价值和方向，唤醒生命积极的态度，孕育超凡的特质力量，让学生摆脱庸俗、唤醒卓异，发展和谐完美的人格。

理念决定目标，路径重在创新。浙江传媒学院紧紧围绕"大影视"的文化背景，以校园影视文化发展大平台为载体，坚持大影视培育优秀传媒人才的校园文化建设思路，将传媒人的社会责任感和核心价值观融入育人理念，营造"学术自由、治理民主、信息公开、求真务实、激励创新、大气和谐"的传媒特色校园文化氛围，培育一大批敢于担当、敢于创新、敢于奋进的新世纪高素质影视人才。

影视文化建设的核心在于弘道、育人。浙江传媒学院坚持把"影视文化"作为校园文化建设中心，体制划转以来，学校致力于"大影弘道，大视育人"为主题的校园影视文化建设，培养"德艺双馨"的高素质传媒影视人才，提升人才培养体系的核心层次。

（二）实施与做法

立足第一课堂，夯实影视文化专业基础，提升影视人才培养层次。

一是依托影视专业建设，明确影视文化育人方向。

专业建设是特色校园文化建设的基石。浙江传媒学院影视艺术类专业于建校初开办，目前拥有影视类国家级特色专业、浙江省重点学科、省级重点专业等多个，培养了一大批高素质的广播影视艺术类专业人才，大影视文化教育，使浙江传媒学院学生在影视行业崭露头角，引人注目，其育人模式为校内外众多专业所借鉴。学生的优秀表现，成为其他学生竞相学习的典范和楷模。影视文化建设和专业发展形成了良好的互动氛围，在提升大学生综合素质方面取得了显著的成效。

二是加强软硬件工程建设，丰富影视文化教学资源。

丰富的影视文化教学资源是影视文化建设的重要保障。在硬件工程建设上，浙江传媒学院拥有演播室、照明实验室、影视摄影灯光实验室、MIDI 制作实验室、影视录音综合实验室、非编实验室、电视编辑及导播示范实验室、HDV 非编网络教学实验室、数字影视特技实验室等一批颇具特色的高端实验室和实训场所，拥有全国高校首部八频道高清电视转播车，承担过亚运会、残运会等 100 余场大型活动转播工作。演播大楼拥有华东最大的演播大厅，《我爱记歌词》、《中国梦想秀》、《中国蓝》等大型节目均在浙江传媒学院拍摄完成，学校众多学生参与到节目的拍摄中，得到充分的实践实训锻炼。为推动影视文化教育向纵深发展，学校创作了影视文化研究专著 50 余部，像《广播电视文艺编导》、《电视美学》、《电影导演方法论》等就是典型代表。影视文化的教学研究，催生出一整套以社会主义核心价值观为基础，符合大学生特点的影视文化教育系统，提高了大学生人文素养和审美情趣，并内化为大学生的主体价值体系。

三是加快产学研步伐，创新影视文化人才培养模式。

2007 年，学校的"联手行业、产学合作，培养广播影视创新人才"项目被教育部批准成为首批国家级人才培养模式创新实验区，通过几年的改革实践，形成了"未来主打星"模式、"中广班""名师高徒"模式等产学合作育人模式。"未来主打星"试点班学生一次性就业率100%，部分毕业生上岗不久，就成为业务骨干。中广班模式 2009 年获得浙江省教学成果一等奖。"导演实验班"人才辈出。如学生创作的纪录片《我的远征》，先后获第三届中国国际影像文化节一等奖、第六届"科讯杯"国际大学生影视作品大赛特等奖，学生作品《钻石》在第六届"科讯杯"国际大学生影视作品大赛中荣获一等奖，学生实验短片《浮生七记》获得 FIRST 青年电影展最佳实验片，并在 2011 四川电视节"金熊猫"奖国际大学生影视作品评选活动中荣获实验类最佳导演奖。独特的影视文化育人模式，孕育了大学生超凡的特质力量，唤醒了卓异的发展能量，实现了和谐完美的人格塑造目标。

打造第二课堂，创新影视文化载体，丰富影视文化课外实践。

一是建设广播实验电视台。浙江传媒学院承办的下沙高教园区广播实验电视台是我国高校第一家覆盖整个高教园区 14 所高校并在杭州数字电视和移动电视中播出的校园电视台。浙江传媒学院实验电视台的自办节目，与杭州移动公交电视合作，在杭州市两千多辆公交车上播出，还与杭州数字电视公司合作，开设了"浙传视窗"点播平台，下沙广播电视台拍摄制作的《下沙资讯》栏目，在华数 0 频道黄金时段播出，积极推动了区域范围内的信息传播和文化建设。作为宣传教育的窗口和实习实训的平台，目前广播电视台汇集了浙江传媒学院各个专业的优秀学生 800 多人，他们组成了一支充满朝气、充满创新意识的影视文化实践团队。他们凭借追求专业进步的热情和实现人生理想的精神，力求成为记录社会进步、校园发展和青春脚步的忠实记录者。

二是打造影视文化艺术节。一年一度的影视文化艺术节是浙江传媒学院重点打造的影视文化活动，是对青年学生进行素质教育的有效载体。体制划转以来到 2011 年底，浙江传媒学院已成功举办了 9 届影视文化艺术节，专场活动达 291 次，师生参与面、影响面逾 123000 人次，不但丰富了校园文化生活，而且从中发掘出大批学有专长的各类人才。

三是举办影视文艺晚会。在三十年的办学历程中，浙江传媒学院累计组织承办大型晚会 500 多场次，晚会学生参与人数累计超过 100 万人次，中央电视台、浙江卫视、杭州电视台、电台等数家媒体现场直播或转播，社会反响热烈，教育成效显著。在各类晚会中，从主持人到舞美设计、化妆、摄影、灯光、音响、现场切换、后期合成、制作、后期技术保证等环节，都由学校不同专业的学生参与实践。每场晚会既是一场生动的展示传媒学生朝气、才艺的盛会，更是一场学生知识技能的比拼，广大青年学生在影视文化的实践中成长，自身的修养和能力得到全面提升。

四是组织读百部书，看百部电影。2005 年以来，浙江传媒学院开展了"读百部书，看百部电影"活动，作为一项融入教学、科研、校园文化建设等工作的系统工程，十年来全校学生通过图书馆、校电视台等途径读书、看片，并进行书评和影评的写作，《浙江传媒学院报》开辟了"影视评论专栏"、"博览群书"专栏，发表学生的影评和书评，并每年在《浙江传媒学院学报》发一期影视评论获奖作品的增刊。学校"传媒先锋网"制作了子网"影视网"，无须等待，即点即播，"影视网"日点击率最高时可达到 2 万多人次。学校"书影协会"联合"影视网"特别推出"推荐百部电影"活动，展开全校性影评征文比赛，在校内营造良好的爱电影看电影的氛围。"读百部书，看百部电影"活动，为培养学生良好影视素养，提高学生的专业底蕴和文化内涵提供了发展的空间和平台。

五是发展影视学生社团。浙江传媒学院影视类学生社团众多，其中，E 代天骄话剧社、影视爱好者协会、B&G 剧社等社团出了一批精品节目，如《雪落无声》在全省大学生戏剧大赛中荣获金奖；《当秋叶落下的时候》获浙江大学生 DV 大赛一等奖。影视爱好者协会定期主办影视知识讲座、观评影片、学术交流创作、拍摄 DV 等作品，协会作品《无题》（音乐类）获中国第二届数码媒体艺术大赛最佳音乐片奖、最佳摄影提名奖；《高贵的虚伪》（实验类）、《距离》（剧情类）获 JVC Professional 专业 DV 大赛第二名；作品《漂流》飞赴波兰罗兹参加第十届国际影视院校学生作品展等。

六是开展影视社会实践。近年来，学校学生踊跃参加影视社会实践，影视佳作频出，如 08 级广播电视新闻学专业学生远赴云南滇西地区的 7

个城市，历时 13 天，全程 6000 多公里，采访搜集了大量远征军资料，拍摄红色纪实新闻短片《我的远征》，获中国国际影像文化节一等奖，入围第十二届北京大学生电影节原创影片大赛。由学校师生自导自演的校园青春版话剧《雷锋》走进学校，走进军营，走进人心，受到多方好评，并在浙江教育科技频道播出。学生近年来获得中国电视文艺最高奖"星光奖"7 名、中国电视金鹰奖 3 名、中国电视飞天奖 1 名。

拓展第三课堂，构建社会服务平台，繁荣影视文化建设。

一是协同合作，影视创作硕果累累。2006 年浙江传媒学院与南广影视联合拍摄的电视剧《五月槐花香》获第 25 届飞天奖长篇电视剧二等奖，其收视率在北京一度仅次于《新闻联播》；2007 年第一部由师生独立完成的电视电影《明月前身》在央视电影频道播出本片并获第二十四届中国电视金鹰奖短片电视剧三等奖；2008 年联合拍摄的电视剧《大工匠》获第 24 届中国电视金鹰奖优秀长篇电视剧奖、全国"五个一"工程奖、第 27 届"飞天奖"；2009 年浙江传媒学院原创 10 集动画片《孝女曹娥》在央视热播，该片监制、策划、编剧、音乐创作、配音、录音、剪辑、合成、视频输出等均由师生完成；2011 年学校拍摄的高清数字电影《盖世武生》荣获第五届浙江省电影"凤凰奖"优秀数字电影奖、优秀导演奖、优秀编剧奖三项大奖，创下该奖项单部作品获奖数历史之最，并入选纽约中国电影节展映。

二是加大步伐，社会服务平台层次提升。2009 年，学校成为浙江省人民政府和国家广播电影电视总局共建高校，行业服务基础更加扎实；学校先后获建国家动画教学研究基地、全国媒介素养研究基地、浙江省广播影视培训中心；2009 年，学校与华数集团签订了产学研全方位合作协议；同年，学校被杭州市国家级试点和基地建设工作领导小组认定为国家级数字娱乐产业示范基地拓展区，被浙江省委宣传部授予"浙江文化建设示范点"；2010 年，学校被中影集团授予首批数字艺术专业人才高校联合培养基地。

三是锐意创新，影视社会服务领域拓展。随着专业的拓展，学校服务领域和内容更加广阔，由原来服务广播电视拓展到文化产业各个领域各个方面，学校连续五年参与中国（杭州）国际动漫节组织工作，举办动漫产业发展高峰论坛。学校研发的"媒资管理系统"已在浙江广电集团、杭州文广集团等媒体转化为生产力，学校连续多年参与浙江卫视国际频道和杭州少儿频道的采编播译工作。

（三）经验与体会

一是厚积薄发，注重过程管理，挖掘绵远流长的影视文化内涵。影视文化是在学校长期的发展过程中不断挖掘、提炼而慢慢形成的宝贵的精神财富，需要长期的建设、坚持不懈，精心设计，科学规划，在发展过程中不断总结、创新和完善。

二是育人为先，依托影视专业，凸显厚重传统的影视文化核心。影视文化必须结合办学目标，依托专业建设来开展，并成为专业教学的辅助手段和重要补充；必须注重内涵，宣扬正确的思想政治理念，培养道德素质高尚的人才，营造健康向上的育人氛围。

三是精品轮动，整合影视资源，打造多元开放的影视文化氛围。影视文化要集中资源、体现优势，重点打造一批精品项目，力争每个学院有精品，学校有精品中的精品，以此推动整体多元多维发展，建成"一院一品"、"一校多品"的文化精品项目格局。

四是实践至上，强调平台建设，创建立体丰富的影视文化机制。影视文化必须要引发学生广泛的兴趣和积极的参与性，用实践的力量来培养学生能力的发展，充分建设社团文化节、各级各类大赛、社会文化服务活动等平台，锻炼学生队伍，提升育人品质，扩大学校影响力，使之成为推动校园文化发展的助力器。

五是服务社会，传承创新文化，践行尚艺崇德的影视文化使命。服务社会，不仅为大学生提供了接触社会、认识社会、了解社会的机会，检验了学校人才培养的成效，为他们今后就业打好基础；更能让大学生筛选、创新和传播优秀文化，对社会文化起到积极地引领和辐射作用。

第三部分　　国际比较

第十章　德国应用科技大学的发展与经验

应用科技大学是德国高等教育体系中重要的组成部分。这类学校以培养应用型人才为己任，在办学模式上勇于改革创新，其人才培养质量和社会声誉在德国乃至全球都形成了良好的口碑。

第一节　德国应用科技大学发展的历史轨迹

一　应用科技大学产生的历史背景

德国高等教育的发展起源于 14 世纪后期，其中 1386 年成立的海德堡大学是目前德国境内最古老的大学。可能正是由于德国大学的出现比意大利、法国要晚了 200 年，才使得理性主义能够最先在德国大学占有一席之地。1694 年创办的哈勒大学以及 1737 年创办的哥廷根大学，以"学术自由"、"自由的研究与教学"为口号，将以实证主义为核心的自然科学引进大学，初步打破了中世纪大学完全以神学为主导，以培养法官、医生、牧师为目标的模式，推动德国高等教育进入了新时期。19 世纪，德国新人文主义的代表，洪堡（Freiherr von Humboldt）、费希特（Johann Gottlieb Fichte）等学者，反对专制的教会教育，在柏林大学中贯彻学术自由、教学与科研统一的原则，培养学生的科学精神与理性。柏林大学是一种新的以科学研究为主要目标的大学，它摆脱了教会对大学的统治，确立了大学为科学而生的理想。这种大学模式成为近代新的大学兴起的起点，深刻影响了世界高等教育的现代化进程。

二战后，1948 年至 1966 年，由于多种因素的综合作用，联邦德国的经济得到飞速发展。20 世纪 60 年代初，联邦德国已经超过英法，成为欧洲资本主义经济强国。虽然传统的大学与 3 年制职业高等技术教育机构、如高级专业学校和工程师学院等，为经济发展培养了一定量的人才，但

是，总体说来当时德国受过高等教育的人数有限。1965 年联邦德国仅有
38.4 万大学生，不足适龄人口的 5%，并且由于他们都是由传统的学术性
高校培养，虽然理论基础厚实，但动手能力与实践能力远远无法满足社会
经济发展的需要。联邦德国的高等教育成为制约经济发展的重要因素。

　　1967 年，在世界经济保持稳定增长的时候，联邦德国出现了经济危
机，在这一年中，国民生产总值下降了 0.2%，工业生产下降了 2.7%。
这次危机固然与联邦德国经济政策密切相关，但是联邦德国教育尤其是高
等教育与经济发展的不适应，也有不可推卸的责任。经济危机爆发前的
1964 年，德国教育家格奥尔格·皮希特就曾经因高等教育危机，提出预
言："教育危急就意味着经济危急。如果我们缺少受过良好教育的后备力
量，目前的经济腾飞很快就会结束。"①格奥尔格·皮希特所提到的危机，
主要就在于高等教育与经济工业发展之间的矛盾：传统研究型大学培养的
人才虽然有较强的理论基础，但是动手能力差，人才培养与社会需要严重
脱节，并且当时的研究型大学平均毕业时间为 7 年，人才培养周期过长；
三年制职业高等教育培养的人才，虽然有较强的动手能力，但是缺乏理论
基础，职业适应性差，不能满足不断变革的工业发展需要。联邦德国高等
教育结构成为制约经济发展的因素，新的高等教育变革在酝酿中；联邦德
国教育家不断认识到，只有通过建立新的高校体系，以不同类型的大学满
足社会不同需要，才能让高等教育与社会发展之间形成良性关系。

二　应用科技大学的产生与发展

　　1968 年，由于经济发展对高层次应用型人才的需求，德国开始了建立
应用科技大学的高等教育改革。10 月 31 日，联邦德国各州州长联合签订
了《联邦德国各州统一应用科技大学（Fachhochschulen，简称 FH）的规
定》，联邦德国在原有的职业高等学校，如工程师学院等的基础上，以合
并其他高等职业学校的方式建立新的本科层次的应用科技大学。根据《规
定》，应用科技大学应"对学生进行一种建立在传统理论基础上的教育，
最后使学生通过国家规定的毕业考试，能够从事独立的职业活动"。FH 逐
渐成为为各类企业培养合格的技术骨干以及中层管理人员的主要力量。随

---

　　①　［德］皮希特：《德国的教育灾难》，载瞿葆奎《联邦德国教育改革（教育学文集第 21
卷）》，人民教育出版社 1991 年版，第 342 页。

后，根据这一规定，联邦德国各州纷纷建立应用科技大学。据统计，1970年，联邦德国境内就已出现89所应用科技大学。

60年代后期，联邦德国经济有所好转，但是在石油危机的影响下，1974年后德国经济再次受到打击。1975年德国国民生产总值下降了1.6%；失业人数从27.3万增加到58.2万，失业率达到了7.6%；7%的通货膨胀率高居不下[①]。应用科技大学作为为经济发展提供高级技术人员的主要机构，承担着推动经济发展的重要任务。为重新建立人们对于应用科技大学与高等教育的信心。1976年1月，联邦德国颁布了《高等教育总法》，明确规定了应用科技大学在高等教育中的合法地位，其享有大学的各项权利。

1981年德国科学评议委员会确定FH和其他各类高校关系："各高校之间应各具特色，但不应构成等级"，并于1985年写入高等教育法中。虽然应用科技大学依然与学术型大学在名誉、教师待遇、科研水平、学位授予等方面仍存在一定的差距，但联邦高等教育结构法为应用科技大学的发展提供了法律和政策上的保证。这不仅消除了人们对FH的歧视，更重要的是使应用科技大学走上了规范化的发展轨道。80年代的应用科技大学一直处于稳步发展状态，两德统一后，东德也开始设立应用科技大学，大量培训社会发展所需的技术骨干力量。1990年，德国只有西部各州的98所应用科技大学，1995年德国所设立的应用科技大学超过了140所，遍布全德。

德国应用科技大学的人才培养力求与经济发展相适应，成效显著，不仅在德国企业享有相当的声誉，而且受到了欧洲各国企业与经济教育管理部门的重视，奥地利、荷兰、瑞士、芬兰等国家均纷纷效仿德国，建立起了各自的应用科技大学。1996年初德国、奥地利、瑞士企业领导人对这3国155所有工程系科的高校进行了评估，在前20名中FH占了7名。

第二节　德国应用科技大学办学的主要模式

在当前的德国高等教育体系中，主要有综合大学（Universitaeten）、总合大学（Gesamthochschulen）、师范学院、艺术学院、神学院、行政管理学

---

① 郭恒珏、许琳菲等：《德国在哪里？——联邦德国四十年（政治·经济篇）》，台北三民书局股份有限公司1991年版，第143页。

院以及应用科技大学等七类。应用科技大学已经成为其高等教育体系中特色明显、不可或缺的重要组成部分，并且在不断融入世界高等教育发展体系的过程中，继续发展。1998 年，经德国文化部长联席会议和德国大学校长联席会议一致决定，德国应用科技大学统一英文译名为 University of Applied Sciences，是德国本科层次应用型人才培养高校。1999 年，德国参与了"创建欧洲高等教育区域的宣言"，开始了融入欧洲高等教育一体化的"博洛尼亚进程"；随之，应用科技大学引入了新的学士—硕士制度。FH 的旧有的学位体系中，只有 Diplom 学位，相当于 4 年制的学士学位；而随后，FH 建立了统一的学士、硕士学位标准，能够授予 Bachelor/Master 两级学位。2001 年，随着德国高校教师法的修订，FH 的教师与综合大学的教师在工资级别与等级上也达到了理论上的平等。经过 40 余年的发展，应用科技大学已经成为德国高等教育体系中重要的组成部分。2000 年德国教育部特别提出要将 FH 在校生的比例提升到 40%，截至 2007 年，德国各类高等学校共有 368 所，其中传统的综合大学仅有 127 所，而应用科技大学达到 186 所，比例超过 50%；而 FH 在校学生数量达到了 65 万余人，比例达到德国高校学生总数为 29%[①]。应用科技大学已经成为德国高等教育领域中实施高级应用教育和应用研究的主要机构。尽管应用科技大学发展时间不长，建校历史远不如传统的学术性综合大学，但是目前已经成为德国高等教育的核心，以其对德国经济发展做出的贡献而得到德国甚至世界高等教育界的认可。

一　专业与课程特色

作为德国高等教育体系中的重要组成部分，应用科技大学与传统的综合大学的区别可以用下表简明列出。

大学类别	综合大学	应用科技大学
学校规模	15000 人左右/校	4000 人左右/校
课程设置	学分制	学年制
入学资格	十三年制高中毕业	各类专科中学或十三年制高中

①　德国，2007 年留学生与名企（2）—DAAD 答本刊记者问（http：//blog. sina. com. cn/s/blog_ 4ca96800l0008i4. html；http：//www. daad. de/deutsehland/hoehsehulen/00413. de. html）。

续表

大学类别	综合大学	应用科技大学
学习年限	4—7 年	3.5—4 年
授予学位	Diplolm/Magister Bachefor/Master/Doctor	Diplom（FH） Bachelor/Master
科学研究	科研为主、兼顾教学	教学为主、应用型研究
就业与收入	就业面宽、收入稍高、就业较难	定向就业、收入稍低、受企业欢迎

以上区别在于宏观方面，如果进一步探究形成以上区别的原因，在于应用科技大学专业设置以及课程安排上。

德国应用科技大学的办学主体为各州政府，其办学的直接目的就是为地方经济发展服务，培育地方企业发展所需高级技术人才。FH 的人才培养从企业人才的实际需求出发，从人才未来从事的工作岗位需要出发，来确定专业设置与课程安排，力求培养企业所急需的专业性高级技术与管理人才。因此在学校的指导思想、专业设置、课程体系、教学方法上无不体现强烈的职业性、地方性与行业性。

应用科技大学培养应用型人才为主，专业设置以职业领域和工种来划分，而不是以学术学科来划分，专业设置主要集中在德国经济与社会发展所急需的工程、管理和社会等三大类职业。

根据德国《各州文化部长会议关于应用科技大学专业设置的决议》（1993 年），应用科技大学专业设置的重点为工程科学，其设置的专业包括建筑工程、电气工程、机械工程等 30 多种专业。在社会、经济、管理科学领域，设置劳动与职业咨询、行政管理、社会教育、信息科学、经济科学等相关专业。这些专业的设置，以职业为导向，强调专业的基础性、交叉性与行业性，一方面避免了学习过早地专门化，导致职业适应性减弱；另一方面强调以职业需求为导向，设置综合交叉课程与基础课程，避免专业设置针对性减弱。

由于应用科技大学为各州所设置，因此各校的专业数目少且相对比较集中，服务于各州的行业与企业需要。虽然不少学校正在朝着多学科和跨学科方向发展，但总的来说，应用科技大学的专业设置体现出较强的行业性与地方性。不伦瑞克/沃芬比特尔（Brauschweig-Wolfenbütte）应用科技大学，在大众汽车公司总部的沃尔夫斯堡设有校区，因此专门设有车辆信息学、车辆工程、汽车经济、车辆系统工程、市场营销、国际贸易等多个直接相关专业；同时沃尔夫斯堡拥有一支德甲职业足球队，旅游业也比较发达，因此该校还设有体育管理、旅游管理、媒体设计等相关专业①。奥登堡/东弗里斯兰/威廉港应用科技大学所在地区航海业和造船业发达，该校也设置了相应的专业。正因为在专业设置中充分考虑学习所在地区的企业与行业需求，专业设置有强烈的职业针对性与适应性，使得应用科技大学保持了相对较高的就业率。

专业设置的职业性特征另一方面在于，应用科技大学所有专业的课程设置均能够以职业发展需要为核心，体现课程的专业性。其教育理念是，在普通教育阶段，青少年以及接受了相当质量的普通教育与通识教育进入应用科技大学开始就应该直接接受专业教育，因此德国应用科技大学的课程体系中没有设置人文社会类普通教育课程，也没有中国大学的政治、体育、艺术类课程。

应用科技大学的课程体系包括科学基础课程、专业基础课程和专业课程三部分组成，总的学习时间为7—8个学期。通常，在基础学习阶段，前2—3个学期学习科学基础课程，在第3、4学期学习专业基础课程。在专业学习阶段，即之后的所有3—4个学期，各专业分专业方向或学习重点，学生按其所选择的专业方向和学习重点学习专业课程。专业基础课与专业课程比例大约各为50%。

根据汉诺威应用科技大学机械制造专业学士学位教学计划②，机械制造专业第一学习阶段即基础课程学习为三个学期，贯穿三个学期的学习内容包括数学、工程力学、设计；贯穿两个学期的教学内容包括物理、材料学、制造，其余化学、信息学、流体力学、电子技术、能源学、法学等学习一个学期；进入第二阶段后，该专业分为"通用机械制造"和"自动化"两个专业方向，专业学习分必修模块、"通用机械专业方向"或"自动化"模块以及专门化模块三个部分；最后第七学期，为单独的实践期，学生在企业完成实践与论文写作。

---

① 徐理勤：《现状与发展——中德应用型本科人才培养的比较研究》，浙江大学出版社2008年版，第60—61页，"2006/2007不伦瑞克/沃芬比特尔应用科技大学本科专业设置一览表"。

② 徐理勤：《现状与发展——中德应用型本科人才培养的比较研究》，浙江大学出版社2008年版，第172页，"汉诺威应用科技大学2005—2006学年机械制造专业学士学位教学计划"。

在各门课程的教学内容的具体安排方面，FH 的理论教学强调工程应用特色，注意知识的讲授与实践运用的结合，因此课程内容虽然有明确的大纲，但是没有固定的教材，课程教学内容跨度大、实践性强、知识更新快。在设置理论课程的同时，还设置实验课程，由任课教师和实验室工程师指导，实验的类型并非验证理论式的传统实验，而是都是与工业生产实践结合的设计型实验。在应用科技大学最重视学生的实践学习阶段，实践教学通常占到 25% 以上的学时。各校通常将第六学期用于学生在校内进行工业项目设计，第 7—8 学期学生进入企业实践；企业与高校至少会各安排一名单独的工程师指导学生实践与相关论文写作，实习结束后学生还必须提交实践报告进行答辩。如果加上贯穿于各类课程中的实验内容，实践教学的学分能够达到 30% 以上。

二 师资的选拔与培养

由于培养目标不同，应用科技大学对教师的素质要求也不同。对以培养学术型、研究型人才为主的大学来说，教授应该具有更强的基础研究能力；而对以培养应用型人才为主的应用科技大学来说，教师则应该具有更强的实践能力。《德国高等教育总法》第 44 条第三款规定：应用科技大学的教授必须具备四个聘任条件："（1）高等学校毕业；（2）具有从事教学工作的能力，需要有教学或培训的经验；（3）具有从事科学工作的能力，要有博士学位；（4）至少从事过为期 5 年的职业实践，其中至少 3 年是在高等学校范围外进行，并在有关应用或开发科学知识和方法上取得特殊成就。"这四个条件中，前三项是其他各类高校教师的共同聘任条件，而应用科技大学教师的聘用，要加上丰富的实践经验。有些德国应用科技大学，还考察教师与企业界的联系能力，实际上，这个能力已成为大多数应用科技大学招聘教师的标准之一。从这些任职条件看，说明应用科技大学在选择教师时严格把关，从而为教学质量的提高提供有力的保障。

此外，应用科技大学还经常从行业企业中聘任实践经验丰富的专家学者和工程技术人员为兼职教授或兼职讲师。这些兼职教师主要担任学生实习及毕业论文的指导工作。应用科技大学中的兼职教师数逐年增加，由 1999 年的 19065 人增加到 2003 年的 24547 人，其所占教师比例也在不断上升，由 1999 年的 33.3% 上升到 2003 年的 37.5%。甚至有研究者统计出 2005 年德国应用科技大学中的兼职教师所占比例为 60%。这些专兼职教师队伍的建立，其核心理念是希望能够把最新的生产技术理论引入教学，增强应用科技大学与产业界的联系，避免应用科技大学在教学中理论与实际相脱离的问题，同时，也有利于学校从产业界获得更多的办学资源，并有助于毕业生的就业。

同时，德国应用科技大学还十分重视教师专业能力的培养和提升。他们提出，教师在任教期间，每四年可以享受一次为期半年的"研究休假"（Forschunassemester），到校外的对口单位从事实际工作或实用研究，以了解实际工作中的最新问题和动态，更新和扩充知识。这些措施有力地建设起了一支专业能力强、与企业行业联系紧密的教师队伍，为应用科技大学的应用型人才培养提供了必要的保障。

三　双元制的人才培养模式

双元制教学是指企业和学校以合作的形式对学生进行培养，学生在学校内接受专业理论知识教育，在企业中接受专业技能培训。这是一种将企业与学校、理论知识与实践技能紧密结合，以培养应用型专门人才为目标的职业教育模式。双元制教学是德国应用科技大学人才培养模式的一大特色。该模式起源于德国中等职业教育，被应用科技大学继承发展，并取得了令人瞩目的成绩。在这种"双元制"模式里，学校与企业共同负责人才培养工作，在办学条件、办学场所、经费来源、法律督导、教学内容、考核证书等方面都充分实践着双元制。

"双元制"模式的运作主要体现在以下几个方面。（1）办学主体的"双元性"，即应用科技大学与企业联手协办；（2）办学场所的"双元性"，即有学校与企业两个学习与培训场所；（3）经费来源的"双元性"，即国家与企业两种经费来源渠道；（4）法律督导的"双元性"，即由联邦和各州政府立法来确认高等职业技术教育的地位并加以规范；（5）教学计划的"双元性"，即由国家的《职业培训条例》和各州的《框架教学计划》两种教学文件构成；（6）教学内容的"双元性"，即以理论和实训两种教材开展专业知识教学与职业技能培训；（7）师资队伍的"双元性"；（8）学生身份的"双元性"，学生兼具在校学生和企业学徒的双重身份；（9）管理机构的"双元性"，企业的技能培训由行会进行管理与监督，并受《职业教育法》的约束，应用科技大学的组织管理则由各州负责，其法律基础是各州的《学校法》或《职业教育法》；（10）考试及证书类型的

"双元性"，学生可参加专业学习与专业技能两类考试，分别可取得学历或职业资质两类证书。

此外德国应用科技大学还创新开办"双元制"专业，积极引进德国企业参与 FH 的教学项目，共同开发课程，参与专业人才培养的全部过程。例如不伦瑞克/沃芬比特尔应用科技大学就设有五个双元制专业。通常的做法是，学生每学期一半时间在学校接受理论教学，一半时间在企业接受实训；学校教学由学校主管，企业培训由企业全面负责。学校执行国家规定的教学大纲，以理论教学为主，课程涉及所学专业基础知识和职业知识；企业执行职业培训大纲规定的职业教育课程，以技能培训为主。二者以企业培训为主导，实习实训课一般占课时总量的 60%—70%，学生一般在企业工作 3.5 天，在学校学习 1.5 天。在"双元制"专业培养的模式下，学生在学校所学的专业理论知识可以在企业培训中获得实训，并可以得到企业的生产和技术人员的现场指导，真正做到了"理论联系实际"，符合了应用型人才培养规律，使德国应用型专业人才有较高的质量保证。

四　与企业界之间的紧密联系

德国的应用科技大学与企业界有着千丝万缕的联系，它的发展既来源于企业的需求，也随着企业的发展而扩张。企业是学校生存的依靠，发展的源泉，而学校则是企业发展的人才库和技术革新的思想库。

一方面，各类企业都非常乐意为学生实习提供实习场地，非但不收费，还视情况给予学生一定的实习补贴。企业还为应用科技大学的学生提供毕业设计的课题，为毕业生提供工作岗位，很多学生实际上是企业为某个工作岗位专门委培的，他们的毕业论文往往是为了解决企业的某个实际问题。由于大部分的毕业生在毕业前已在企业工作或实习过很长时间，因此他们往往因为工作上手快、适应性强而具有良好的就业前景。

此外企业还为学校提供一些短、平、快的应用项目，为教学捐赠一些更新下来的大型设备，有些企业更是直接在应用科技大学中设立基金教授职位，由企业支付教授的薪金或给予补贴。企业不只是单纯地为学校提供资金，而且也为应用科技大学的教学和科研工作提出建议，参与学校的宏观决策。例如，Esslingen 应用科技大学专门成立了一个由企业高层领导人组成的工业咨询委员会，专门为教学大纲的优化和改编提建议。

另一方面，应用科技大学也为企业提供一些咨询服务，为企业的技术后备输送新鲜血液。应用科技大学的教授为企业提供的服务，较多的是利用其长期工作和教学中积累起来的经验，为企业提供解决问题的思路和方法，对企业的经营理念进行理论上的系统指导。同时也从事应用研究和开发工作，并通常与工艺技术和知识在经济中的快速转让紧密相连。所有的技术转让和咨询活动都是有组织、有目的地开展的。总部位于斯图加特的STEINBEIS 经济促进基金会可以说是应用科技大学和企业间精诚合作的典范。该基金会成立于 1971 年，其技术转让网络以大学、应用科技大学等各类高校的科研力量为依托，涵盖了 260 多个按专业设立的转让中心，拥有近 4000 名工程师、科学家、信息学家、企业经济学家，中心分散在客户附近，按照客户的委托完成产品、系统及流程开发。这些中心主要集中在应用科技大学云集的巴符州，并逐步向包括联邦新州在内的国内外地区扩展，合作者、网络和转让中心现已遍布 50 多个国家。

综观德国应用科技大学的发展史，实际上就是一部与企业休戚与共的历史，德国的企业在培养应用型人才的过程中，无论是从自身的需要还是从社会的利益出发，承担了一定的任务和责任，同时也确保了各级培养内容符合企业界的动态发展需求，使应用科技大学的发展不会局限于"科学的象牙塔"之内。

第三节　德国应用科技大学发展的经验

当前，在人才培养质量与社会声誉方面，德国应用科技大学已形成了较好的口碑。由于 FH 学制相对综合大学较短（综合大学学生取得学位要 7 年左右），教学组织严密，人才培养注重应用型实践性等特点，得到了德国企业界的广泛认可。根据德国企业的反馈，FH 毕业生具有工作上手快、实践能力强、适应面广、解决实际问题能力好等特点，深受德国企业界的欢迎，往往在企业内担任管理、设计、技术咨询等专业性较强的工作岗位。据 2003 年数据，"德国社会中几乎全部的社会工作者和社会教育工作者、2/3 的工程师及近半数的企业经济师和信息技术人才都是由应用科技大学培养的。"[1] 据统计，德国著名的大公司员工中，应用科技大学的学生的比例也很大，例如大众汽车集团公司三分之二的工程师，西门子公司四

---

① 周丽华：《德国高专的办学特色与发展走向》，《比较教育研究》2004 年第 4 期。

分之三的工程师都是 FH 毕业的。FH 毕业生进入企业最高层也越来越多起来，一个著名的例子就是奔驰公司总裁施林普。

德国应用科技大学至少有三方面的经验值得我们借鉴。

一　社会上下对应用科技大学与应用型人才培养高度重视

德国是老牌的高等教育强国，具有深厚的重视科学研究的传统，"洪堡教育思想"一度是德国高等教育发展的主导。但是，德国并没有被传统所束缚，而是依据社会的需要不断创新变革，二战后将科学知识与方法的应用逐渐放在高等教育的第一位，在不削弱传统的综合大学的基础上，大力培育应用科技大学，重视应用型人才培养。同时用人单位的人才选拔标准也不唯学历、出身，而更加重视实际工作能力。学生与家庭也并不盲目追求高学历、传统名校，而是以能力、兴趣为择校标准，社会上下对 FH 的认识保持了理性、科学的精神。

二　学校办学充分体现行业应用性特征

学科专业设置上与行业经济紧密结合。应用科技大学专业设置十分重视与行业、地方经济发展相契合。正因为如此，使得应用科技大学保持了相对较高的就业率。

人才培养上注重应用实践能力。应用科技大学的课程与教学体系十分重视学生专业能力与应用能力的培养，学时上，提高专业课程与实践教学时间比例；进程上，提早开始专业教育，毕业设计要求与行业企业的实际项目结合；体系上，基础课程不要求完整、系统，而首先要为专业教育服务，体现专业优先原则；实践中，理论课程也不与实践教学脱节，教学围绕着专业知识，理论教学、试验、练习、研讨并进，以实践促进理论的掌握，以理论保证实践的有效性。

培养模式上，注重产学联合合作育人。应用科技大学对引进师资，明确有实践与应用开发能力要求，要求有 3—5 年的行业工作经验，同时还鼓励教师与企业合作，不断跟踪行业最新发展动态。此外，在育人模式上 FH 注重与行业企业联合培养，形成相对成熟的双元制。与我国企业类似，德国企业会给高校提供实习岗位、毕业设计、横向研究、建设实验室等。更重要的是，德国企业还积极参与 FH 的教学项目，共同开发课程，甚至开发"双元制"专业，行业企业积极参与专业人才培养的全部过程。行业企业不仅成为学校的就业、实习、科研基地，更是重要的教学基地。

三　政府、企业、大学各负其责协同办好大学

德国政府与应用科技大学作为管理者与实施者共同负责，严格管理，确保人才培养与教学质量。德国政府通过制定文件，严格专业设置、教学管理规则与考试条例，组织专业设置论证等，从制度上保证基本教学质量；各州政府与应用科技大学签订目标协议，明确发展目标、措施、手段，并对实施与达成情况进行检查，促进 FH 发展；FH 也重视内部质量保障体系的建立，特别是重视对实践教学环节质量的监控，试验、实习、毕业设计等环节均有专职教师审查报告、论文。应用科技大学自身的管理要求也十分严格，质量标准比较高，对学生采取宽进严出的政策，坚决淘汰不合格学生，有些工科专业甚至达到 50% 的淘汰率，充分保证了人才质量。德国应用科技大学的发展不仅在于其与行业的紧密联系，还在于其人才培养素质高、能力强，在实际工作中展现了 FH 良好的教学水平与成果。

第十一章　美国社区学院的发展与经验

美国社区学院办学层次更接近于我国职业技术学院，但其立足社区、面向社区、服务社区的办学模式仍有很多值得我国行业特色院校借鉴和学习之处。

第一节　美国社区学院的产生与发展

一　"初级学院"运动

美国社区学院的创建可以追溯到 19 世纪末 20 世纪初的初级学院运动（Junior College Movement），在这一百多年的发展过程中，美国社区学院随着社会政治、经济和文化的变迁不断发展成长，成为美国高等教育体系中不可或缺的重要组成部分。

19 世纪中后期，美国经济迅速发展，社会城市化进程加快，人口向城市集聚。在高等教育领域，由于赠地学院和州立大学的建立也使得美国大学在校生激增。1870 年到 1900 年，美国大学在校生达到 27 万，数量增加了近 5 倍。面对大学生激增的情况，为保持大学的教育质量，追求纯粹的大学的理想，各大学校长考虑通过建设初级学院来淘汰一些不能毕业的学生，发挥初级学院过滤器减压阀的作用。

1892 年芝加哥大学校长哈珀（William Rainey Harper）将芝加哥大学的一二年级与三四年级分开，并在 1896 年称其为初级学院（Junior College）和高级学院（Senior College）。1900 年，芝加哥大学开始授予初级学院毕业生协士学位，并提出，授予学位是为了让他们放弃之后大学阶段的学习。在哈珀的影响下，1901 年美国第一所独立的公立初级学院——乔利埃特学院也由布朗（J. S. Brown）在乔利埃特高中基础上建立。

随后初级学院快速发展，到 1930 年前后，全美有了 343 所初级学院。

但是由于这些学院主要作用是为了淘汰部分学生，选拔优秀学生完成初级学院学业后进入大学学习，因此其功能、课程设置都是为了毕业生升学服务，其主要功能为部分学生进入大学的三四年级提供教育服务，因此职业教育、公民教育相关课程内容偏少。

二　从初级学院到社区学院

1940 年，由于《军人权利法》的影响，大量退伍军人进入高校，每年进入高校的军人都在 20 万以上，到了 1946 年，高校中退伍军人比例达到 71%。为使得高等教育吸纳更多的学生，同时保持四年制学院学术与学生的卓越性，美国政府更加重视初级学院的建设，发挥初级学院的作用；在《总统高等教育委员会报告》中提出初级学院改称社区学院，其责任不再仅仅是为学生提供升入四年制学院的教学，而要更适应社区生活的需要；要帮助学生通过社区学院的教育完成高等教育，进入社会，而不是升入高级的学院；同时社区学院的教育具有职业教育与普通教育的双重属性，培养学生成为合格的公民、合格的劳动者[1]。同时，原有的美国初级学院协会（AAJC）更名为美国社区和初级学院协会（AACJC）。

从 20 世纪 30 年代到 70 年代是美国社区学院的职业化运动发展时期，也是社区学院发展最为迅速的时期。1963 年，国会通过《职业教育技术法案》（Vocational Technical Education Act），这个法案主要就是提高人口的就业能力，促进职业技术教育的进一步发展以促进美国经济的发展。该法案规定联邦政府须拨款支持各州的社区学院、职业学校及其他学术机构的发展。由于科学技术发展、美苏科技争霸等因素的影响，职业教育相关课程逐步进入初级学院，并成为初级学院的主要教学内容。在《美国国防法》、《高等教育法》和《职业教育法》修订案的推动下，社区学院系统得到扩展，入学人数大量增加，从 1959 年的 40 万猛增至 1971 年的 400 万。到了 80 年代，主修职业教育课程的学生在社区学院中比例达到 50% 以上，并且这些学生的就业率很高，能够达到 90% 以上，提供职业教育已成为美国社区学院的主要功能。

20 世纪 90 年代至今，在知识经济和全球化的冲击下，社区学院进入了一个综合发展时期。1992 年，由美国社区和初级学院协会（AACJC）全

---

① 王英杰：《美国高等教育的发展与改革》，人民教育出版社 1993 年版，第 221 页。

体成员投票，决定放弃初级学院的名称，将协会所属学校统称为社区学院（Community Colleges），协会也更名为，美国社区学院协会（the American Association of Community Colleges），简称 AACC①。二十余年来，美国社区学院功能趋向多样化，逐渐成为多功能的综合性教育机构；数量也明显增加，现已遍布美国各州，颇具规模。根据 2012 年秋季学期数据，全美共有社区学院 1132 所，其中公立学院 986 所，独立学院 115 所，民族学院 31 所。注册学生数达到 1280 万人，其中 780 万为学分制学生，500 万为非学分制学生；此外还有参加各种培训课程的学生 760 万，其中 310 万是全日制学生。根据 2012 年秋季学期数据，当时的社区学院学生在全美研究生以下学历的高校生中比例为 45%，而美国本土学生中这一比例更达到了 59%②。

第二节　美国社区学院的办学目标与职能

一　面向社区的办学目标

早在 1988 年当时的美国社区和初级学院协会就曾发表了一个题为《建设社区：对一个新世纪的展望（Building Communities：A Vision for a New Century）》的报告，报告中提出，"社区不仅仅要被建设，更是要创造出新的潮流。而社区学院应该在建设社区和创造潮流中发挥重要的作用"③。事实上也是如此，社区学院一直致力于崇高的教育目标，并赢得了"人民的学院"、"民主的学院"的称号。

美国社区学院围绕社区开展工作，以立足社区、面向社区、服务社区、建设社区为办学目标，通过教学、咨询等多样化的服务建设社区，重点通过培养经济社会发展所需的各类技术应用型人才，以来满足社区发展的需要。为保证这一办学目标的实现，社区学院在管理制度、专业设置、课程开发、入学制度等多方面提供了保障。管理制度上，有学院的董事会等管理机构，董事会成员大部分为当地的知识分子，他们熟悉社区情况，了解社区需要，为社区发展和社区学院更好地发挥作用提供了保障。专业

① http：//www. aacc. nche. edu/AboutCC/history/Pages/significantevents. aspx.
② http：//www. aacc. nche. edu/AboutCC/Pages/fastfactsfactsheet. aspx.
③ http：//www. aacc. nche. edu/AboutCC/history/Pages/significantevents. aspx.

设置上，社区学院根据本社区的经济发展需求开设专业并形成及时调整专业的机制，使人才培养与社区发展需要相契合，促进当地经济发展。在课程上，为满足本社区人民多样化的教育需求，社区学院既开设为获得学历的副学士学位课程，也开设专业职业技术类课程，还开设职业培训和再培训课程，甚至还包括各种通识教育和文化教育内容为主的终身教育课程。社区学院还实行了开放入学、降低学分、灵活授课和放松学习年限等制度，对社区内所有居民敞开大门，提供特色服务。这些措施使美国社区学院面向社区、建设社区的办学目标真正落到了实处。

二　教育职能

美国社区学院办学目标最终的实现还是要落实在其教育职能上，根据其教育种类大致可以分为以下三类职能：

首先是学历教育与升学教育。社区学院主要根据所在州政府的政策要求，开设各种协士学位课程，主要包括文科协士、理科协士、应用科学协士三种。学生只要修满学分可获得协士学位。同时对希望继续进入大学获得学士学位的人来说，社区学院也可以提供大学前期两年的通识教育；完成两年的学业后，学生可以根据所在社区学院与其他大学的协议转入四年制本科，不仅不用参加入学考试，在社区学院获得的学分也可以得到本科大学的承认。这样对于社区学院学生来说，可以降低直接进入本科大学学习的门槛，更可以减少学费支出。据统计，在社区学院学习的学生大约38％的人获得副学士学位，其中一半的人会转入四年制大学。不仅如此，目前美国各州政府已经在逐渐授权社区学院可以授予学士学位，根据最新的数据，目前已有130所社区学院可以授予学士学位①。

其次是职业技术教育。美国十分重视职业资格，从事某一职业的专业技术人员一般必须具有相应的职业资格。社区学院根据本社区所需的职业要求，为学生开设课程，同时联合相应的机构，为通过考试、获取相应课程学分的学生，授予相应的职业资格证书。根据 AACC 协会 2011 年至2012 年数据，当年所有一千余所社区学院，共为 77 万余名毕业生授予协士学位，更有 43 万多人在这期间拿到了各类职业认证证书。可见，职业培训同样是社区学院重要的职能之一。根据最新的资料，目前社区学院的

① http：//www.aacc.nche.edu/AboutCC/Pages/fastfactsfactsheet.aspx.

高级职业培训学生数量也正在大量增加，参加这些培训的学生往往是已经接受四年制大学教育，且拥有学位的人。他们是为了学习新技术，更新技能，以跟上技术发展的步伐，适应社会变迁对职业提出的新要求。

最后是继续教育与社区文化教育。社区学院一方面可以为高中辍学成人提供补习教育和基础教育，也可以向本社区内的居民和在职者提供各种无学位或无学分的短期的职业训练课程；另一方面也可以开设老年大学为退休老人提供学习机会。同时也为社区的文化发展提供各种服务，包括开设各类短训班、举办讲习会、研讨会、培训职工、专业咨询、远程网络教育、文体活动、科学普及活动等。这些活动的开展为社区的文化建设做出了积极的贡献，真正让社区成为美国社会最基本最稳定的社会组成部分。

第三节　美国社区学院的办学模式与经验

一　开放入学的招生制度与低廉的学费

社区学院面向社区、服务社区的其中一项措施在于其开发的招生制度和低廉的学费上。全美 98% 的社区学院实行"开门录取"（open dooradmission）的政策，即入学不需要通过考试，只要有高中文凭和成绩单或同等学力证明即可入学；甚至可以为一些学习程度差的学生补习而后通过社区学院考核后入学。同时学生无年龄、种族限制。根据 2012 年数据，社区学院学生平均年龄 28 岁，22—39 岁年龄段人群占 57%，甚至还有 14% 的人群为四十岁以上。在种族方面，社区学院中少数民族学生比例较高，尽管白人占有 51% 的比例，但是西班牙裔 19%，黑人 14%，亚裔 6%，显示出社区学院的开放程度[①]。由于学费、就业、入学要求等政策上的优惠，许多非白人学生在完成高中阶段的教育后，比白人学生更愿意进入社区学院。

社区学院的招生还优先照顾弱势群体，包括各种弱势群体、妇女、残疾者、单亲家庭少年等。据统计，社区学院中有 36% 的学生是所在家族中第一代大学生，有 17% 来自单亲家庭，有 7% 为非美国公民，有 12% 为残疾人，有 4% 为退伍军人[②]。

---

① http：//www. aacc. nche. edu/AboutCC/Pages/fastfactsfactsheet. aspx.

② http：//www. aacc. nche. edu/AboutCC/Pages/fastfactsfactsheet. aspx.

为进一步贯彻服务社区的理念，社区学院还制定了较低的学费标准和全面的助学金政策，帮助低收入家庭子女接受高等教育。根据 AACC 的 2013—2014 年数据，全美公立高校中，社区学院就读学生平均每年的学费和其他费用合计约为 3260 美元；而州立的四年制大学年均费用合计约为 8890 美元①。差不多社区学院年均费用只有州立大学的三分之一，而比私立的大学费用更是低了很多。低廉的学费，加上社区学院学生就近入学，不必支付食宿费用，使得低收入家庭子女能够不必为学费而发愁。

尽管社区学院价格相对较低，但是为了进一步保障人民受教育权利，社区学院还制定了全面的自助政策，很多学生通过申请各类自助、贷款来完成学业。根据 AACC 协会，2011—2012 年数据，社区学院的学生中有 72% 的人申请了各种资助，62% 的学生申请了联邦资助。最终有 58% 的人受到了各类资助，其中 38% 的学生得到了联邦助学金，19% 的人得到了联邦助学贷款，12% 的人得到了州政府资助，更有 13% 的学生得到了各类机构的资助②。据统计，联邦助学金中有 1/3 为社区学院学生所享受。

总之，社区学院是真正的人民学院、民主学院，绝大多数美国人都能在家庭所在地附近选择一所社区学院接受高等教育。社区学院尤其为那些没有能力负担高额学费、无法通过残酷的入学考试想接受四年制高等教育的人，需要增加职业技能提高竞争能力的人，为各种弱势群体和一切想学习的人，提供了学习的机会和追求幸福生活的机会。因此，它满足社会最广大的人民群众接受高等教育的需求，满足了社会对各种人才的需要。

二　法规的保障与严格的管理

美国社区学院的发展之所以能够取得如此的成绩，一方面在于国家法律法规的保障；另一方面在于其严格的内部质量管理保障教学质量，在外部内部两方面为发展奠定了基础。美国政府以法律规定了社区学院的角色与定位，这是社区学院发展的一个重要经验。1862 年，美国颁布《莫雷尔法案》，这是美国第一部职业教育法，它开创了在高等教育中开展职业教育的先例。这部法案对美国社区学院的发展起了积极推动作用。1963 年美国制定了《职业教育法》，这项法规保障联邦与州政府对职业教育的拨

---

① http：//www. aacc. nche. edu/AboutCC/Pages/fastfactsfactsheet. aspx.

② http：//www. aacc. nche. edu/AboutCC/Pages/fastfactsfactsheet. aspx.

款，它规定"不同年龄阶段的人，无论是否完成正规教育，准备进入劳动力市场前都应接受职业训练"，这一规定确立了社区学院职业教育的地位和范围，有力地推动了社区学院职业教育功能的发展。此后，随着美国经济和社会的发展，美国政府先后颁布了职业教育的大小法规多达 150 多个，保证了职业教育的可持续发展，促进了社区学院的繁荣。这里仅仅就1936 年后部分重要的法案列表如下①。

版本年度	法律法规名称
1963	职业教育法（Vocational Education Act）
1964	经济机会法（Economic Opportunity Act）
1968	职业教育修正案（Vocational Education Amendment Act of 1968）
1973	综合就业与训练法（Comprehensive Employment and Training Act）
1974	生计教育法（Career Education Act）
1976	职业教育修正案（Vocational Education Amendment Act of 1976）
1982	职业训练伙伴法（Job Training Partnership Act）
1984	卡尔·D. 帕金斯职业教育法案（Carl D. Perkins VE Act）
1990	卡尔·D. 帕金斯职业和应用技术教育法案（Carl D. Perkins Vocational and Applied Technology Education Act）
1994	从学校到工作机会法案（the School to Work Act）
1996	个人责任和工作机会法案（the Personal Responsibility and Work Opportunity Act）
1998	劳动力投资法案（the Workforce Investment Act）
1998	卡尔·D. 帕金斯职业教育法案（Carl D. Perkins VE Act）

在社区学院的管理上，美国联邦政府没有对全国的社区学院进行管理，主要由各州及各地方政府领导。尽管各州及地方做法不一，但大致说来政府的职责主要在经费、法规、审批建设等方面。在具体的事务上，各州政府通过设置学区，选举社区学院管理委员会来进行管理。委员会成员由地方自行选举，经州长任命后，履行职责，主要包括以下方面：聘任社

---

① 唐鑫鑫：《美国社区学院的办学经验及其对发展我国高等职业教育的启示》，中南民族大学硕士学位论文，2009 年，第 19 页。

区学院的院长；评价学院院长的工作业绩；制定学院发展目标与规划；与地方有关企业、机构取得联系，争取办学资源；购置、建设和维修校舍及设备等。

此外，每所社区学院还设有自己的董事会，成员多为当地知识分子，通常包括政府官员、工商界的董事或总裁、教育家等，人员5人至8人。董事会成员由社区选举产生，为义务性工作。主要职责包括：筹措经费、监督办学、加强学院与社区的联系等。学院的管理采取院长负责制，负责学院的教学、管理、人事行政事务，院长工作对管理委员会和董事会负责。社区学院一般还设有系，全面负责各系的教学工作，各系还会聘请当地有关专家担任顾问。这些顾问通常是既熟悉社区情况又熟悉行业情况的专家或企业负责人，对课程设置、教学内容、教学方法的改进等工作提出行业意见。

尽管采取了开放入学的政策，但是对于教学管理，社区学院则十分强调制度严格执行与教学质量，总体上采取宽进严出的政策。学院一方面对教师教学、学生指导有着明确的规范和要求；另一方面对学生有出勤率等要求，达不到要求的不能参加考试。在考试环节则更为严格，统一由联邦或州考试中心组织实施，杜绝了学生作弊、混文凭的可能。

在坚持标准的同时，社区学院在学生学习时间上给予充分的自由。社区学院学制采用学分制，在校生在一定时间内修完学分课程即可毕业，并且学分课程一次通不过可以重新修读，次数不限。学生如果在两年内不能达到毕业学分数可延长就读时间，最终以达到规定的学分为毕业条件。各专业对学分的要求不同，一般要求修满60或60以上的学分。课程的设置比例各专业也有不同。但是社区学院各专业均十分重视学生动手能力的培养，大多数课程规定学生要有一半的学分来学习专业课和实习，还有15%的学分是基本技能的训练，如仪器设备使用、机器操作、制图与设计等。总之社区学院的课程实用性很强，重视实践，重视教学质量，通过培养应用型人才，使得学生毕业后就可以成为合格的专业人才。

由此可见，社区学院实行联邦政府引导，州政府和地方政府分级管理，学校根据市场需求自主办学的管理策略。联邦政府的引导主要通过立法、财政等手段进行；州政府根据各州的需要划分学区，设置学院。社区学院的微观管理联合了教育、地方、企业等各方面力量，形成合力共同根据情况不断调整确立适合地方需要的办学目标、专业课程、师资队伍。由此形成了十分完整全面的学院管理和保障体系，为社区学院的运行夯实了基础。

三　多渠道筹措经费与校企联合办学

由于学费收入相对低廉，因此社区学院办学经费来源通常比较广泛，包括政府拨款，学费收入、社会资助等方面；社区学院自身通过为企业培训员工、提供咨询、为社区提供服务等多种途径增加学院收入。根据AACC 的 2012 年数据，其经费来源如下[①]：

经费来源	金额（美元）	占比（%）
联邦政府	9135894867	16.1
州政府	15972223577	28.1
地方政府	9807927497	17.3
学费收入	16749438987	29.5
其他收入	5104713349	9.0

根据上表，我们可以看出，在社区学院的各项经费来源中，来自州政府和学费收入所占的比例最大，占到近 60% 左右；联邦政府和地方政府拨款占比为 35% 左右。尽管学生学费低廉，但是由于人数众多，实际上学费的收入也是相当可观的。我们用 2012 年全美社区学院的总收入 56770198278 美元，除以 1132 所社区学院的数量，平均每所社区学院年度经费约为 5000 万美元。总体说来经费比较充足，能够满足社区学院的运行需要，能够确保社区学院把精力放在提高办学质量，更好地为社区服务上，而不用为了筹措办学经费四处奔走。

从表中其他收入一项看，社区学院与企业合作也比较多，一方面能够联合培养企业需要的人才；另一方面也能增加收入用于学院建设。美国社区学院通过与工商企业等校外机构的合作，把学生的理论学习与动手能力培养和训练有机地结合起来。实践课程中学生必须到实际岗位上参加生产劳动，而且要汇报实习情况，与教师同学共同探讨实习中的问题。这种合作培养人才的模式对于学院、企业、学生来说取得了共赢的效果。参加实

---

① http：//www.aacc.nche.edu/AboutCC/Pages/fastfactsfactsheet.aspx.

习的学生可获得一定的报酬；企业则可从实习生中物色雇员，对表现突出的学生可直接录用；社区学院还通过课程为企业提供培训咨询增加了收入，提高了办学质量。

　　一般说来，企业与社区学院的合作分为三种形式。一是工厂企业直接办学。如：美国通用汽车公司创办通用工程管理学院，开始机械工程、工业工程、电机工程和工业管理等专业，培养公司需要的工程技术和工业管理人才。二是工厂企业和学校联合办学。由地方企业和名牌大学联合举办的。通常由工厂企业资助经费，依托学校进行教学工作。三是社区学院参与工厂企业的职业技术教育。如密歇根州最大的社区学院奥克兰社区学院，地处美国三大汽车公司战略要地。三大汽车公司每年与学校签订合同，委托开展各类培训，社区学院发挥师资教学的优势，按企业的需求定制课程，达到最佳效果。

四　市场为导向的专业课程设置与应用型人才培养模式

　　专业和课程是一个高校的基础与根基，对于社区学院来说，开设的专业和课程必须要满足社会需要，这是社区学院生存和发展的关键，也是美国社区学院一个世纪以来飞速发展的一个关键因素和核心问题。一所美国社区学院通常开设的专业大约100种左右，而开设的课程数量能达到上千门。如伊利诺伊州社区学院委员会认可的专业目录即达140多种，涉及工、农、经、管、法、医、家政、服务、环境、交通、通讯、食品、保健、维修等诸多方面，其中大部分为应用型专业。而南内华达州社区学院设置的专业有116个，由于当地的旅游博彩业发达，因此很多专业与建筑、室内设计、酒店管理、旅游管理、各种外国语、烹饪、医疗、服务等直接相关，为当地企业培育所需人才①。并且各学院设置专业有比较严格的程序。一般说来，新专业开发首先要调查。调查其他社区学院相似专业开设情况；调查毕业生就业机会、就业岗位数和起薪数；学生实习、就业范围，是否学院所在学区内。其次还要进行可行性论证，需要进行新专业与学院发展战略关系、各专业相互关系等方面的研究，形成专业开设的可行性报告。专业开设后，还需要明确专业培养人才的知识、素质与技能要求，形成课程计划和学时安排，确立课程模块、课程内容和质量要求。最

---

① 徐琦：《美国社区学院研究》，中国社会出版社2008年版，第146页。

后，还可能需要联合其他社区学院、相关企业共同开发新专业，确保专业开设的有效性、定位的准确性。

在课程开发方面，社区学院同样有一套科学的流程与方法，其中最为广泛使用的是 DACUM（Developing A Curriculum）课程开发模式。这种开发课程的模式，从学生毕业后所从事的职业出发，分析其所需的基本能力，并且以此出发主要培养学生的应用动手能力和基本知识结构，形成课程大纲和教学方法，以及编写教材。可以说，专业课程的设置都是从社会经济发展的实际需要出发，以保证开设的专业和课程适应市场的需要，满足本地区经济和社会发展的需求。同时，社区学院还有不断调整专业课程的机制，学院会根据毕业生就业情况、市场的人才需求情况，随时调整课程内容乃至专业设置，增设市场急需专业课程，停办被市场淘汰的专业，随着技术发展更新课程内容，吸收最新的技术知识，让学生掌握最新的知识技能，确保学生能找到并胜任未来的工作。

美国社区学院主要培养应用型专业技术人才，因而十分重视学生动手能力和技术技能的培养，学生的实验实习时间一般占到总学时的三分之一甚至一半以上。社区学院每个专业通常都配有实验室和实习基地，与企业开展合作教育增加学生的实践实习机会。因而毕业生普遍动手能力强，具有较高的技术技能，能很快适应工作岗位的要求，得到用人单位的肯定。以上做法中，最突出的一点就是社区学院积极与当地企业合作，以合作教学的模式，让学生在实际工作中开展实习，尽早熟悉工作环境和基本要求，在真实的环境中培养工作技能。

合作教育，是指学校和企业合作培养学生的教育模式，这种教学模式可实现三方共赢。对于社区学院来说，合作教学引入了企业的师资、场地、设备，节省了大量的经费和资源，同时又保障了教学效果与质量，加强了学校和企业联系，获得了企业的支持，能推动学院不断发展和完善。对于学生来说，利用参加实习实践，能将书本知识应用于实践，培养了技术技能，提早熟悉了工作环境和要求，积累了工作经验，增强了职业适应性，对就业有很大的帮助。对于企业来说，可以通过实习来挑选优秀员工，通过教学不断总结形成各种规范要求，也能够引进学院的人力智力资源。因而，合作教育成为美国社区学院广泛采用的培养方式，并在实践中取得了较好的效果。根据 AACC 协会网站的案例，我们可以进一步看到，社区学院与企业的联系不仅仅限于简单的制造工程类，很多涉及相当前沿的行业。例如在网站上所列案例中，与制造业企业联系的学院有 22 所，航空航天业（Aerospace）有 3 所，汽车制造业（Automotive）有 5 所，生物技术（Biotechnology）有 5 所，能源与电力行业（Energy/Electric）有 13 所，核工业（Nuclear Industry）有 3 所①。可见，社区学院与地方企业的合作是全方位、并且走在时代前列的，而社区所在企业也能够真正依托社区的智力、人力，开展合作实现共赢。

五　以教学为核心的专兼职教师队伍

与学术性大学不同，社区学院的教师队伍以教学为核心，并以此打造了一支高水平的教师队伍。美国社区学院的师资力量主要包括专职教师和兼职教师，兼职教师比例通常达到 60% 以上。兼职教师由学院聘请工作经验丰富的专业技术和管理人员担任，他们主要讲授实践性、应用性较强的课程，以及带领学生实验、实践和实习。兼职教师熟悉行业最新发展状况和职业所需的技能，因此他们的教学内容有很强的专业性、职业性。兼职教师的酬金较低，一般只有专职教师的 1/3 到 2/3，大量聘用兼职教师为社区学院降低了办学成本。大量的兼职教师赋予社区学院办学效益的提高，更为重要的是赋予了社区学院很强的适应力和灵活的办学机制。

社区学院的专职教师主要担任理论课教学工作，他们一般都具有硕士、博士学位。除了日常教学外，专职教师还要辅导学生，承担学术顾问、辅导员等职责，但是日常教学始终是专职教师的工作核心。卡内基教学促进基金会在对全国教师进行调查时发现，社区学院教师对教学比对研究更感兴趣的人数达到了 90%，几乎 70% 被调查的社区学院教师都赞同应当把教学效果而不是出版物作为认可的基本准则②。在收入上，社区学院教师的总体收入一般来说不低于四年制大学，部分经济情况较好的社区学院教师甚至高于大学教师水平，擅长教学的教师更乐意到社区学院专职任教，由此保障了社区学院教师的总体素质。

为进一步保障教学质量，社区学院还每年对教师进行教学水平评估，评价结果可作为对教师聘用、晋升、休假、获奖等奖惩的依据，以此促进

---

① http：//www. aacc. nche. edu/AboutCC/Pages/college-industry_ partnership. aspx.
② 国家教育发展研究中心：《发达国家教育改革的动向和趋势（第五集）》，人民教育出版社1994 年版，第 226 页。

教师教学能力提升，提高教学质量。在 20 世纪 70 年代前，由于大多社区学院规模较小，这个时期主要以教师的招生情况和教学情况作为主要评价内容。但是在社区学院迅速发展并扩大规模后，社区学院对教师的评价逐渐从注重招生数量转变为注重教学质量提高。社区学院对教师的教学评估主要包括学生评价、教师评价、教师自评和学院评价四个方面。四种评价方式相互参考，评价内容涵盖了教师知识积累、教学投入、教学效果、课程设计、教学内容、指导学生等各方面，十分全面客观。

第十二章　英国多科技术学院的
发展与经验

　　英国多科技术学院满足了英国高等教育大众化的需要，是英国高等教育重要的组成部分，其地位与作用与我国行业特色院校十分类似。1969 年英国多科技术学院的建设是当时英国工业社会发展的需要，而 1992 年的改称大学是英国主动适应世界经济一体化、信息化发展、融入国际体制的需要。这如同我国 20 世纪 50 年代行业特色院校的产生是新中国工业化初期建设的需要，而新世纪前后的体制划转是中国高等教育主动适应改革开放深入发展的需要。英国多科技术学院德、智、体、美和能力等全面发展的人才培养定位、多方协同参与的管理体制、"三明治"的人才培养模式、面向市场的专业设置与课程内容等，可以给中国行业特色院校诸多启示。

第一节　英国多科技术学院的产生与二元制
教育格局的形成

一　多科技术学院的产生与二元制的形成

　　20 世纪 60 年代，英国高等教育领域酝酿着扩大教育规模的重大计划，1963 年发布的《罗宾斯报告》就是英国高等教育至 1980 年的发展规划。《罗宾斯报告》提出，高等教育机构应该为所有具备了入学能力的青年提供接受高等教育的机会，因此英国大力促进各级各类高等教育机构的发展以扩大规模。《罗宾斯报告》的基本设想是在英国原有的大学基础上进行扩张，一方面扩大原有的大学招生人数，并且将教育学院纳入这些大学之中；另一方面升格一些高级技术学院，按照原有大学的学术标准建立一批新的大学。《罗宾斯报告》预期到 1981 年，英国将有 55 万的在读大学生，其中约 35 万人在各大学学习，15 万人在教育学院学习，另有 5 万人左右在继续教育学院学习。

英国政府对于《罗宾斯报告》提出的方案并不认可，其原因在于英国原有的大学是在精英教育的体系下建设的，而高等教育规模的扩大是要满足庞大的社会群体的不同的需求，而单一的大学模式显然不能满足这些不同的需求。"罗宾斯委员会从未想过要对不同的大学做些区分，或引导不同的大学向不同的方向发展。"① 随之在 1964 年，以教育和科学部国务大臣助理维佛爵士为代表，提出了一份新的报告，认为英国应该通过扩充教育学院、高级技术学院的数量来扩大高等教育规模，在原有的大学系统之外另外发展一个类型的应用型学院以满足社会需要。这一主张显然得到英国政府的支持。

1965 年，英国教育与科学部国务大臣克罗斯兰德（A. Crosland）在乌尔维奇学院和兰开斯特大学的讲演中宣布了通过建立新型多科技术学院实现高等教育规模的主张，并称其为"二元制"。克罗斯兰德提出实施"二元制"的四个理由在于：（1）多科技术学院的建立可以满足社会对于职业性和专业性人才培养的需求，以此促进高等教育的发展和社会经济的进步；（2）如果按照原有大学的标准建立新的大学，新建大学在竞争上处于劣势地位甚至永远处于二流三流地位，不利于高等教育多样性的发展；（3）高等教育应该承担为社会服务的功能，政府可以通过建立多科技术学院加强高校与社会的联系；（4）科学技术教育是国家发展的核心力量，贬低或歧视以职业教育为核心的多科技术学院将会使英国在与其他国家的竞争中处于劣势地位。克罗斯兰德相信通过建立"二元制"，可以让"大学部分将继续做出自己独特的和奇迹般的贡献。希望公共高教部分做出它自己同样卓越而又独立的贡献。"②

随之多科技术学院的建设步入了轨道。1966 年，英国教育与科学部颁布了《关于多科技术学院与其他学院的计划》（A Plan for Polytechnics and Other Colleges），将 8 所高级技术学院改称为大学，并将原有 90 多所独立学院合并为多科技术学院。经过三年的酝酿，英国多科技术学院的创办正式拉开了序幕。1969 年 1 月哈特菲尔德（Hatfield）成为第一所设立的多

---

① 瞿葆奎主编：《英国教育改革》，人民教育出版社 1993 年版，第 598 页。
② 王一兵主编：《八十年代发达国家教育改革的动向和趋势评述》，人民教育出版社 1994 年版，第 96 页。

科技术学院；从 1969—1973 年，短短 4 年间英国共成立 30 所多科技术学院；此后 1989—1991 年间又成立 4 所。由此，英国前后共创立了 34 所多科技术学院。英国高等教育也形成了以精英教育为目标、以大学为代表的自治部分（Autonomous Secor）和以大众教育为目标、以多科技术学院为代表的非大学部分公共部分（Public Sector），二元制的格局由此确立。

二 多科技术学院的特色

多科技术学院不仅仅是英国所特有的高等教育机构，美国的社区学院、日本的短期大学、法国的短期技术大学都与之相类似。事实上，在谋划阶段克罗斯兰德就提出多科技术学院的建设要模仿德国的应用科技大学、苏联的列宁格勒多科技术学院。总体说来，英国多科技术学院的建立满足了广大青年对于接受高等教育的需求，满足了社会经济发展的需要，同时吸取其他各国技术大学的优点，并形成了自己的特色，主要有：

社会各界共同参与的管理体制。英国多科技术学院的管理主要由地方政府领导，同时通过地方教育委员会、学校董事会吸收社会各方代表，形成了共同参与的管理体制。尤其是在多科技术学院学校的董事会中，通常包括了地方政府代表、地方企业行业专家和工会代表，这样尽管企业并不直接参与学校办学，但是通过代表在学院董事会传达企业对专业人才的需求；此外，企业还可以在专业职业资格认定中提供专业意见，引导学校的办学方向和人才培养要求。

工学结合的人才培养模式。英国多科技术学院有工学结合的传统，其最典型的模式为四年制的"三明治"模式（sandwich course），该模式通过学生在校学习与在企业实践工作交替进行，将学生的课程学习和与实际工作紧密结合。通常做法为学生在校进行 1—2 年的理论学习，之后在企业进行实习并承担实际工作，时间通常也是 1—2 年。实习期完成后，学生回到学校进行毕业设计和毕业答辩，而通常毕业设计的选题来自实际工作中的疑难问题乃至正在进行的具体工程。通过理论—实践—理论的"三明治"的人才培养模式，既能使学校的课程内容紧跟行业发展，又能提高学生的实践动手和解决实际问题的能力，因此在多科技术学院很受欢迎。

面向市场的专业设置与课程内容。培养应用型技术人才是多科技术学院人才培养的总体目标，也是多科技术学院生存和发展基础。因此，多科技术学院的办学，十分注意与地方企业行业保持着紧密的联系，在专业设置上重视面向市场、尊重需求，社会需要什么人才就开设相应的专业。一方面多科技术学院的许多专业是传统大学所没有的，体现极强的应用型特征，相对而言学术性并不强；另一方面，专业的招生以社会需求决定，社会需求旺盛的专业每年招生，出现需求萎缩则隔年招生，如果发现某专业人才已经过剩，上报地方主管部门后会停止招生。由此保证了质量与数量上与社会需求的对接。在课程内容方面，多科技术学院也注重与企业实际需求相结合，课程设置以社会需求为出发点，同时结合当前社会最新的科技发展情况适时的对课程内容进行调整。

学制自由文凭多样。为迎合社会各种复杂的需求，英国多科技术学院在学制、课程设置上保持了机动灵活的特征。多科技术学院采取多学制制度，学制从四年到一年长短不一，其授课时间从业余授课、半工半读到全日制可供学生灵活选择；在教学安排上，采用模块课程模式（module），把教学内容划分为学习时间大致相当、教学内容相对独立的模块，学生可根据自己兴趣和时间选修模块，以模块学习情况评定成绩获取学分。毕业证书方面，多科技术学院也为学生提供了多种选择，既有与大学相同的学位证书，同时也提供相对低层次的专业文凭和非正规的课程培训证书；与美国社区学院类似，如果学生通过了两年制的学习并获取相应的证书也可以进入其他大学继续进行四年制的学习，实现了职业教育与学历教育的对接。

三　多科技术学院的贡献

经过 20 余年的发展，英国多科技术学院迅速成长为英国高等教育领域一股不可忽视的力量，为英国高等教育和英国经济社会发展做出了卓越贡献。

多科技术学院促进了英国高等教育大众化发展。在成立之初，多科技术学院就将提高高等教育毛入学率作为其重要目的之一，多科技术学院增大了接受高等教育的人数规模，实现了英国高等教育大众化的进程。据统计，1969 年间，英国只有 23 万多名在读大学生，1988 年则达到 50 万，1992 年更是达到 80 万，学生人数增长了 3 倍之多[1]。在相对数量上，多科技术学院后来居上，与传统大学在读学生的总数相当，成为英国传统大学

---

[1]　杨晓波：《英国多科技术学院政策述评》，《比较教育研究》2007 年第 4 期。

之外最重要的高等教育机构。

多科技术学院开创了开放教育，增进了英国高等教育公平。多科技术学院向各种类型的学生提供高等教育计划，增加了女性、少数民族和成人学生的数量，提高了工人子女入学率，由此开创了大学开放的教育传统，为那些被大学排斥的学生找到了一条接受高等教育的通道。据统计，1991年多科技术学院全日制学位课程中，女性学生比例达到46%，约占总数的一半；有28%的学生来自劳动者阶层家庭，而大学只有19%的学生来自这样的家庭①。

实现了高等教育的社会服务功能。英国传统大学主要是通过教学和科学研究间接为社会提供服务；多科技术学院通过与企业合作，直接培养应用型技术人才，并通过应用研究和技术咨询为地方经济社会发展提供直接服务。传统英国大学课程设置围绕人文科学以及自然科学等学科；多科技术学院课程设置侧重于职业技术方面，主要培养社会经济发展所需的应用型技术人才。多科技术学院还广泛与企业的合作，聘请经验丰富的教师到学校授课、派遣学生直接到企业实习，使学生能够及时了解生产和实际情况，帮助学生能够快速适应实际工作。多科技术学院这种职业性、社会性的特点，改变了传统大学学术本位的高等教育功能观，体现了国家要求高等教育服务社会基本理念。

第二节　从二元制到一元制

一　改称大学

随着英国社会的发展，高等教育也在酝酿着一场新的改革，即取消多科技术学院与大学的区分，从二元制走向一元制。1987年，英国政府发布《高等教育——迎接新的挑战》这一文件，文件总结了多科技术学院成立20多年中做出的巨大贡献，同时也提出了多科技术学院脱离地方政府的基本改革设想。1988年，英国政府颁布了《教育改革法》，以法律的形式确立了1987年文件中提出的高等教育改革基本框架。1991年5月，英国政府颁布了《高等教育：一个新框架》（Higher Education: A New Framework），文件正式提出废除二元制，建立一个统一的高等教育新框架。文

---

① 瞿葆奎、金含芬主编：《英国教育改革》，人民教育出版社1993年版，第25—26页。

件提出：多科技术学院在增加入学机会、提升效率以及响应社会需求等方面的作用日益增强，其已有条件颁发各种学位，应授予它们权利，从而结束国家学位委员会的工作；并且只要多科技术学院自己愿意，就可以升格为大学。同时为了促进教育市场化进程，使得高校更好地为国家经济发展服务，应该建立一个统一的大学、多科技术学院和高等院校的经费拨款机构，从而在各院校间引入竞争机制。

1992年，议会通过了《继续教育和高等教育法》（The Further and Higher Education Act），按地区设置高等教育基金委员会，同意多科技术学院申请改名为大学，具有和大学相等之地位，享有自行颁授学位之权力；同时，取消了国家学位授予委员会（CNAA），把学位下放到各主要院校。第一批包括29所多科技术学院和28所其他学院更名为大学。

由此，英国34所多科技术学院以及部分其他学院被改称为大学，一个统一的高等教育体制取代了运行20多年的二元制，实现了英国高等教育体制的新融合，从而完成了由二元制到一元制的变迁。

二　英国高等教育由二元走向一元的意义与原因

如果从更大的历史和世界的视角看，我们也许能更好地认识英国多科技术学院建设与改称大学的重要意义。从英国多科技术学院建立的1969年到改称大学的1992年，是世界经济社会飞速发展的20年，是由工业社会到信息社会转变的起步，尽管没有发生大规模战争，但是世界格局却发生了巨大的变化。可以说1969年英国多科技术学院的建设是当时英国工业社会发展的需要；而1992年的改称大学是英国主动适应世界经济一体化、信息化发展、融入国际体制的需要。并且英国多科技术学院的升格并非彻底抛弃多科技术学院历史办学经验与成就，而是真正与其他大学站在相同的高度为英国经济发展培养各有特色的人才，形成相互竞争相互联系的一个整体。如约翰·帕登（John Paten）所说："一种一元的框架并不意味着每一所大学都做相同的事情。与此完全相反，它使每一所大学可以有相同的机会集中发展它们的专长领域。"①

我们可以通过1990年前后英国的相关意见来进一步理解英国高等教育由二元走向一元的意义与原因。1987年，英国《高等教育——迎接新的

---

① 转引自徐小洲《当代欧美高教结构改革研究》，内蒙古大学出版社1997年版，第171页。

挑战》主要从地方政府管理的角度提出多科技术学院改革理由。(1) 多科技术学院的规模不断扩大，招生范围与影响力不仅仅局限于地方，继续由地方管理约束了其发展空间；(2) 各地方对多科技术学院的规划相对独立各有侧重，但是没有整合成全国统一的规划，如果从地方管理脱离可以发挥更为有效的作用；(3) 地方政府对多科技术学院的管理过于繁琐保守，一定程度上妨碍了高校办学自主性，阻碍了高校与企业建立更为密切的关系。当时的英国学者如斯科特 (Peter Scott)、柯根 (M. Kogan) 等也从高等教育发展的角度提出了对二元制的批评：二元制一方面忽视了大学的发展，间接地鼓励大学采取保守的策略不进行革新；另一方面尽管提倡多科技术学院与大学的平等，但是事实上仍然是大学处于顶端、多科技术学院在下的阶层体系，由此固化了大学进行通识教育、多科技术学院开展职业教育的高等教育职能；一方面存在不公正的含义，似乎大学缺少社会责任，对社会发展贡献较少；另一方面又剥夺了多科技术学院开展科学研究的空间，阻碍了多科技术学院通过发展学科与科学研究对社会做出更大贡献。

对于一元制，很多学者也提出了其优点。(1) 减少了高等教育不同机构之间的等级差距，通过其竞争可以让学生通过努力进入更有吸引力的部门，由此实现质量的提高；(2) 融合学术教育和职业教育的思想，由专业人才教育转变为通才教育；(3) 有利于学生自我选择，实现平等民主的高等教育，而不是被淘汰的学生只能进入低等的高等教育机构。简单地说，英国的二元制解决了高等教育入学机会不平等的问题，而一元制重点解决的是教育内容、教育过程不平等的问题。事实上，实施一元制也并不意味着英国高等教育就完全消除了等级、各学院同质化，当今的英国大学类型划分包括古典大学、近代大学、现代大学等不同部分，而现代大学更分为新大学、新新大学、升格大学、开放大学、私立大学以及 1992 年后建立的大学等。由此可以看出，英国高等教育等级性并没有完全消除，在一元制体系下出现了新的分化，学者称其为一元体制下的多元模式。

实现完全的平等显然是不可能也不应该的，但一元制实施的效果却是得到了学者的认可。斯科特 (Peter Scott) 认为实施一元制能更好地达成罗斯兰德在实施二元制时提出的四个目标；能够消除二元制政策中的消极部分；并能够进一步明确高等教育发展的总体方向和目标。由于一元制实施的重要意义，以及一元制的实施在高等教育规模与教育经费投入规模总体保持稳定的形势下完成的，因此英国高等教育一元制的改革被称为英国教育史上从未有过的变革、是一场静悄悄的革命。

三　英国高等教育由二元走向一元的理论分析

对于英国高等教育由二元走向一元，国内学者也有更为深入的理论分析，张建新从微观宏观两个层面进行了体制变迁的动因分析。张建新提出，"英国高等教育体制变迁的最根本原因是高等教育的内在逻辑（inner logic）的变化因素"[①]，并提出了高等教育职能飘移和英国人才培养模式的改变两个方面。在高等教育职能飘移上，20世纪80年代后，英国传统大学的职能由原来纯粹的学术性、研究性向职业性飘移，而多科技术学院也在教育方针上向学术化方向飘移。由此传统大学与多科技术学院都不同程度地提供着学术教育、通识教育和技术教育、职业教育，大学与非大学的界限逐渐模糊，由此大学的名称自然也就不能继续由传统大学独享。在人才培养理念上，传统大学秉承了中世纪的培养绅士的教育目标，而多科技术学院适应二战后培养工业时代的技术人才的社会需要。但是在20世纪90年代，绅士教育与技术人才教育两种理念与体制之间的鸿沟不仅对传统大学与多科技术学院的发展不利，对于英国社会发展与适应信息时代发展要求都产生了负面影响。由此把培养技术人才的多科技术学院与培养绅士的大学统整为一体，结束英国高等教育培养目标不同的状态，培养社会所需的"通才"成为了必要。通才（generalist）并不是指知识渊博、无所不通的百科全书式的人，而应该是一个全面发展的人，是在德、智、体、美和能力等多方面全面发展的人。英国高等教育人才培养目标改变与统一，英国高等教育体制由二元走向一元的重要因素之一。

英国高等教育体制由二元走向一元不仅有内部因素，适应全球化背景下国际高等教育发展的形势需要也是重要原因之一。由于知识社会的需要与全球化的发展，人们接受高等教育的期望更加强烈和普及，同时由于科学知识体系的统一，不同国家间的高等教育交流也更加频繁，由此建立一个统一的类似的国际性高等教育体制也变得十分必要。事实上上文提到的1999年"博洛尼亚进程"，就是为了消除欧洲不同国家之间大学学生流动

---

① 张建新、陈学飞：《从二元制到一元制——英国高等教育体制变迁的动因研究》，《北京大学教育评论》2005年第3卷第3期。

的障碍，统一了欧洲的高等教育系统共同框架，建立本科和研究生两个阶段的高等教育结构。从这一事件看，在开展世界格局性的博洛尼亚进程之前，统一英国国内的高等教育体系就能凸显其重要意义了。

第三节 英国多科技术学院的发展对中国行业特色院校发展的启示

有高等教育学家提出"如果你要知道你往哪儿走，知道你已经到过哪儿是有帮助的。我们还可以说：知道现在在哪儿也是有帮助的。"① 我们可以进一步说，知道别人去过哪儿也是有帮助的。因此我们回顾总结英国多科技术学院发展经验，最终还需对我国的行业特色院校的发展提供参考。

与英国多科技术学院的发展比较，我国行业特色院校与之既有相同点，也有许多不同之处。在相同点上，两者总体目标、办学模式基本相近，都是为了建立一批以培养高层次应用型人才为目标的高等教育机构，服务经济发展；此类高校的教学模式与方法大致相近，重视联合企业参与教学、重视实践教学与学生动手能力的培养等。但是两者也有很多的不同之处，多科技术学院的建设是由法律文件保障，并且由原来的职业专科学校合并升格而建成；而我国的行业特色院校发展程度不一，有转制前已有相当的发展基础、转制后已经定位为高水平行业特色大学的高校，这类高校大多已划转教育部管理；有向教学科研型转型的院校，有仍以教学型定位、由专科升本科不久的院校，这类高校以划转地方管理为主。在类型上，除以理工为优势和特色的应用技术类型高校外，还有以艺术、传媒等文科为优势和特色的行业特色院校。我们应该结合自身的优势和特色，在办学理念、办学思路、培养模式等方面进行学习和借鉴，而不是照搬照抄。

2014 年，我国地方新建本科院校开始了转型发展的新布局，针对一大批新建本科高校办学定位不明、专业特色不显、与地方经济社会发展脱节严重等问题（自 1999 年以来"升本"的地方高校有 640 多所，占全国本

---

① ［美］伯顿·克拉克：《高等教育新论》，王承绪等译，浙江教育出版社 2001 年版，第289 页。

科高等学校的55%左右①），引导部分普通本科高校向应用技术型高校转型，这也包括部分划转地方管理的行业特色院校。本次转型主要依据欧洲尤其是德国的应用技术大学发展模式，通过试点建成一批地方本科转型示范学校，探索出一条建设中国特色应用技术类型高等学校发展道路。2014年3月，教育部、国家发改委、财政部、人社部等四部门联合起草了《关于地方本科高校转型发展的指导意见》（以下简称《意见》），《意见》明确提出，地方本科高校转型发展"以培养产业转型升级和公共服务发展需要的高层次技术技能人才为主要目标，以推进产教融合、校企合作为主要路径，通过试点推动、示范引领，引导和推动部分地方本科高校向应用技术类型高校转型发展。"从推进的手段和策略看，我国对于应用技术类型高校的建设采用省级政府负责、高校自行选择、试点先行的方案；从转型的重点看，主要是原有由地方举办以专科为主发展而来的学院，但部分以培养工程技术人才为主的新建本科行业特色院校向应用技术类转型，不失为一条可行的道路。

当然，相对英国多科技术学院的发展，我国应用技术类型高校的建设还有很多困难要克服。首先是认识问题。长期以来，我国高等教育体系中存在着十分严重的学术教育和职业教育的等级差距，通常将专科层次的学校职能定义为职业教育、而本科以上层次的高校定义为学术型高校。地方本科院校转型为应用型技术大学直接被媒体解读为本科学院降级为职业学院，引发舆论热议。从这一点上说，开展转型工作需要建立一套全新的高等教育价值体系和思想观念。同时，在高等学校内部，长期以来我国高校的教学以学术型人才培养为主要目标，应用型人才培养的理念还需进一步确立，对于应用型人才培养的教学模式、教学方法研究还有所欠缺。

其次，我国划转地方的行业特色院校转应用技术类型高校仍然面临建设与企业行业合作新机制的问题。行业特色院校划转地方后，与行业企业的原有合作模式、合作关系不可能像原来那样得以延续。根据课题组2012年的调查，1998—2000年划转地方的行业特色高校，原有196所，划归地方管理后，71所与其他地方所属院校或行业特色院校合并，发展成为60所地方所属行业院校；部分院校划归地方后没有进行合并，而是独立发

---

① 教育部鲁昕副部长在"中国发展高层论坛2014"、"2014年度全国职业教育与成人教育工作会议"上的讲话，2014年3月22日、25日。

展，进行升格扩容，这批院校共有 103 所；其余 18 所专科院校没有升格为本科，另有 7 所被其他发展历史更为久远的高校兼并。因此理论上看，目前的地方高校中约有 163 所存在较强的行业特征，具有一定的行业资源支持。但是目前这 163 所高校由学院升格为大学高校达到了 111 所；仅从校名分析，只有 28% 左右的高校坚持了行业特征；从管理体制上看，有 52 所高校签署了地方与中央部门共建协议。从这些数据看，目前地方高校的发展缺乏与企业、行业合作的经验与基础。

再次，我国企业规模、经济发展模式等决定了地方企业对于高校人才培养资源投入不足。高校的转型发展需要经费投入，学校方面需要各级政府加大实验、实践设备、场地等教学硬件投入；同时更需要企业对师资建设、实习场地的投入。相对西方发达国家而言，我国企业以劳动密集型企业为主，创新型、设计型的企业在数量质量上均有不足，对高技能应用型人才培养的需求和认识均有不足；并且大型企业的发展尤其在人才引进方面并不依赖于地方，因此对地方高校人才培养并不热衷；同时，我国各类行业协会对于行业职业人才的培训、质量标准体系尚不完善，各类职业证书通常以考代评，没有进入人才培养的环节。由此企业行业的主动性还需进一步增强。

最后，对于地方政府和高校管理部门而言，高校的转型发展在具体政策制定和实施细节上，还存在进一步深入探讨的必要。在学校发展定位问题上，作为定位为本科层次的应用型技术人才培养高校，此类高校的发展与地方专科层次职业学校的发展关系如何定位；与其他学术型高校能否打通通道，让学生能够自由选择。应用技术类型高校的教学质量评价和监控不同于学术型高校，也与专科层次的职业学校有所不同，如何保证此类高校的教学质量；如何促进企业参与人才培养的积极性，让高校与企业发挥合力，促进企业技术转型和高校人才培养转型，实现共赢。

中国行业特色院校发展研究
调查问卷

为了全面推进中国高校教育的改革与发展，了解院校行业的现况，国家社会科学基金教育学青年课题《中国行业特色院校发展研究》（CFA110125）现对中国行业特色院校进行研究考察。研究方法之一是进行问卷访谈调查，以了解中国行业特色院校现状、分析存在的问题和发展趋势，为其日后更好的建设提供决策依据。

问卷内容及统计结果，只作为本小组决策和科学研究综合分析时参考，任何单位和个人，不能根据问卷填写内容对填写人、填写人所在学校和所在地区进行评价。

请您在百忙中仔细阅读问卷，并按下列填表要求填写：

1. 为便于识别和存档，请用钢笔或签字笔填写；

2. 在单项选择题中，只选择其中的一项，在选定的答案前的"□"内打"√"

3. 要求排序的多项选择，根据选项的重要性在问题前的"□"中用数字排序。如您认为该项第一重要，就在"□"中填写"1"，第二重要，就在"□"中填写"2"，以此类推。若所有选项中均无您认可的答案，可以填写问卷的"其他"项。

4. 问卷中凡有下划线"_____"的地方，直接填写意见，书写工整。

5. 如有本问卷内容以外的其他意见，请写在问卷最后的空白处或另附页。

一 个人信息

1. 您所在学校名称：_____

2. 您所在学校部门：_____

□校领导、校办公室　　□党政机关　　□行政机关

□教学单位

3. 现任职位级别：

□厅级　　□处级　　□科级　　□办事员、无行政级别

4. 现任职称等级：

□正高级　　□副高级　　□中级　　□初级、未定级

5. 进校工作时间：

□1 年以下　　□1—3 年　　□3—5 年　　□5—10 年

□10 年以上

6. 取得学历学位情况：

□大专或以下　　□本科学士学位　　□硕士研究生

□博士研究生

7. 性别：

□男　　□女

8. 年龄：

□25 岁以下　　□25—30 岁　　□30—40 岁　　□40—50 岁

□50 岁以上

二　学校分类信息

1. 学校的隶属关系：

□教育部属院校　　□省属高校　　□市属高校　　□民办院校

2. 学校层次：

□985、211 高校　　□有博士、硕士点的本科院校

□普通本科院校　　□高职高专学校

3. 学校所属行业：

□石油化工　　□邮电、通讯　　□广播电视、传媒

□农业、林业　　□水利、电力　　□地质、矿产

□交通

其他：＿＿＿＿＿＿＿＿＿＿

4. 学校所属省份、直辖市：＿＿＿＿＿＿＿＿＿

5. 学校由行业划转时间：＿＿＿＿＿＿＿＿

6. 行业划转时本行业所属其他各类高校数量：＿＿＿＿＿＿＿＿

7. 学校初创办学时间：_____

8. 学校升格本科时间：_____

9. 本行业与高校所在地方政府是否签订共建协议：_____

10. 本行业与地方签订共建协议高校数量：_____

11. 当前学校发展战略：

□服务行业为主　　　□服务地方为主　　　□服务行业地方兼顾

12. 当前学校发展定位：

□行业化、专业化　　　□综合性

□在行业需要的基础上进行综合性发展

13. 当前学校发展层次定位：

□教学型　　　□教学研究型、研究教学型　　　□研究型

三　行业划转时学校发展状况

1. 在校生规模

□1000 人以下　　□1000—2000 人　　□3000—5000 人

□5000—10000 人　　□10000 人以上

2. 全体教职工规模

□100 人以下　　□100—300 人　　□300—500 人

□500—1000 人　　□1000 人以上

3. 学校涉及学科门类

□哲学　□经济学　□法学　□教育学　　□文学　□历史学

□理学　□工学　□农学　□医学　□军事学　□管理学　□艺术学

4. 学校核心（国家级省级重点）学科：

学科门类：_____一级学科：_____

二级学科：_____

5. 学校专业数量：

□10 个以下　□10—15 个　□15—20 个　□20 个以上

6. 学校特色重点专业：

7. 学校年科研经费数量：

□100 万以下　　□100 万—300 万　　□300 万—500 万

□500 万—1000 万　　□1000 万以上

8. 年科研经费中横向课题经费比例：

□10% 或以下   □10% —30%   □30% —50%

□50% —80%   □80% 以上

9. 年科研经费中行业性课题经费比例:

□10% 或以下   □10% —30%   □30% —50%

□50% —80%   □80% 以上

10. 学校毕业生数量:

□200 人以下   □200—300 人   □300—500 人

□500—1000 人   □1000 人以上

11. 毕业生就业率:

□50% 或以下   □50% —60%   □60% —70%

□70% —80%   □80% 以上

12. 行业内就业生数量占总就业毕业生数量比例:

□50% 或以下   □50% —60%   □60% —70%

□70% —80%   □80% 以上

13. 行业内重大项目、人才奖项为: _____

14. 本校共获得重大项目、人才奖项数量:

□0—5 项   □5—10 项   □10—20 项   □20 项以上

15. 本校在行业内的学生实习、实践基地数量:

□0—10 个   □10—20 个   □20—40 个   □40 个以上

16. 行业内基地数量年接纳学生数量:

□0—100 名   □100—200 名   □200—400 名   □400 名以上

四 2011 年学校发展状况

1. 在校生规模

□1000 人以下   □1000—2000 人   □3000—5000 人

□5000—10000 人   □10000 人以上

2. 全体教职工规模

□100 人以下   □100—300 人   □300—500 人

□500—1000 人   □1000 人以上

3. 学校涉及学科门类

□哲学   □经济学   □法学   □教育学   □文学   □历史学

□理学   □工学   □农学   □医学   □军事学   □管理学   □艺术学

4. 学校核心学科（国家级省级重点）门类数量与名称：

☐1—2 门　　☐2—4 门　　☐4—10 门　　☐10 门以上

学科门类：_____

一级学科：_____

5. 学校专业数量：

☐10 个以下　☐10—20 个　　☐20—30 个　　☐30—40 个

☐40 个以上

6. 学校特色、重点专业数量与名称：

☐1—2 个　☐2—4 个　　☐4—10 个　　☐10 个以上

国家特色专业：_____

省级重点专业：_____

7. 学校年科研经费数量：

☐500 万以下　　☐500 万—800 万　　☐800 万—1000 万

☐1000 万—2000 万　　☐2000 万以上

8. 年科研经费中横向课题经费比例：

☐10% 或以下　　☐10%—30%　　☐30%—50%

☐50%—80%　　☐80% 以上

9. 年科研经费中行业性课题经费比例：

☐10% 或以下　　☐10%—30%　　☐30%—50%

☐50%—80%　　☐80% 以上

10. 学校毕业生数量：

☐500 人以下　　☐500—1000 人　　☐1000—2000 人

☐2000—2500 人　　☐2500 人以上

11. 毕业生就业率：

☐50% 或以下　　☐50%—60%　　☐60%—70%

☐70%—80%　　☐80% 以上

12. 行业内就业生数量占总就业毕业生数量比例：

☐50% 或以下　　☐50%—60%　　☐60%—70%

☐70%—80%　　☐80% 以上

13. 行业内重大项目、人才奖项为：_____

14. 本校共获得重大项目、人才奖项数量：

☐0—5 项　　☐5—10 项　　☐10—20 项　　☐20 项以上

15. 本校在行业内的学生实习、实践基地数量：

☐0—10 个　　☐10—20 个　　☐20—40 个　　☐40 个以上

16. 行业内基地数量年接纳学生数量：

☐0—100 名　　☐100—200 名　　☐200—500 名

☐500—1000 名　　☐1000 名以上

感谢您的参与以及对我们调查工作的无私支持！

“中国行业特色院校发展研究”课题小组

2011 年11 月

附录 2

中国行业特色院校教学管理机制
调查访谈问卷

　　为了全面推进中国高校教育的改革与发展，了解院校行业的现况，国家社会科学基金教育学青年课题"中国行业特色院校发展研究"（CFA110125）现对中国行业特色院校进行研究考察。研究方法之一是进行问卷调查，以了解中国行业特色院校内部管理机制情况，为其日后更好的建设提供决策依据。

　　问卷内容及统计结果，只作为本小组决策和科学研究综合分析时参考，任何单位和个人，不能根据问卷填写内容对填写人、填写人所在学校和所在地区进行评价。

　　请您在百忙中仔细阅读问卷，并按下列填表要求填写：

　　1. 为便于识别和存档，请用钢笔或签字笔填写；

　　2. 在单项选择题中，只选择其中的一项，在选定的答案前的"□"内打"√"

　　3. 要求排序的多项选择，根据选项的重要性在问题前的"□"中用数字排序。如您认为该项第一重要，就在"□"中填写"1"，第二重要，就在"□"中填写"2"，以此类推。若所有选项中均无您认可的答案，可以填写问卷的"其他"项。

　　4. 问卷中凡有下划线"_____"的地方，直接填写意见，书写工整。

　　5. 如有本问卷内容以外的其他意见，请写在问卷最后的空白处或另附页。

一　个人信息

　　1. 您所在学校名称：_____

2. 您所在学校部门： ＿＿＿＿＿＿＿＿＿＿＿＿＿

□科研管理部门　　□教学教务管理部门

□人事管理部门　　□学生管理部门

3. 现任职位级别：

□处级　　　□科级　　　□办事员、无行政级别

4. 现任职称等级：

□正高级　　　□副高级　　　□中级　　　□初级、未定级

5. 进校工作时间：

□1 年以下　　　□1—3 年　　　□3—5 年

□5—10 年　　　□10 年以上

6. 取得学历学位情况：

□大专或以下　　　□本科学士学位　　　□硕士研究生

□博士研究生

7. 性别：

□男　　　□女

8. 年龄：

□25 岁以下　　　□25—30 岁　　　□30—40 岁　　　□40—50 岁

□50 岁以上

二　学校分类信息

1. 学校的隶属关系：

□教育部属院校　　□省属高校　　□市属高校　　□民办院校

2. 学校层次：

□985、211 高校　　　□有博士、硕士点的本科院校

□普通本科院校　　　□高职高专学校

3. 学校所属行业：

□石油化工　□邮电、通讯　□广播电视、传媒　□农业、林业

□水利、电力　□地质、矿产　□交通

其他： ＿＿＿＿＿＿＿＿＿

4. 学校所属省份、直辖市： ＿＿＿＿＿＿＿＿＿

5. 当前学校发展战略：

□服务行业为主　　□服务地方为主　　□服务行业地方兼顾

6. 当前学校发展定位：

□行业化、专业化　　□综合性

□在行业需要的基础上进行综合性发展

7. 当前学校发展层次定位：

□教学型　　　□教学研究型、研究教学型　　　□研究型

三　学校的教师培养、考核政策

1. 教师每学期最低课时量：

□4 节　□6 节　□8 节　□10 节　□10 节以上

2. 教授为本科生上课比例：

□50%—60%　　　□60%—70%　　　□70%—80%

□80%—90%　　　□90%—100%

3. 上一次学评教中教师评价成绩：

□70 分　　□70—80 分　　□80—90 分

□90—95 分　　□95—100 分

4. 教师教学考核在教师职称评定中的地位：

□不高，满足基本要求即可 □较高，需要一定比例的优良 □很高，一票否决

5. 各级职称科研考核标准（折合论文篇数）：

初级职称：＿＿＿＿＿＿＿＿＿中级职称：＿＿＿＿＿＿＿＿＿

副高职称：＿＿＿＿＿＿＿＿＿正高职称：＿＿＿＿＿＿＿＿＿

6. 教师科研工作量考核未完成最低要求比例：

□10% 以下　　□10%—20%　　□20%—30%　　□30% 以上

7. 教师带领学生实习、实践、毕业论文工作量如何计算

□算入教学工作量，并发放一定补贴

□不算入教学工作量，但发放补贴

□算入教学工作量，不发放一定补贴

□不算入教学工作量，不发放补贴

8. 专业实验、实践教师在总体教师数量中的比例：

□10% 以下　　□10%—20%　　□20%—30%　　□30% 以上

四 学校的人才培养情况

1. 人才培养类型定位：

□应用型人才　　　□复合型人才　　　□创新型　　　□学术型

其他：＿＿＿＿＿＿

2. 学生培养中实践教学学分比例：

□10% 以下　　　□10%—20%　　　□20%—25%　　　□25%—30%

3. 毕业论文选题来源：

□指导老师科研课题　　　□毕业实践、实习相关内容

□学生自定、教师审核

4. 校内实习、实训基地数量

□10 个以下　　　□10—20 个　　　□20—30 个　　　□30 个以上

5. 校外实习、实训基地数量

□10 个以下　　　□10—30 个　　　□30—50 个　　　□50—80 个

□80—100 个　　　□100 个以上

6. 校内外实习、实训基地年接纳学生数量：

□100 人以下　　　□100—300 人　　　□300—500 人

□500—1000 人　　　□1000 人以上

7. 年教改课题数量（省级、校级合计）：

□10 个以下　　　□10—20 个　　　□20—30 个

□30—50 个　　　□50 个以上

8. 教改课题推广效果情况：

□没有或较少推广　　　□有一定的推广，但范围不大

□有部分课题进行范围较大推广　　　□在全校内进行推广教改课题

五 生源与毕业生就业情况

1. 录取批次：

□完全第一批次　　　□第一批次为主，补充部分第二批次

□第二批次为主，部分第一批次　　　□完全第二批次，没有第一批次

2. 省内录取时，平均分数超出所在批次最低控制线：

□10 分以下　　　□10—30 分　　　□30—50 分　　　□50—100 分

□100 分以上

3. 报到率：

☐70% 以下　　☐70%—80%　　☐80%—90%　　☐90% 以上

4. 就业率：

☐70% 以下　　☐70%—80%　　☐80%—90%　　☐90% 以上

5. 实际签约率：

☐40% 以下　　☐40%—60%　　☐60%—70%

☐70%—80%　　☐80% 以上

6. 就业学生中在行业内单位就业比例：

☐40% 以下　　☐40%—60%　　☐60%—70%

☐70%—80%　　☐80% 以上

7. 就业学生中在本省单位就业比例：

☐40% 以下　　☐40%—60%　　☐60%—70%

☐70%—80%　　☐80% 以上

8. 国内考研比例

☐10% 以下　　☐10%—20%　　☐20%—25%

☐25%—30%　　☐30% 以上

9. 国外留学比例

☐10% 以下　　☐10%—20%　　☐20%—25%

☐25%—30%　　☐30% 以上

感谢您的参与以及对我们调查工作的无私支持！

"中国行业特色院校发展研究"课题小组

2011 年 11 月

参考文献

参考书目

1. 鲍尔生：《德国教育史》，滕大春等译，人民教育出版社 1986 年版。
2. 北京市教育委员会高教处：《专业型院校人才培养模式的改革与创新——特色行业院校改革与发展论坛论文集》，北京体育大学出版社 2010 年版。
3. 伯顿·克拉克：《高等教育新论——多学科的研究》，王承绪等译，浙江教育出版社 2001 年版。
4. 弗兰斯·F. 范富格特：《国际高等教育政策比较研究》，王承绪等译，浙江教育出版社 2001 年版。
5. 顾明远：《教育大辞典（增订合编本）》，上海教育出版社 1997 年版。
6. 郭恒珏、许琳菲：《德国在哪里？——联邦德国四十年（政治·经济篇）》，台北三民书局股份有限公司 1991 年版。
7. 孔繁敏：《建设应用型大学之路》，北京大学出版社 2006 年版。
8. 李枭鹰：《大学学科发展论》，广西师范大学出版社 2011 年版。
9. 刘明翰：《世界史 中世纪史》，人民出版社 1986 年版。
10. 《马克思恩格斯全集（第 7 卷）》，人民出版社 1959 年版。
11. 潘懋元：《现代高等教育思想的演变》，广东高等教育出版社 2008 年版。
12. ［德］皮希特：《德国的教育灾难》，载瞿葆奎《联邦德国教育改革（教育学文集第 21 卷）》，人民教育出版社 1991 年版。
13. ［苏］B. A. 苏霍姆林斯基：《帕夫雷什中学》，赵玮等译，教育科学出版社 1983 年版。
14. 孙冰红：《大学教育与社会发展论》，中国社会科学出版社 2009 年版。

15. 王一兵：《八十年代发达国家教育改革的动向和趋势评述》，人民教育出版社 1994 年版。

16. 王英杰：《美国高等教育的发展与改革》，人民教育出版社 1993 年版。

17. 徐理勤：《现状与发展——中德应用型本科人才培养的比较研究》，浙江大学出版社 2008 年版。

18. 徐琦：《美国社区学院研究》，中国社会出版社 2008 年版。

19. 国家教育发展研究中心：《发达国家教育改革的动向和趋势（第五集）》，人民教育出版社 1994 年版。

20. 瞿葆奎、金含芬：《英国教育改革》，人民教育出版社 1993 年版。

21. 徐小洲：《当代欧美高教结构改革研究》，内蒙古大学出版社 1997 年版。

参考论文

1. 白玫：《依附理论视角下中国高等教育的历史与未来》，《高教探索》2010 年第 3 期。

2. 陈传鸿：《着力改革 重在建设 促进本科教学再上新台阶》，《中国大学教学》2000 年第 4 期。

3. 陈厚丰：《浅论高校分类与定位的若干理论问题》，《中国高教研究》2003 年第 11 期。

4. 陈华：《高等教育大众化阶段高校新校区校园文化建设的分析研究》，西安科技大学，2006 年。

5. 陈利民：《哈佛大学办学理念研究》，华中科技大学博士论文，2005 年。

6. 成中梅：《学习型高校的人才培养模式研究》，华中科技大学博士论文，2008 年。

7. 丁金昌：《关于高职教育体现"高教性"的研究与实践》，《教育研究》2011 年第 6 期。

8. 董秀华：《美国研究型大学综合实力评估的实践及启示》，《中国高等教育评估》2002 年第 3 期。

9. 高宏：《大学核心竞争力的要素及其培育》，《教育发展研究》2012 年第 9 期。

10. 高文兵：《新时期行业特色高校发展战略思考》，《中国高等教育》2007 年第 3 期。

11. 韩焱、王文寅、张克勇：《行业特色地方工科院校师资队伍建设研究》，《中北大学学报》2012 年第 3 期。

12. 贺国庆：《近代德国大学科学研究职能的发展和影响》，《河北大学学报》1996 年第 4 期。

13. 贺小飞：《新时期行业院校发展的战略选择》，《化工高等教育》2012 年第 1 期。

14. 侯俊华、汤作华：《提升地方高校核心竞争力的研究》，《中国高教研究》2007 年第 8 期。

15. 胡建华等：《我国高等学校教学改革 30 年》，《教育研究》2008 年第 10 期。

16. 黄敬宝：《以就业能力为导向的高校教学内容改革》，《高等农业教育》2013 年第 3 期。

17. 李继怀：《对行业划转院校发展路线的重新审视》，《现代教育管理》2010 年第 9 期。

18. 李文冰：《行业特色院校核心竞争力的内涵、特征及其实现》，《现代营销》2011 年第 11 期。

19. 李文冰：《地方性行业院校科学发展的策略及其举措》，《中国高教研究》2010 年第 4 期。

20. 李文冰：《行业特色院校立地服务能力研究——以浙江省 5 所行业特色院校为例》，《中国高教研究》2011 年第 11 期。

21. 李爱民：《行业特色型高校研究现状评述》，《中国高校科技》2012 年第 10 期。

22. 李涛：《关于建国初期高等学校院系调整的综合述评》，《北京航空航天大学学报（社科版）》2004 年第 4 期。

23. 李扬裕、何东进：《高校师资队伍学院结构评价和预测方法研究》，《福建农林大学学报》（哲学社会科学版）2010 年第 5 期。

24. 凌安谷、司国安、冯蓉：《中国高等教育溯源——论北洋西学学堂、南洋公学和京师大学堂的创建》，《西安交通大学学报（社会科学版）》2003 年第 2 期。

25. 刘凡丰：《西方大学评价的权力模式》，《清华大学教育研究》2002 年第 3 期。

26. 刘玲、柏昌利：《美国 2005 版卡内基"基本分类"的内容解读与方法启示》,《复旦教育论坛》2007 年第 5 期。

27. 刘智运:《多样化:21 世纪初叶中国高等教育的基本走向》,《高等教育研究》2003 年第 2 期。

28. 刘志军:《课程价值取向的时代走向》,《教育理论与实践》2004 年第 10 期。

29. 吕俊杰、杨治立、朱光俊:《应用型冶金工程专业卓越工程师教育计划探索》,《教育与职业》2012 年第 14 期。

30. 罗沛、李文华:《石油工程卓越工程师培养探索与实践》,《教育教学论坛》2013 年第 11 期。

31. 罗先奎:《芜湖地域文化的内涵与特征》,《芜湖职业技术学院学报》2011 年第 3 期。

32. 马陆亭:《我国高等学校分类的结构设计》,《北京大学教育评论》2005 年第 2 期。

33. 马陆亭:《我国高等教育管理体制改革 30 年——历程、经验与思考》,《中国高教研究》2008 年第 11 期。

34. 潘懋元:《21 世纪国家的核心竞争力——"教育—人才"的合理结构》,《中国高教研究》2005 年第 3 期。

35. 潘懋元、陈兴德:《依附、借鉴、创新?——中国高等教育学科建设之路》,《北京大学教育评论》2005 年第 1 期。

36. 潘懋元、吴玫:《高等学校分类与定位问题》,《复旦教育论坛》2003 年第 3 期。

37. 潘懋元:《大学教师发展与教育质量提升——在第四届高等教育质量国际学术研讨会上的发言》,《深圳大学学报》(人文社会科学版)2007 年第 1 期。

38. 曲恒昌:《打造大学的核心竞争力 提升我国高教的国际竞争优势》,《比较教育研究》2005 年第 2 期。

39. 任连城等:《"卓越工程师"培养模式初探》,《重庆科技学院学报》2012 年第 24 期。

40. 邵书峰:《大学文化与大学精神是高校竞争力的核心》,《教育与职业》2008 年第 8 期。

41. 沈振锋:《我国农业大学办学模式研究》,华中科技大学,2010 年。

42. 覃红霞:《从边缘走向中心:世界高等教育发展的历史回眸与反思》,

《内蒙古师范大学学报》（教育科学版）2004 年第 7 期。

43. 唐传成：《高校文化创意产业人才培养模式研究》，《学理论》2010 年第 20 期。

44. 唐鑫鑫：《美国社区学院的办学经验及其对发展我国高等职业教育的启示》，中南民族大学，2009 年。

45. 王少安：《试析大学文化的内涵、特色和功能》，《中国高教研究》2008 年第 5 期。

46. 王义道：《多样化：我国高等教育大众化的关键》，《北京大学教育评论》2003 年第 4 期。

47. 王云峰、吴晓蓉：《反思我国 20 世纪 50 年代高校院系调整》，《长春工业大学学报（高教研究版）》2009 年第 3 期。

48. 王建惠：《我国高校课程价值取向与课程体系构建研究》，兰州大学，2010 年。

49. 韦巧燕：《试论地方高校核心竞争力的构建》，《教育与职业》2008 年第 3 期。

50. 魏小琳：《我国高等教育多样化发展的价值和路径研究》，湖南师范大学，2008 年。

51. 文汉：《人才培养模式探析》，《高等农业教育》2001 年第 4 期。

52. 吴爱萍：《辽宁省省属行业划转院校科技创新能力研究》，《中国高教研究》2010 年第 7 期。

53. 夏洁露：《高职校园文化与行业文化对接路径探讨》，《浙江交通职业技术学院学报》2009 年第 1 期。

54. 肖秀平、陈国良：《建立高校与行业部门联系新机制探讨》，《教育发展研究》2002 年第 11 期。

55. 谢仁业：《中国高等教育内涵发展：价值、问题及趋势》，《教育发展研究》2006 年第 7 期。

56. 许安国：《构建行业特色型高校师资培养新模式》，《中国高等教育》2010 年第 7 期。

57. 徐继宁：《中世纪大学与现代大学的职能比较》，《高教发展与评估》2009 年第 1 期。

58. 徐祖广：《研究型大学在建设国家创新体系中的地位和作用》，《清华大学教育研究》1999 年第 2 期。

59. 严强：《社会转型历程与政策范式演变》，《南京社会科学》2007 年第 5 期。

60. 闫月勤：《从美中加三国比较看我国新世纪高校教师队伍建设》，《清华大学教育研究》2001 年第 3 期。

61. 杨晓波：《英国多科技术学院政策述评》，《比较教育研究》2007 年第 4 期。

62. 尹伟伦：《建立原行业部属高校与行业主管部门联系新机制》，《中国高校科技与产业化》2005 年第 5 期。

63. 张海峰、陈卫、高卫东、陈坚：《推进优势特色学科建设的实践和思考》，《中国高校科技与产业化》2011 年第 12 期。

64. 张建新、陈学飞：《从二元制到一元制——英国高等教育体制变迁的动因研究》，《北京大学教育评论》2005 年第 3 期。

65. 张雪蓉：《建国 60 年中国高等教育历史变迁述评》，《现代大学教育》2010 年第 2 期。

66. 赵婀娜：《审批权下放 高校为吸引生源盲目开设专业》，《人民日报》2014 年 10 月 15 日。

67. 赵飞、吴先华：《新时期行业性大学提升核心竞争力策略研究》，《江西社会科学》2011 年第 12 期。

68. 赵军：《地方大学引领区域文化发展的路径选择》，《三峡大学学报》（人文社会科学版）2009 年第 1 期。

69. 赵婷婷、汪乐乐：《高等学校为什么要分类以及怎样分类》，《北京大学教育评论》2008 年第 4 期。

70. 曾德国：《大学文化将成为未来大学发展的核心竞争力》，《黑龙江高教研究》2007 年第 11 期。

71. 周川：《新一轮院系调整的特征与问题》，《高等教育研究》1998 年第 2 期。

72. 周健：《高校校友文化建设刍议》，《高教与经济》2005 年第 9 期。

73. 周丽华：《德国高专的办学特色与发展走向》，《比较教育研究》2004 年第 4 期。

74. 周亚芳：《大学文化与高校核心竞争力》，《江苏高教》2006 年第 4 期。